디지털
러브스토리

디지털 러브스토리
한 사람이 신(神)의 매력에 이끌려 걸어간 사랑의 여정

초판 1쇄 발행 2023년 3월 30일

지은이 태승철
펴낸이 서미경
펴낸곳 도서출판 제로원

교정 이주연
디자인 김찬휘
편집 김찬휘
검수 주경민, 이현
마케팅 정연우

ISBN 979-11-981668-0-7(03230)
값 14,000원

• 이 책의 판권은 지은이에게 있습니다.
• 이 책 내용의 전부 또는 일부를 재사용하려면 반드시 지은이의 서면 동의를 받아야 합니다.
• 잘못된 책은 구입하신 곳에서 바꾸어 드립니다.

디지털 러브스토리

한 사람이 신(神)의 매력에 이끌려 걸어간
사랑의 여정

태승철 지음

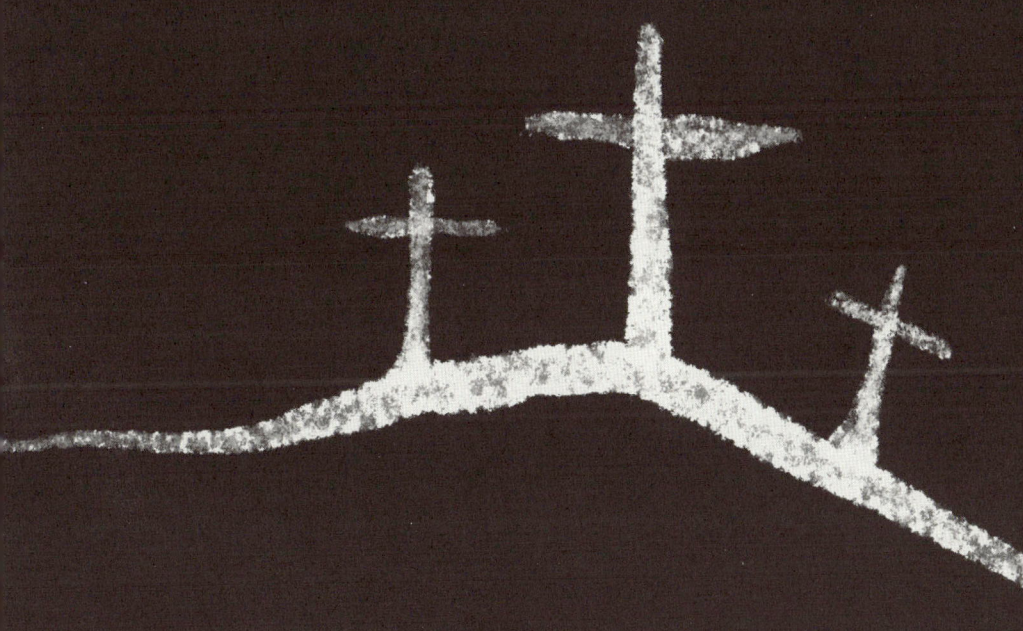

01 books

이 책을,
'창세전에 하나님께서 기쁘신 뜻을 따라 예정하사
그리스도 예수 안에서 택하신 모든 하나님의
아들들'(엡1:4-5)에게
바칩니다.

목차

머리말 • 12

창조의 원리인 0과 1의 조합 • 12
지속적인 창조 역사의 조건 • 14
0 되기 위한 유일한 길, 십자가 • 14
십자가로 0 되기의 두 트랙 • 16
삶에서 하나님과 호흡 맞추기 • 17
디지털(0,1) 러브스토리의 시뮬레이션 • 19

제1부. 아브라함과 하나님

I. 매력에 이끌리어

2진법 사랑 이야기 • 22
등지고 떠날 때 그 대신 붙잡은 대상 • 24
떠남과 축복의 이율배반 • 26
디지털(0,1) 러브스토리의 시작 • 29
하나님의 사람 마음에 대한 독점욕 • 32
진정한 의미의 복의 근원 • 38
폐허와 하나님의 집 사이에서 • 40
나의 폐허를 향한 하나님의 관심과 개입 • 42

II. 너무 보고 싶어서

'보고 싶다'와 '본다'의 차이 • 47
하나님을 보지 못하게 하는 본성 • 49
하나님을 보고 싶어 했던 아브라함 • 52
아브라함의 제단 쌓기의 의미 • 56
하나님을 보고 싶어 하는 간절함은 격정이 돼야 한다 • 60
하나님을 보는 개안의 기적은 오직 십자가로 • 61
바라보는 대상이 샘이 된다 • 63
경쟁적으로 하나님만 보고 싶어 하기 • 67

III. 양 같아서 무섭다

목자가 함께 있음은 양의 속성이다 • 71
양같이 되기와 결합하기 • 72
아브라함의 하나님 사랑과 양 되기 • 75
양 같은 아브라함의 무서운 변신 • 76
변신의 동력은 사랑이다 • 78
결합의 러브스토리 • 80
하나님과의 밀월여행 • 82
하나님의 장갑 되기 • 87
양 같아서 무서운 사람 • 91

IV. 배부른 자들의 전공과목

너무 낯선 아브라함의 집요함과 끈질김 • 95
하나님으로 배불렀기 때문에 • 97
타인이 하나님으로 배부른 자의 전공과목이다 • 102
하나님으로 배부른 사람의 취약점은 자신이다 • 103
타인을 내 먹잇감이 아니라 타인 자체로 보기 • 108
진정한 가족 관계 • 111
배불뚝이를 바라보시는 하나님의 심정 • 114

V. 사랑의 환희

사랑의 마음은 아무리 늙어도 죽지 않는다 • 120
사랑의 배타성과 거룩함 • 123
극단적 사랑 • 125
환희의 4중주 • 131

VI. 창조주 하나님과 하는 복지의 결혼 생활

복지의 삶은 하나님과 호흡 맞추기 • 138
필요냐? 창조냐? • 143
사탄이 이룬 기적 • 147
창조의 주인이신 하나님 우리 아버지 • 152
우리의 일은 창조가 아니라 창조주 사랑이다 • 154
내가 망치고 있는 나의 아름다운 인생 • 156
무덤을 안경으로 쓰고 삶을 바라보라 • 158
도전에 대한 응전도 순응도 아닌 제3의 길 • 161

VII. 사랑에 눈먼 자의 사통팔달의 경지

무르익은 믿음의 절정 • 168
하늘의 하나님 땅의 하나님 여호와 • 170
사람을 안 믿기에 사람을 믿는다 • 172
사방으로 통한다는 뜻부터 알자 • 174
내 전능하신 하나님의 뜻을 아무도 못 이긴다 • 177
세상에 있는 모든 원수도 다 내 편이다 • 181
누구도 끌어당기지 않고 누구도 밀쳐 내지 않는다 • 183

제2부. 아브라함과 예수님의 십자가

VIII. 십자가 복음이 복음인 이유

아브라함과 다윗의 자손 예수 그리스도 • 188
아브라함이 좋아한 것 • 192
십자가 복음을 복음 되게 하는 소원 • 197
아브라함과 다윗 이야기의 차이 • 199
택하신 자들의 원한 • 204
십자가 생활화 • 208

IX. 골방 기도로 아브라함 따라잡기

굶주린 마음으로 하나님 먹기 • 212
골방 기도로 하나님과 데이트하라 • 218
데이트를 위해선 제3의 이유는 안 된다 • 223
하나님 자신이 이유인 골방 기도 시간 • 225
하나님 나라와 개천절 • 227
하나님 나라 개천절과 마음의 입맛 • 230
세상맛에서 하나님 맛으로 입맛 바꾸기 • 233
실제로 하나님 맛 느끼기 • 240

머리말

창조의 원리인 0과 1의 조합

예수님이 그리스도로서 이루신 복음 사건인 십자가는 꺼짐(0)과 켜짐(1)의 사건입니다. 디지털 방식으로 그 참뜻을 이해할 수 있는 사건이라는 뜻입니다. 아니 디지털 방식으로만 올바르게 이해할 수 있는 사건이라고 하는 것이 오히려 더 정확한 표현이 될 수도 있겠습니다.

디지털(Digital) 방식이란 2진법에 기초한 것으로서 0과 1의 숫자와 이 두 숫자의 다양한 조합으로 온갖 종류의 정보를 표현하는 방식을 가리킵니다. 이 시대가 디지털 시대라고 불리는 이유는 이 0과 1, 두 숫자의 무한히 다양한 조합을 통해 표현되는 정보의 바다 위에서 모든 사람은 각자 자기에게 필요한 정보를 취사선택하면서 삶을 항해하고 있기 때문입니다.

모든 전자 제품에 붙어 있는 꼭지 달린 사과 모양의 전원 스위치부터 바로 이 0과 1의 조합을 가리킵니다. 0은 꺼지는 것이고 1은 켜지는 것이지요. 그리고 0을 의미하는 가는 선과 1을 의미하는 굵은 선들이 다양하게 교차하여 이루어지는 바코드가 붙지 않은 상품은 이제 지구상엔 없습니다. 그리고 모든 정보를 표현하고 처리하는 컴퓨터의 기본적인 기능을 가능하게 해 주는 끊어진 선 0과 이어진 선 1의 조합 등, 이 모든 일이 다 디지털 방식 즉 숫자 0과 1의 조합을 따른 것들입니다.

우리는 이 두 개의 숫자 0과 1의 조합을 다음과 같이 기호화할 수 있을 것입니다. (0,1). 여기서 괄호는 조합, 결합, 연합을 상징한다고 보면 되겠지요.

그런데 이처럼 21세기에 이르러서야 인간의 삶을 지배하게 된 디지털(0,1)의 원리는 성경에선 이미 창조 기사의 첫머리부터 등장합니다. 더구나 교회의 신앙에 근간이 되는 예수님의 십자가가 바로 이러한 디지털 원리를 포함하고 있음을 아는 사람은 많지 않습니다.

1. 태초에 하나님이 천지를 창조하시니라
2. 땅이 혼돈하고 공허하며 흑암이 깊음 위에 있고, 하나님의 영은 수면 위에 운행하시니라

태초의 상황을 묘사한 창세기 1장에 나오는 구절입니다. 이 구절에 감추어져 있던 디지털의 원리를 최초로 찾아낸 사람은 바로 2진법의 창시자이면서 독일의 철학자요, 수학자인 라이프니츠(Gottfried Wilhelm Leibniz: 1646년-1716년)입니다. 그는 이 구절에 담겨 있는 0과 1의 조합이 하나님에 의한 세계 창조의 근본 원리라는 것을 밝혀낸 사람입니다.

"땅이 혼돈하고 공허하며 흑암이 깊음 위에 있음"은 그야말로 무의 상황이며 0의 상황입니다. 그런데 그 위에 하나님의 영이 운행하고 계셨습니다. 이 상황에서 하나님의 영은 유일한 '있음'으로서 1입니다.

태초는 이렇게 없음의 0과 있음의 1이 만나 이룬 조합의 상태였습니다. 바로 이 0과 1의 조합에서부터 만물이 생성되는 창조의 역사가 이루어지게 됩니다. 아무것도 없음인 0과 유일한 있음인 1의 조합에서부

터 만물이 나왔다는 경이로운 사실에 라이프니츠는 일찍이 눈을 뜨고는, 무려 300여 년 전에 디지털 시대의 가능성을 열어 놓은 셈이지요.

지속적인 창조 역사의 조건

'여호와'라는 이름은 "스스로 있는 자"(출3:14)라는 뜻입니다. 이처럼 하나님은 언제 어디서나 유일하게 스스로 있는 자(1)이십니다. 그와는 달리 세상 만물은 없던(0) 상태에서 하나님에 의해 있게 된 것들이지요. 이처럼 0과 1의 조합은 창조의 근본 원리입니다.

그러므로 만일 사람이 자기의 삶에서 하나님의 창조가 계속되기를 바란다면, 0과 1의 조합을 만들면 됩니다. 절대 불변의 1이신 하나님은 나를 지으신 창조주로서 그리고 지금도 내 몸의 세포 하나까지 관장하시는 주권자로서 언제나 내 마음에서 내 몸보다 더 가까이 계십니다. 이제 이러하신 하나님의 1이 되심 앞에서 내가 자발적으로 마음을 0이 되게 하면 태초에 창조를 가능하게 하였던 그 0과 1의 조합을 지금 나의 생활 현장에서도 계속해서 이룰 수 있습니다.

삶의 모든 현장에서 판단이 필요하고 생각과 소원이 작동하려 할 때마다, 나의 판단과 생각과 소원의 스위치는 꺼져야(0) 하고, 대신에 하나님의 판단과 생각과 소원의 스위치는 켜져야(1) 합니다. 이렇게 하여 나와 하나님의 관계가 0과 1의 조합의 형태를 이루면, 창조주 하나님의 창조 역사(1)가 내 생각이 죽은(0) 삶의 현장에서도 계속된다는 것입니다.

0 되기 위한 유일한 길, 십자가

이러한 창조 때의 디지털(0,1)의 원리가 우리 각 사람의 인격에 실제로 적용되어, 나와 하나님의 관계가 0과 1의 조합이 되게 하기 위해 하나님께서 일으키신 사건이 바로 예수님의 십자가입니다. 십자가 복음의 핵심 원리가 바로 디지털(0,1) 방식인 셈이지요.

왜냐면 예수님을 믿음은 십자가에 못 박히신 그리스도와 나 자신을 동일시하는 것이기 때문입니다. 즉 예수님의 죽음을 나의 죽음으로 인정함이지요. 삶의 현장에서 내 생각과 감정과 의지가 작동하려 할 때마다 십자가에 못 박히신 그리스도 예수님의 죽음을 바라보면서 나의 죽음으로 인정하는 것이 바로 믿음입니다. 예수님을 진정으로 주(主)로 고백하는 모든 사람은 십자가 예수님의 죽음을 자신의 죽음으로 인정합니다.

그래서 심지어 사도 바울은 "항상 예수의 죽음을 몸에 짊어짐"(고후 4:10)이라고까지 말씀하십니다. 삶의 현장에서 항상 예수님의 십자가 죽음을 짊어지고 다니면서 나의 인격적인 주체성의 표현들인 생각과 감정과 의지의 스위치를 끈다(0)는 말씀입니다.

사도 바울은 이러한 디지털 원리에 해당하는 예수님 십자가의 본질적인 의미를 기회만 있으면 어김없이 반복하십니다.

"내가 그리스도와 함께 십자가에 못 박혔나니(0) 그런즉 이제는 내가 사는 것이 아니요(0) 오직 내 안에 그리스도께서 사시는 것이라(1) … "(갈 2:20)

"그러나 내게는 우리 주 예수 그리스도의 십자가 외에 결코 자랑할 것이 없으니 그리스도로 말미암아 세상이 나를 대하여 십자가에 못 박히고(0) 내가 또한 세상을 대하여 그러하니라(0)"(갈6:14)

십자가로 0 되기의 두 트랙

이처럼 예수님의 십자가를 통해서 '내가 세상에 대해서 죽었다'고 성경은 말씀하십니다. 이것은 세상에 대해서 십자가 죽음을 통해서 '나'라는 인격의 스위치가 꺼짐(0)을 이룬다는 뜻입니다. 즉 예수님의 십자가는 유일하게 스스로 있는(1) 조물주 하나님 앞에서 이 세상의 삶을 마주하는 나의 주체성을 끄게 하고(0) 나의 판단과 생각을 끄게 하는(0) 스위치라는 뜻입니다. 이것이 내가 세상에 대해서 죽었다는(0) 뜻입니다.

그러면 이제 내 주체성의 스위치를 끈 채(0) 마주하는 그 생활 속 문제와 사건에 대해서 하나님의 주체성이 켜지시고(1) 하나님의 뜻과 계획이 켜지면서(1) 개입하신다는 것이지요. 그렇게 함으로써 우리는 일상에서 맞이하는 모든 삶의 현장을 창조가 시작되던 그 태초의 상황으로 바꾸면서 살 수가 있습니다.

또 반대로 '세상이 나를 대하여 죽었다'는 것은 십자가를 통해서 이제 세상이 더는 나의 사랑의 대상이 아니게(0) 되었다는 뜻이기도 합니다. 즉 사랑의 대상으로서는 세상은 이제 나에게 십자가로 인해서 없는 것과 같이 되었고 0이 되었다는 것입니다. 내게 세상이 사랑의 대상 되던 상태가 꺼졌다는(0) 것이지요. 따라서 이제 십자가에서 죽고 부활하신 예수님 안에서 세상 대신에 하나님 한 분만이 나의 사랑의 대상으로 빛을 발하시며 켜지신다는(1) 뜻입니다.

이처럼 십자가에서 내 마음이 세상에 대해 죽음은 두 트랙으로 0을 이룹니다.

즉 세상 삶의 현장에서 스스로 판단하고 생각하고 계획하는 나의 주체성이 0이 되어 꺼집니다. 그리고 동시에 그동안 내 마음 공백의 채움과 기쁨을 위한 사랑의 대상이었던 세상 것들이 0으로 꺼집니다.

그리고 이러한 두 트랙에 상응하여 역시 두 가지 방향으로 하나님이 켜지십니다(1). 세상에서의 내 삶의 현장에 대해 하나님이 유일하신 주체로서 켜지시고(1) 동시에 내 마음 공백의 채움과 기쁨을 위해 유일한 사랑의 대상으로서 하나님이 켜지십니다(1).

꺼짐과 켜짐. 가늚과 굵음. 끊어짐과 이어짐 등으로 표현되는 이러한 0과 1의 조합은 이처럼 두 트랙으로 작용하면서 창조의 원리이자 동시에 사랑의 원리입니다.

삶에서 하나님과 호흡 맞추기

이 책에서는 이런 디지털(0,1) 신호를 비유의 언어로 끌어와서 한 사람 아브라함과 하나님과의 관계를 살펴보려고 합니다. 일개 인간이 자기의 일상의 현장에서 거룩하시며 전지전능하신 조물주 하나님과 함께 호흡을 맞추어 산다는 것은, 사실 불가능한 일입니다. 기적이 일어나야만 가능한 일이지요.

그런데 성경은 이러한 기적이 믿음의 원조인 아브라함의 생애를 통해서 원형적인 모범으로 이루어졌음을 우리에게 보여 줍니다. 이제 우리 자신도 각자가 아브라함 후손답게 하나님과 함께하기 위해 이렇게 모범으로써 제시된 관계의 기적을 현미경으로 들여다보듯 구간 구간을 세심하게 관찰하며 그 여정을 따라가 보려 합니다.

아브라함을 믿음의 선조라고 합니다. 하나님에 대한 믿음에서 원조라는 말씀이지요. 그러면 특별히 하늘에 계신 하나님 아버지와 관련하여 아브라함이 보인 믿음이 무엇입니까? 아브라함이 보여 준 하나님에 대한 믿음은 눈에는 보이지 않으신 하나님을 마치 언제나 가장 먼저 눈에 띄는 대상이라도 된 듯 마음을 우선하여 하나님께만 다 드리며 관계한 것입니다. 이렇게 믿음은 마음을 우선하여 다 드리는 관계를 전제하기에 그 믿음이 중단 없이 지속하는 한, 결국 하나님과 항상 호흡을 맞추어 함께 살아야만 하는 과정이 될 수밖에 없습니다. 그러므로 아브라함의 믿음은 하나님을 마치 눈으로 보는 대상이기라도 하듯이 마주하여 사랑하는 관계의 여정이었습니다.

이렇게 믿음 안에서 유지하는 사랑의 여정을 디지털 원리를 동원하여 달리 말하면 무엇일까요? 하나님을 사랑하는 여정이란 절대 불변의 1이신 하나님 앞에서 인간이 자발적으로 0이 됨으로써 0과 1의 조합 (0,1)을 끊임없이 반복하여 만들어 내는 과정입니다. 벌레 같은 수준의 인간이 거룩하시고 전지전능하신 하나님을 믿음 안에서 눈으로 보는 분처럼 마주하고 사랑하며 화목한 조합을 이루게 하는 유일한 방식은, 스스로 자신의 주체성을 0이 되게 함으로써 하나님의 주체성만을 유일하게 1이 되시게 높이는 방법뿐입니다.

이렇게 인간 쪽에서 스스로 0이 됨으로써 하나님과 0과 1의 조합을 이루는 방식은 본질상 하나님이신 예수님조차 인간으로 오셨을 때 하나님 아버지와 함께하기 위해서 취하셨던 방식이기도 하였습니다.

"그러므로 예수께서 그들에게 이르시되 내가 진실로 진실로 너희에게 이르노니 아들이 아버지께서 하시는 일을 보지 않고는 아무것도 스스로 할 수 없나니(0) 아버지께서 행하시는(1) 그것을 아들도 그와 같이 행하느니라"(요5:19)

"내가 아무것도 스스로 할 수 없노라(0) 듣는 대로(1) 심판하노니 나는 나의 뜻대로 하려 하지 않고(0) 나를 보내신 이의 뜻대로(1) 하려 하므로 내 심판은 의로우니라"(요5:30)

디지털(0,1) 러브스토리의 시뮬레이션

한 사람 아브라함과 조물주 하나님이 일상적인 삶의 현장에서 서로 호흡을 맞추어 가는 기적적인 관계에 대한 성경의 기록은 우리에게 원형적인 믿음의 여정을 드러내 보여 줍니다. 4000년 전에 이 지구 위에서 단 한 사람에게만 일어난 신비하고 경이로운 인생입니다. 우리는 이 원형적인 믿음의 여정이 0과 1의 조합임을 고려하여 '디지털(0,1) 러브스토리'라고 불러도 될 것 같습니다. 그리고 그렇게 기적적으로 이루어진 디지털(0,1) 러브스토리의 여정을 우리는 이제부터 추적하며 따라가려고 합니다. 그래서 아브라함에게 일어난 기적 같은 믿음의 역사가 내게도 일어나도록 하자는 것이지요.

이런 일이 우리 같은 보통 사람들 각자에게도 가능할까요? 그렇습니다. 아브라함과 하나님 사이에 일어난, 어쩌면 극히 이상적으로 보일 수도 있는, 믿음의 원형인 0과 1의 조합이 우리 각자에게도 실제로 똑같이 일어나도록 하시기 위해서 예수님은 십자가에서 못 박혀 돌아가시고 부활하셨습니다. 그래서 우리는 예수님의 십자가 사건 속에 담긴 인격적인 0과 1의 디지털 원리가 그보다 2000년 앞서 일어난 아브라함의 러브스토리 안에서 이미 예표적으로 관통하고 있음을 보게 될 것입니다.

즉 아브라함은 성령의 역사를 통해 앞으로 오실 예수님 안에서 스스로 0이 되며 하나님을 관계하였고, 우리는 같은 성령의 역사를 통해 이미 오신 예수님 안에서 스스로 0이 되며 하나님을 사랑하게 됩니다.

그러므로 하나님과 아브라함 사이에서 진행된 디지털(0,1) 러브스토리의 여정을 추적하며 따라갈 때, 우리의 관전 포인트가 있습니다. 아브라함이 0이 되는 모든 타이밍에 우리는 예수님의 십자가를 바라보면서 나의 0을 이루어 보는 것입니다. 그렇게 함으로써 아브라함의 자리에 나 자신을 넣어 아브라함과 하나님 사이의 디지털(0,1) 러브스토리가 나의 사랑 이야기도 될 수 있게 연습하는 것이지요.

그러니까 우리 믿음의 원조이신 아브라함과 하나님 사이의 러브스토리를 시뮬레이션으로 삼자는 말씀입니다. 그렇게 이 책에서 제시되는 시뮬레이션을 통해 연습함으로써 실제 나의 삶의 현장에서도 나 자신과 하나님 사이에서 또 하나의 온전한 디지털(0,1) 러브스토리가 실현되기를 기대해 봅니다.

제1부

아브라함과 하나님

매력에 이끌리어

(창세기 12장 1절-9절)
1. 여호와께서 아브람에게 이르시되 너는 너의 고향과 친척과 아버지의 집을 떠나 내가 네게 보여 줄 땅으로 가라
2. 내가 너로 큰 민족을 이루고 네게 복을 주어 네 이름을 창대하게 하리니 너는 복이 될지라
3. 너를 축복하는 자에게는 내가 복을 내리고 너를 저주하는 자에게는 내가 저주하리니 땅의 모든 족속이 너로 말미암아 복을 얻을 것이라 하신지라
4. 이에 아브람이 여호와의 말씀을 따라갔고 롯도 그와 함께 갔으며 아브람이 하란을 떠날 때에 칠십오 세였더라
5. 아브람이 그의 아내 사래와 조카 롯과 하란에서 모은 모든 소유와 얻은 사람들을 이끌고 가나안 땅으로 가려고 떠나서 마침내 가나안 땅에 들어갔더라
6. 아브람이 그 땅을 지나 세겜 땅 모레 상수리나무에 이르니 그 때에 가나안 사람이 그 땅에 거주하였더라
7. 여호와께서 아브람에게 나타나 이르시되 내가 이 땅을 네 자손에게 주리라 하신지라 자기에게 나타나신 여호와께 그가 그 곳에서 제단을 쌓고
8. 거기서 벧엘 동쪽 산으로 옮겨 장막을 치니 서쪽은 벧엘이요 동쪽은 아이라 그가 그 곳에서 여호와께 제단을 쌓고 여호와의 이름을 부르더니
9. 점점 남방으로 옮겨갔더라

2진법 사랑 이야기

디지털 러브스토리를 우리말로 바꾼다면 '2진법 사랑 이야기'라고 번역할 수 있겠습니다. 2진법이라고 하는 말은 디지털이라는 말과 거

의 동의어로 사용됩니다. 그러면 사랑도 2진법으로 하느냐 물으실 수 있습니다. 맞습니다. 사랑도 2진법으로만 할 수 있습니다.

러브스토리라는 말이 암시하듯이 우리가 관심을 가지고 이야기하려는 사랑은 남녀 간의 사랑을 뜻합니다. 성경 곳곳에는 이러한 사랑의 표현들이 등장합니다. 예수님을 나의 신랑이라고 말했을 뿐만 아니라 구약 성경에서는 이스라엘 민족 전체를 가리켜 하나님의 아내 된 한 인격으로 상징해서 표현한 구절이 많이 있습니다. 이러한 의미에서 아브라함의 이야기를 하나님과의 러브스토리로 생각하여 2진법이라고 하는 기호를 통해 그 사랑의 내막을 들여다보려 합니다. 그렇게 함으로써 한 사람이 하늘에 계신 조물주 하나님을 사랑한다는 것이 도대체 무엇을 의미하는가를 선명하게 들여다보려는 것입니다.

2진법은 영(0)과 일(1)이라는 두 숫자만을 가지고 모든 숫자를 표현해 내는 방식입니다. 그래서 2진법을 인격적으로 적용하여 복음과의 관계를 이해할 수 있습니다. 왜냐면 예수님의 십자가에 함께 매달려서 이 세상에 대하여 죽는 나를 0이라는 기호로 표현할 수 있기 때문입니다. 또 그렇게 내가 이 세상에 대하여 죽을 때, 유일하게 스스로 계시는 하나님께서 내게 임하시고(1), 하나님이 나의 삶의 자리를 계속하여 창조 활동의 자리로 삼으십니다.

그렇다면 남녀 간의 사랑은 어떻게 2진법으로 묘사할 수 있을까요? 사랑은 한 남자와 한 여자가 좋아하는 것입니다. 그야말로 마음을 다 쏟아 상대방 이성을 사랑합니다. 사랑에는 나이가 없습니다만 연령층을 한정하여 생각해 봅니다.

세상에 20대에서 30대까지 엄청나게 많은 남자가 살아가지만 한 여자가 사랑할 수 있는 사람은 한 남자뿐입니다. 친구는 여럿이라도 애인은 하나일 수밖에 없지요. 오직 한 남자에 대해서만 남자로 느껴지고, 나머지 남자들은 이성으로서의 느낌이 0으로 느껴질 때 연인의 사랑이 시작됩니다. 즉 그 한 남자에게만 필(Feel)이 꽂히는 것입니다. 이 남자도 남자의 매력이 있고, 저 남자도 남자의 매력이 있고, 여러 남자에게서 남자의 매력이 느껴진다면 사랑은 시작될 수 없습니다. 사랑이 시작되려면 오직 한 남자만 남겨 두고 모든 남자가 이성으로서의 존재감이 0이 되어야 합니다. 다시 말해서 여자인 내 마음을 잡아당기는 매력이 오직 한 남자에게서만 느껴질 때 사랑은 시작되는 것입니다. 이것을 2진법으로 표현하자면 오직 한 남자가 내 마음에서 살아 있는 1이고 다른 모든 남자가 내 마음에서 죽은 상태인 0입니다.

이와 관련하여 사도 바울은 갈라디아서 6장 14절에서 " … 그리스도로 말미암아 세상이 나를 대하여 십자가에 못 박히고(0) 내가 또한 세상을 대하여 그러하니라(0)"라고 하였습니다. 십자가 예수님 안에서 이 세상 안에 있는 모든 대상이 나에 대해 0이 되었다면 오직 하늘에 계시는 하나님만이 내게 유일한 사랑의 대상이 되었다는 뜻을 담고 있습니다. 이 말씀을 남녀 간의 사랑에 적용해 볼 수 있다는 의미이지요. 사랑이란 한 여자가 모든 세상 남자들에 대해서 죽고(0), 한 남자에 대해서만 사는 것(1)이라 할 수 있습니다. 경우를 뒤집어서 남자의 편에서 여자를 볼 때도 마찬가지입니다.

둥지고 떠날 때 그 대신 붙잡은 대상

본문 속 아브라함의 이야기는 자주 오해됩니다. 아브라함은 하나님이 약속해 주시고 지시하신 땅 가나안을 향하여 나아갔습니다. 이때 고향과 친척과 아버지의 집을 떠났다고 합니다. 이렇게 떠난 것을 두고 흔히들 하나님이 보여 주신 새로운 땅에 대한 비전과 꿈을 안고 미래를 향하여 나아간 것이라고 이해합니다. 이것은 오해입니다.

아브라함은 이제까지 살고 있던 땅을 버리고 새로운 땅을 얻으려는 분명한 목적의식을 가지고 떠나지 않았습니다. 본문의 초점은 새로운 땅을 향함이 아니라 기존의 땅을 떠남에 있습니다. '떠남'이라는 단어는 지금 사랑하고 있는 내 집, 내가 아끼고 있는 산업, 내가 붙잡고 있는 이웃과 친지들 모두에 대해 아브라함의 마음이 0이 되는 상태를 묘사하고 있습니다.

그리고 이렇게 기존의 삶의 터전에 대해 마음이 0이 되어서 새로이 붙잡으려 했던 대상은 가나안 땅이 아니었습니다. 그랬다면, 크게 볼 때 아브라함의 관심이 이전 땅에서 하나님이 찾아오셔서 지시하신 새 땅으로 바뀐 것일 뿐인 셈입니다. 여전히 마음은 '땅'에 머무르는 셈이지요. 즉 하늘에 계신 하나님에 대한 믿음이 시작하지도 않게 된다는 의미입니다.

그러나 하나님이 찾아오셔서 새 땅을 지시하실 때 아브라함이 기존 땅에 대해 0이 되면서 붙잡은 대상은 하나님 자신(1)이었습니다. 기왕의 땅을 버리고 새로운 땅을 마음이 붙잡은 것이 아니라, 기왕에 마음 붙이고 있던 모든 것을 버리고(0) 새로운 땅을 지시하시는 하나님 자신(1)을 붙잡은 것입니다. 아브라함이 줄리엣이라면 로미오는 가나안 땅이 아니라 하나님 자신이었다는 말씀이지요.

이처럼 아브라함이 고향 친척 본토 아버지 집을 떠나는 이야기는, 유일하게 스스로 계시는 하나님(1)을 만난 뒤 오직 그 하나님 한 분만을 놓치지 않고 붙잡기 위하여, 기존의 삶에서 붙잡고 있었던 모든 것에 대해 마음이 죽었음(0)을 드러내고자 합니다. 그러므로 여기서 중요한 점은 하나님이 지시하신 새로운 땅을 얻기 위하여 기존의 땅을 떠난 것이 아니라 새로운 땅을 지시하시는 하나님 자신을 얻고 함께하려고 기존의 땅을 떠났다는 사실을 기억하는 겁니다.

떠남과 축복의 이율배반

그런데 이렇게 이해를 해 놓고 보아도 여전히 걸리는 것이 있습니다. 아브라함이 이렇게 본토를 떠나는 이유가 상식적으로는 좀 이상하기 때문입니다. 아브라함은 하나님에게서 축복의 약속을 받고 이제 고향과 친척과 아버지의 집을 떠납니다. 그런데 한번 생각해 봅시다.

하나님이 주시는 축복의 약속은 그 내용이 복의 근원이 되게 해 주시겠다는 것이었습니다.

"내가 너로 큰 민족을 이루고 네게 복을 주어 네 이름을 창대하게 하리니 너는 복이 될지라."

그렇다면 왜 반드시 지금 사는 곳에서 이역만리 떨어진 가나안 땅이어야 했을까요? 그 땅에 아브라함을 복의 근원이 되게 하는 무슨 특별한 지정학적 이유라도 있나요? 이미 살고 있었던 갈대아 우르에서는 복의 근원이 될 수 없다는 특별한 이유라도 있나요? 우린 이런 의문을 사람들이 종교를 갖게 되는 일반적인 이유와도 연관하여 생각할 수 있습니다.

사람들은 왜 종교를 갖습니까? 대부분 복을 받기 위함 때문이 아니겠습니까? 그렇다면 또 복을 받음이란 무엇입니까?

많은 사람들이 지금 살아가는 삶의 터전이나 다양한 관계들을 토대로 삼아서 그 위에 더 든든히, 더 많이, 더 높이 쌓기 위하여 종교를 선택합니다. 즉 기존의 가족 관계나 삶의 내용과 크기에 번영과 형통함을 복으로 덧대고 싶어서 종교를 택하고 신을 믿습니다. 더구나 아브라함의 시대는 4000년 전입니다. 그 옛날에 고향과 본토와 친척과 아버지의 집은 그 자체가 이미 인간에게 가장 근본적이고 필수적인 복의 조건들이었습니다. 특히 메소포타미아 땅은 자리 잡고 살 만한 곳이었고 문명이 꽃피고 있던 곳이었습니다. 아브라함은 그곳에서 이미 기반을 잡은 가족과 가문에 둘러싸여 있었습니다. 친척과 더불어 땅을 갖고 농사를 지으며 재산을 축적하고 목축업을 하였고, 혈연으로 뭉쳐 있는 부모, 형제 그리고 친족들과의 관계를 맺고 있었습니다. 그 옛날 아브라함에게 이보다 더 귀중한 축복의 조건이 무엇이 있었겠습니까?

 그런데 하나님은 이렇게 지극히 소중한 복 자체이자, 모든 복을 받을 수 있기 위한 마중물과 같은 조건을 다 버리고 떠나라고 하십니다. 이 모든 자리 잡힌 삶의 터전을 다 버리고 떠나면 당시 치안 부재의 환경에 처하여 사방의 위험에 속수무책으로 노출되는 떠돌이가 되지 않을 수 없습니다. 그런데도 하나님께서 아브라함더러 떠나라고 하시는 이유는 너무 아이러니하게도 복의 근원이 되게 해 주시려는 계획 때문이었습니다.

 상식적으로 아브라함은 새삼스럽게 복을 찾아 다른 장소로 떠날 필요가 없었습니다. 하나님이 아브라함에게 복을 주시고자 작정하셨다면, 당시 이미 주어져 있던 고향과 친척과 아버지의 집이라는 기반 위에다가 높이높이 쌓아 주시고 많이 많이 넘치도록 부어 주시면 되었습니다. 이것이 지금 교인이 아니라 종교인이 된 보통 사람들의 상식에도 맞지 않습니까? 그런데 하나님께서는 그곳을 떠나라고 하십니다. 아브라함이 떠나야 하는 고향 땅에서 당시 친척과 아버지 집 등으로 둘린 울타리 정도의 기반을 잡는 데 얼마나 많은 세월이 흘렀을까요?

그런데 그 모든 기반을 떠나서 다시 시작하라는 겁니까? 아브라함을 복의 근원으로 만드시기 위해서 하나님의 능력으로 하실 수 있는 복안이 고작 이미 이루어진 안정적인 삶의 터전을 '떠남'밖에는 없었을까요?

이것은 우리에게도 해당하는 이야기입니다. 우리가 원하는 게 무엇입니까? 지금 내가 붙잡고 있는 내 가족 관계 위에 하나님이 은혜를 더 하시기를 원합니다. 지금 내가 붙잡고 있는 사업 위에 하나님이 수익을 더해 주시기를 바랍니다. 그것 때문에 예수를 믿습니다. 혹시 꼭 집어서 드러내 놓고 그것 때문은 아니라고 하더라도, 마음 한쪽으로는 언제나 그런 소원을 흐르는 강물처럼 유지하면서 예수를 믿습니다. 예수님 믿은 뒤로 나의 마음은 완전히 기존의 삶의 토대를 등지고서 떠나 본 적이 없습니다.

그런데 믿음의 선조인 아브라함에게 복의 근원이 되게 하시겠다고 약속해 주시면서 내리신 하나님의 첫 번째 지시는 이러한 양상과는 정반대입니다. 하나님은 지금 가지고 있는 기존의 터전에서 떠나라고 말씀하십니다. 이미 주어진 삶의 터전 자체보다 어떤 대단한 것을 가지게 하시려고 떠나라 하시는 겁니까? 그렇게 쉽게 떠나라 하시는 아브라함의 현재 상태 정도의 삶을 일구어 내려면 얼마나 많은 수고와 노력이 들어갈지 어림짐작이 되지 않습니까? 그런데 모든 것을 다 버리고 다시 시작하라니, 아무래도 난센스같이 여겨집니다.

근본도 없는 사람인 것처럼 본토를 떠나고, 고아인 것처럼 부모와 친척을 떠나고, 정해진 삶의 터전을 버리고 유랑민처럼 되라 하십니다. 이미 거주민이 뿌리를 내리고 자리 잡고 있던 가나안 땅에 가서 이방인이 되고 나그네가 되고 외톨이가 되라 하시면서 복의 근원이 되게 해 주시겠다고 하십니다.

여기까지만 놓고 비교해 보더라도 믿음의 선조인 아브라함의 경우와 우리 자신의 믿음은 너무 다릅니다. 사람들이 기독교 종교인이 되어서 하나님을 찾고 예수님 이름으로 간구하는 내용이, 전혀 이와 같은 '떠남'을 전제하지 않고 있습니다. 그리고 구체적이고 노골적으로 지금 놓인 형편의 개선과 발전과 번영을 위해서, 간구까지는 하지 않더라도, 마음이 기존의 형편과 관계에 철저히 매여서 그 매임의 상태에 주저앉아 있음이 실제 상황입니다. 기존의 삶의 틀에 예배당 생활을 덧붙인 셈이지요. 그렇다면 우리의 하나님에 대한 믿음이 아브라함의 영적인 후손임을 자처하는 자들의 믿음이라고 하기에는 그 적법성에 있어서 상당히 미심쩍은 일이 되어 버리고 맙니다.

디지털(0,1) 러브스토리의 시작

이 이야기의 오해를 풀기 위해서는 먼저 '떠남'의 의미를 알아야 합니다.

우리는 하나님이 어느 날 갑자기 불쑥 나타나셔서 아브라함을 불러내셨고 아브라함은 하나님이 주시는 말씀에 순종했다고 생각할 수 있습니다. 그렇지만 사실 내막을 알고 보면 아브라함은 절대로 순종한 것이 아니었습니다. 본문의 떠남은 분명히 순종의 모습을 띠지만, 순종이라는 말로는 다 이해할 수 있는 내용이 아닙니다. 하나님이 다 등지고 떠나라고 지시하셔서 그대로 떠났는데 왜 순종이 아니라고 하냐고 물을 수 있습니다.

이 본문을 이해하기 위해서 사도행전 7장의 스데반 집사님의 설교를 생각해 봅시다. 스데반 집사님은 " … 우리 조상 아브라함이 하란에 있기 전 메소포타미아에 있을 때에 영광의 하나님이 그에게 보여 … "라는 말로 설교를 시작합니다. 그리고 이것이 아브라함과 하나님의 디지털(0,1) 러브스토리의 시작입니다. 이 사랑의 여정 시작에서 "영광의 하나님이 그에게 보여"라고 말씀하십니다.

영광이라고 하는 말을 사전에서 찾아보면 '경쟁에서 이기거나 남이 해내지 못하는 어려운 일을 했을 때 돌아오는 빛나는 명예'라고 정의하고 있습니다. 이로부터 영광의 하나님이 보였다는 말씀의 의미를 생각해 볼 수 있습니다.

예를 들어 여러 명의 경주자가 시합에 참여하여 경합을 벌였을 때 관중이나 청중에게는 우승한 사람의 이름만 기억에 남습니다. 그 이름만 남고 나머지 이름은 사람들의 의식으로부터 다 사라집니다. 영광의 하나님이 뜻하는 바도 이와 같습니다.

1등에게 영광이 돌아갔듯이 하나님께 1등의 자리가 돌아갔다는 것입니다. 하나님께서는 아브라함의 마음을 빼앗기 위한 경기에 참여하셨습니다. 그리고 아브라함의 마음을 빼앗고 있던 수많은 다른 경쟁자를 제치고 일등을 하셨다는 뜻입니다.

예를 들면 아브라함의 마음을 놓고 하나님께서 아브라함의 가족이나 재물이나 사업 등과 경쟁하시고 이기셔서 아브라함의 마음을 빼앗아 버립니다. 이제 아브라함의 마음은 가족이나 재물이나 사업보다 하나님께 더 큰 매력을 느끼며 사로잡힙니다. 가족과 재물과 사업은 아브라함의 마음에서 하나님보다 열등한 존재가 되어 버립니다. 또 하나님께서는 고향과 친척과 아버지의 집과 경쟁하시고 아브라함의 마음을 빼앗아 쟁취하십니다. 그래서 아브라함의 마음에는 고향보다 친척보다 아버지 집보다 하나님 자신의 이름이 더 명확하게 새겨지게 됩니다. 이것이 "영광의 하나님"이라는 표현이 뜻하는 바입니다.

이것을 우리의 삶에 적용해 볼 수도 있습니다. 하나님께 영광을 돌린다는 것은 다시 말하면 하나님께서 내 마음을 놓고 경쟁하시고 싸우셔서 건강보다도 돈보다도 남편보다도 아내보다도 자식보다도 내 마음을 더 많이 가져가신 상태가 되는 것입니다. 이것이 내 마음에서 하나님께 영광이 돌아간 상태이고 하나님이 이기셔서 일등이 되신 상태이고 내가 하나님 한 분의 매력에만 빠져 버린 상태입니다.

성령 충만한 상태에서 설교하시던 스데반 집사님은 바로 이 점을 보고 있습니다. 영광의 하나님이 아브라함에게 보였다는 말씀은 아브라함이 고향과 친척과 아버지의 집을 떠날 때 아브라함의 마음에서 무엇이 일등을 하였고, 그 마음이 대체 어떤 대상에 빼앗기고 있었는지를 우리로 알게 합니다.

많은 경우에 바로 이 점을 놓침으로써 믿음의 선조인 아브라함에 대한 이해가 전혀 엉뚱한 해석이 되어 버리고 맙니다. 아브라함은 새롭게 얻게 될 가나안 땅을 바라보며 가지 않았습니다. 아브라함의 마음에는 가나안 땅이 영광의 경쟁에서 하나님을 이길 수가 없었던 상태입니다. 이제 아브라함의 마음에 유일한 태양과 같은 존재가 된 그 하나님이 가라 하시니, 그 하나님 자신을 놓치지 않으려고 고향을 떠나서 간 것입니다. 쉽게 말해, 줄리엣이 자기 가문을 통째로 버리고 로미오를 사랑했듯이 그렇게 아브라함도 다 버리고 애인이신 하나님을 마음으로 붙잡고 간 것입니다. 스데반 집사님은 바로 이렇게 "영광의 하나님이 그에게 보여"라는 구절을 통해서 하나님 때문에 눈에 콩깍지가 쓴 아브라함의 상태를 표현하였습니다.

이로부터 우리는 아브라함이 고향과 친척과 아버지의 집을 떠난 일이 순종이 아님을 알 수 있습니다. 오히려 하나님과 눈이 맞은 아브라함이 바람나서, 기존에 정 주고 마음 붙이고 있던 모든 대상을 등지고 하나님과 함께 도망간 것으로 표현하는 편이 더 정확할 것입니다. 이와 관련하여 히브리서 11장 8절을 보면 아브라함에 대해 말하기를, "… 장래의 유업으로 받을 땅에 나아갈새 갈 바를 알지 못하고 나아갔으며"라고 하였습니다.

많은 성경 해석가들이 이해하듯이 가나안 땅에 대한 비전을 갖고 떠났다면 갈 바를 알지 못했을 리가 없지 않겠습니까? 마음으로 그것을 명확하게 비전으로 바라보고 갔다면 이런 상태는 목표의식이 분명한 것입니다. 그러나 아브라함은 갈 바를 알지 못했습니다. 연애하는 한 젊은 아가씨가 집안의 반대를 피하여 몰래 짐을 싸 들고 야반도주 길에 올랐을 때, 갈 바를 알지 못하면서도 지금 당장 자기 옆에 있는 애인만 바라보고 설레 하며 기뻐하는 것과 같습니다. 아브라함은 마음에서 일등 하신 하나님의 매력에 이끌려 가나안 땅이 어떤 곳인지 전혀 알지도 못한 채, 더 정확히는 가나안 땅에 대한 기대보다는 하나님에 대한 설레는 사랑 하나를 가지고 집을 나왔습니다. 본의 아니게 가출 가장이 되어 버렸던 것입니다.

이제 하나님과 관계를 시작하는 아브라함의 마음에서 모든 대상이 사라진 0의 상태 안에, 하나님만 유일한 있음과 유일한 좋음이신 1로 자리하시게 됨으로써 디지털 조합(0,1)의 상태가 이루어진 것입니다. 이 상태를 지속하여 유지해 나가는 과정이 바로 하나님 사랑입니다.

하나님의 사람 마음에 대한 독점욕

하나님은 욕심쟁이십니다. 아브라함의 마음이 조금도 다른 대상에게로 가는 것을 허용치 않으셨습니다. 하나님 이외의 모든 대상에 대해서는 아브라함의 마음이 지급되는 양이 수치가 0이기를 바라셨습니다. 그래서 철저하게 아브라함의 마음이 달려갈 만한 대상들, 아브라함의 마음에 연결되어 그 마음을 붙잡고 있던 대상들을 끊어 내시고 아브라함 마음 전체를 가져가시려고 합니다.

신명기 6장 5절에서 "너는 마음을 다하고 뜻을 다하고 힘을 다하여 네 하나님 여호와를 사랑하라"라고 말씀하셨던 바와 같습니다. 하나님께서는 아브라함의 마음 전체를 빼앗아 차지하시려고 그동안 아브라함의 마음에서 사랑의 대상이 되어 있던 고향과 친척과 아버지의 집에 대해서 마음 씀이 0이 되기를 요구하시며 가나안 땅으로 가라 하셨던 것이지요.

아브라함의 마음에 대한 하나님의 독점 계획이 어디까지 뻗어 가는지 한번 추적해 봅시다. 고향과 친척과 아버지의 집을 떠나 하란으로 가는데 900km 길입니다. 그 옛날에 900km를 치안 부재의 상태에서 도보로 옮겨 가는 일은 보통 일이 아니었습니다. 그리고 하란에서 아버지가 죽자, 거기서 잠깐 머물다가 다시 하나님이 지시하신 가나안 땅으로 600km를 더 가게 됩니다. 도합 1,500km의 도보 여행길을 가게 됩니다.

그런데 오늘 본문에 이어지는 부분을 보면, 이렇게 머나먼 여정을 지나 도착하고 보니 가나안 땅에 기근이 심합니다.

"그 땅에 기근이 들었으므로 아브람이 애굽에 거류하려고 그리로 내려갔으니 이는 그 땅에 기근이 심하였음이라"

도저히 타지에서 온 떠돌이 이방인으로서는 빌붙어서라도 살아갈 방도가 보이질 않았던 것이지요. 이제 아브라함은 기근을 피해서 애굽으로 내려갑니다. 이 사건에 대해 대부분 성경 해석가들은 아브라함이 기근이라고 하는 삶의 문제 앞에서 하나님을 의지하지 않고 자기의 방식을 따라 해결하려 했다고 기록합니다. 그 결과 애굽으로 갔다가 바로의 눈에 띄게 되어서 아내 사라를 빼앗기는 수치스러운 일을 당하게 되었다는 것입니다. 아무리 기근이 심해 다급했다 하더라도 하나님의 구원을 기다리지 않고 애굽으로 간 일은 아무래도 믿음의 선조다운 행동이 아니라는 것이지요.

당연히 이렇게 이해될 수도 있습니다. 그러나 이런 이야기를 디지털(0,1)의 원리로 이해해 보면 어떨까요? 완전히 관점을 달리해 보자는 것입니다. 그리고 초점을 아브라함이 아니라 하나님에게 맞추어 봅니다.

가나안 땅에 기근이 심하게 들었는데 이 기근은 누가 주신 것인가요? 삼라만상의 생사화복과 참새 두 마리가 땅에 떨어짐도 주관하시는 하나님이십니다. 하나님께서 아브라함이 그토록 먼 길을 도보로 걸어서 도착할 것을 뻔히 아시면서도 가나안 땅에 비를 내리지 않으셨기 때문입니다. 하나님께서는 우선 900km를 그리고 600km를 더, 아내와 조카를 데리고 뚜벅뚜벅 걸어오고 있는 아브라함이 도착할 가나안 땅에 플래카드를 들고 환영할 준비를 전혀 하지 않으셨습니다. 멀고 먼 길 오느라 고생했다며 곡식을 산더미처럼 쌓아 두고 산천에는 샘이 터지게 만들어 놓고 반갑게 맞이하시지 않으셨습니다. 대신에 도저히 견디기 어려운 기근으로 그 땅을 덮어 버리십니다. 가나안 땅에 바로 그 시점에 덮친 기근은 우연이 아니지 않습니까? 하나님이 의도적으로 아브라함을 가나안 땅에서 내몰아 버리시려고 그러셨다는 겁니다. 강압적으로 애굽을 향하도록 그 발걸음을 인도하신 셈입니다. 하나님이 하시는 일이 참 모순되어 보이지요.

여기에 어떤 뜻이 있었을까요? 역시 아브라함 마음을 독점하시려는 계획의 일환입니다.

　영화에서 본 장면이 떠오릅니다. 사귀는 남녀가 있습니다. 어느 날 남자가 대학교에서 해야 하는 과제가 자기 전공과목이 아니어서 어려워합니다. 이 모습을 본 여자 친구가 그 과제와 관계되는 전공을 공부하고 있던 자신의 친구인 한 여학생을 소개해 줍니다. 그런데 그렇게 소개받은 여자 친구의 친구와 그 과제를 함께 풀어 가는 동안에 남학생은 바로 그 여학생과 눈이 맞아 버렸습니다. 본래의 여자 친구는 결국 남자 친구를 빼앗기게 됩니다.

　하나님께서는 지금 아브라함의 마음이 의존하며 사랑하고 있었던 고향과 친척과 아버지의 집을 끊어 내도록 이끌고 계십니다. 그 일을 위하여 새로운 땅 가나안을 지시하심으로 그 마음이 본토를 떠나 하나님에게만 몰입되도록 하셨습니다. 그리고 아브라함은 지금 어떤 땅인지도 모른 채로 약 4,000리 길인 1,500km를 지나며 가나안 땅을 찾아왔고 이제 도착했습니다. 가나안 땅을 종착지로 정하고 길고 긴 여정을 지나오는 동안 아브라함은 자기도 모르는 사이에 지금 걸어가고 있는 여정의 마지막 종착지인 가나안 땅을 마음속으로 몇 번이나 기억하며 의식했을까요? 어쨌든지 가나안, 가나안, 가나안을 자기 속으로도 계속 반복하였을 것이고 아내 사라나 조카 롯과의 대화에서도 이 가나안 땅에 관한 이야기는 아마도 끊임없이 등장하였을 것입니다. 한마디로 아브라함도 인간인 한 이제 도착하게 될 가나안 땅에 관한 생각과 기대가 없을 수가 없었던 겁니다.

　그런데 이러한 아브라함을 바라보시는 하나님 마음에 근심이 생겼습니다. 아브라함이 도착했을 때 가나안 땅 사방에 샘이 터지고 젖과 꿀이 흐르고 곡식이 무성하게 자라는 아름다운 환경으로 준비되어 있다면 혹시 아브라함의 마음을 빼앗길 수도 있겠다고 여기신 것입니다. 아브라함의 마음 안에서 아름답고 풍성한 가나안 땅에 영광의 일등 자리를 내줄 수도 있겠다 싶으셨던 것입니다.

'내가 가나안 땅과 아브라함을 만나도록 소개해 주었더니 가나안 땅과 아브라함이 눈이 맞으려 하는구나!'라고 생각하셨을 수도 있다는 뜻이지요. 하나님께서는 1,500km의 길고 긴 여행의 목적지인 가나안 땅이 아브라함의 의식 속에 반복하여 깊이 새겨짐으로써, 아브라함 자신도 모르는 사이 그의 마음에 사랑의 대상이 될까 봐 조바심 내시며 가나안 땅을 기근으로 덮어 버리십니다. 그리고 그 가나안 땅에 도저히 아브라함의 마음이 매력을 느낄 수 없게 만드시고 애굽으로 향하도록 강제하신 셈이었던 것이지요.

한편 애굽에 내려간 상황에서도 마찬가지입니다. 애굽의 왕인 바로를 만났더니 그때 바로가 아브라함에게 "네 아내가 예쁘니 나에게 달라"라고 강제하고 이에 비로소 아브라함은 어쩔 수 없이 복종한 것이 아니었습니다. 아브라함이 가나안을 떠나 애굽으로 내려갈 때 이미 아내인 사라에게 말을 합니다.

"원하건대 그대는 나의 누이라 하라 그러면 내가 그대로 말미암아 안전하고 내 목숨이 그대로 말미암아 보존되리라 하니라"(창12:13)라고 이야기합니다.

이처럼 아브라함은 하나님의 지시를 따라 이역만리 타향을 향해 본토를 떠나면 자기 힘으로 아내를 지킬 수 없음을 이미 알았습니다. 당시는 힘 있는 사람이 법으로 통하는 시대입니다. 그렇기에 아브라함은 기근으로 인해서 강제로 내몰리듯이 애굽으로 내려가려고 했을 때 그곳 사람들이 아름다운 아내를 보고 빼앗으려 해도 지켜 줄 수 없음을 깨닫고 고민했을 것입니다. 그러나 가나안 땅에 너무 심한 기근이 있으므로 같이 거느린 조카와 다른 식솔들을 위해서라도 내려갈 것을 결심합니다.

이런 상황을 디지털 사랑의 관점에서 보면 0과 1의 조합을 위하여 하나님이 아브라함의 마음이 모든 다른 대상에 대해서 0 되도록 이끄시려는 역사였다는 것입니다.

하나님의 처지에서 보자면 아브라함이 기근으로 덮인 가나안 땅을 떠날 수밖에 없게 됨으로써 일거양득이 된 셈입니다. 우선은 가나안 땅에 빼앗길 수도 있었을 아브라함의 마음을 당신에게서 못 떠나도록 지켜 내신 것입니다. 두 번째는 그렇게 초강대국 애굽의 바로까지도 탐낼 만큼 어여쁜 아내인 사라에 대한 아브라함의 마음까지도 동시에 회수하신 셈입니다. 하나님께서 가나안 땅에 기근이 임하도록 주관하신 이유에는 이처럼 아내 사라에 대한 아브라함의 마음도 당연히 계산에 넣으셨다는 것입니다. 그렇지요. 타지를 떠도는 중에 자식도 없는 상태에서 아내 사라가 아브라함에게 얼마나 커다란 마음의 의지처가 될 수 있었겠습니까? 이 역시 하나님은 용납을 못 하셨던 겁니다.

이러한 하나님의 모습은 마치 너무 심한 욕심쟁이 같습니다. 아브라함이 머리털만큼이라도 다른 대상에게 마음을 빼앗길까 봐 벌벌 떠시는 것 같습니다. 어찌하든지 그 마음을 다 가져가시기 위하여 모든 것을 동원하시고 섭리하십니다. 아브라함이 가나안 땅에 빠져 버릴까 봐 심한 기근으로 덮어 버리셔서 가나안 땅이 좋아할 수 없을 만큼 험한 곳임을 느끼게 하시고, 애굽으로 내려갈 때는 아내 사라를 빼앗길 것을 각오하게 하시며 아내까지 마음에서 버리게 하십니다. 아브라함 마음 안에서 이 세상에 있는 모든 사랑할 만한 대상의 존재가 하나도 남아 있지 않은(0) 상태까지 끌고 가시려는 의지가 단호하십니다.

진정한 의미의 복의 근원

이러한 상황에서 복의 근원이라는 의미가 무엇인가가 드러납니다. 아브라함의 생애는 다분히 밋밋합니다. 무슨 역사적으로 센세이션을 일으킬 만한 일을 행한 것이 아무것도 없습니다. 하나님께서 아브라함에게 "땅의 모든 족속이 너로 말미암아 복을 얻을 것이라"라고 하셨습니다. 하지만 그렇다고 해서 마더 테레사처럼 빈민굴에 들어가서 섬기는 일을 한 적도 없고, 슈바이처나 리빙스턴처럼 희생과 봉사의 삶을 산 것도 아니었습니다. 요셉이나 다윗이나 다니엘처럼 탁월한 역량의 정치인도 아니었습니다. 사도 바울처럼 이방인의 세계에 여호와 하나님을 알리며 전도를 한 적도 없습니다.

무슨 일을 했나 보았더니 평생 하나님과 뜨겁게 연애했던 것밖에 없습니다. 마음으로부터 모든 대상을 버리기를 반복하면서 모든 다른 대상에 대해서는 마음이 온전히 0이 되어 오직 조물주 하나님 한 분만을 유일한 사랑의 대상(1)으로 마음속에 두는 정말 뜨거운 연애를 했던 것뿐입니다.

이처럼 아브라함은 마음을 다해서 오직 하나님만을 향했을 뿐입니다. 그리고 이런 디지털 방식의 사랑으로부터 "땅의 모든 족속이 너로 말미암아 복을 얻을 것이라"라는 말씀도 이해할 수 있습니다. 마치 재벌가에 시집간 가난한 집 외동딸이 모든 친정 쪽 가족과 친척의 물질적인 근원이 되는 것과 같습니다. 이 세상에 사는 사람으로서 창조주 하나님과 뜨겁게 사랑하여 하나님의 집에 시집을 간 아브라함은 그 존재 자체로 이 세상이라는 친정에 있는 사람들의 복의 근원이 되었다는 이야기입니다. 아브라함의 하나님 사랑으로 인해서 아브라함의 후손들은 아브라함이 그토록 좋아했던 '영광의 하나님'과 관계 안에 들어오게 되었다는 뜻입니다.

하나님께서는 레위기 19장 18절에서 "네 이웃 사랑하기를 네 자신과 같이 사랑하라"라고 말씀하셨습니다. 내가 이웃을 사랑하는 최고의 길은 무엇일까요? 이웃이 아니라 하나님을 사랑해서 하나님과 연애하는 것이 이웃을 사랑하는 처음이자 마지막 길임을 기억해야 합니다. 내가 하나님과 연애하면 내 이웃은 나를 만나는 동안 내가 연애하는 그 하나님을 만나게 되기 때문입니다.

이처럼 사람들에게 복의 근원 되는 길은 하나님과 하는 뜨거운 연애입니다. 그래서 하나님과 0과 1의 조합을 이룬 상태에서 모든 사람을 만납니다. 그러면 내가 만나는 그 당사자에게는 나 아니면 절대로 다른 사람에게서는 경험할 수 없는 복된 기회가 주어지는 것이 아니겠습니까? 창조주 하나님과 하나로 묶인 사람을 어디서 만날 수 있겠습니까? 하여간 그 사람이 평생에 만남이라는 것을 반복하는 동안 나와의 만남이 최고의 만남이 아니겠습니까? 그 당사자가 이런 기가 막힌 사실을 알든 모르든 말이지요.

하나님께서는 아브라함의 마음을 다 차지하시기 위하여 주권적으로 개입하셨습니다. 노심초사하시며 두근두근하시며 아브라함의 마음이 다른 데로 빠져나갈까 봐 다 틀어막고 아브라함의 마음을 경쟁적으로 독점하려고 애쓰셨습니다. 우리도 이렇게 독점의 의지가 강력한 하나님과 0과 1의 조합을 이루어 연애할 수 있어야만 한다는 것입니다. 그러니 하나님을 아브라함처럼 믿으며 사랑하기를 시작하려면 기존의 모든 대상에 대해서 마음이 0이 됨으로써 하나님의 독점욕을 감당할 각오가 되어 있어야만 합니다.

폐허와 하나님의 집 사이에서

한편 오늘 본문에는 상징적으로 깊은 의미를 지닌 구절이 있습니다. 아브라함은 가나안 땅에 와서 장막을 칩니다. 그런데 이 장막을 친 자리를 묘사하는 성경의 표현이 절묘합니다. 다분히 깊은 의도를 담고 있음을 알 수 있습니다.

8절을 보면 "거기서 벧엘 동쪽 산으로 옮겨 장막을 치니 서쪽은 벧엘이요 동쪽은 아이라, 그가 그곳에서 여호와께 제단을 쌓고 여호와의 이름을 부르더니"라고 하였습니다.

장막을 친 장소가 벧엘도 아니고 아이도 아닌, 두 지역의 사이입니다. 여기서 '아이'는 폐허라는 뜻이고 '벧엘'은 하나님의 집이라는 뜻입니다. 그러니까 아브라함은 폐허와 하나님의 집 사이에 장막을 친 셈입니다. 그런데 이 한 가지 사건이 고향을 떠난 뒤에 그 기나긴 여정을 지나는 동안 하나님을 향한 아브라함의 마음이 어떠했는가를 아주 정확하게 묘사하고 있습니다.

아이라는 지역의 뜻인 '폐허'는 사람이 관심을 거두고 보호하는 손길을 끊어서 황폐하게 된 상황을 가리킵니다. 그리고 하나님의 집은 곧 하나님이 거하심으로 하나님을 인격적으로 만날 수 있는 장소를 뜻합니다. 아브라함은 폐허를 떠나 하나님의 집을 향하는 중간에 장막을 쳤습니다. 그리고 하나님의 이름을 불렀다고 하는 것을 보면 하나님의 집인 벧엘을 향하여 있음을 알 수 있습니다. 그리고 장막은 영원히 상주하는 곳이 아닌 잠깐 있을 곳입니다.

사랑하여 보호하고 아끼고 돌보던 대상들을 모두 마음의 등 뒤로 하고 황폐한 폐허로 남겨 둔 채(0) 오로지 하나님이 계신(1) 집을 향하여 하나님의 이름을 부르면서 가는 것이 아브라함의 여정이었습니다. 하나님의 집에 도달하고 하나님을 만나 온전히 함께할 수 있기 전까지는 어디에서도 마음을 붙이고 집을 짓고 정착하지 않았습니다. 단지 장막을 치며 하나님을 향해 계속 갔던 것입니다. 이것이 복의 근원이 된 아브라함이 하늘에 계시는 하나님을 어떻게 사랑하였는가를 명확하게 보여 주는 장면입니다.

이런 아브라함의 하나님 사랑이 우리들의 삶의 현장에서도 재현된다면 어떤 일들이 벌어질까요?

아내가 마음으로 남편을 사랑합니다. 그러던 아내가 영광의 하나님을 보게 됩니다. 마음이 온통 일등 하신 하나님의 매력에 사로잡혔습니다. 이제 남편을 사랑하고 관심하던 손길을 거두어들입니다. 마치 아내의 마음 안에서 남편이 차지했던 자리가 황폐하게(0) 되도록 남겨 두는 것과 같습니다. 이렇게 남편을 향했던 사랑의 마음을 거두어 하나님(1)께로 옮겨 갑니다. 다른 일에 대해서도 마찬가지입니다. 마음 안에서 자식이 차지하던 자리를 폐허(0)로 남겨 둔 채 하나님(1)에게로 마음 전체가 옮겨 갑니다. 내가 사랑하던 일과 사업을 폐허(0)로 남겨 두고 마음을 하나님께(1)로 옮겨 갑니다. 그리고 하나님의 집에 도착해서 하나님과 하나가 되고자 합니다. 하나님을 얼싸안고 하나님을 바라보며 기뻐하려 합니다.

폐허와 하나님의 집 사이에 장막을 쳤다는 의미가 이런 것이라면 정말 아브라함도 대단한 사람입니다. 사실 누울 자리 보고 다리 뻗는다고, 하나님이 그토록 강렬하게 독점욕을 부리시는 것도 아브라함의 하나님을 향하는 사랑의 자발성이 정말 어지간하기 때문이 아닐까 하는 생각이 듭니다.

나의 폐허를 향한 하나님의 관심과 개입

그런데 이로부터 생겨나는 질문이 있습니다. 그렇게 내 마음 안에서 폐허가 되어 버린 대상들은 이제 어떻게 된다는 것일까요? 내 마음에서 일등으로 빛나는 영광의 하나님을 향하느라(1) 등 돌리고 폐허가 된 (0) 대상들에게는 무슨 일이 일어나는가? 하는 의문입니다. 이와 같은 일의 그 좋은 예가 아내 사라를 바로에게 들여보냈다가 되찾게 된 이야기입니다.

아브라함은 멀고 먼 여정을 거쳐 도달한 가나안 땅에 머물지 못합니다. 대신에 극심한 기근으로 인해서 쫓기다시피 하나님의 거의 강압적인 인도하심을 따라 애굽으로 가게 됩니다. 이제 아브라함은 아름다운 아내 사라를 이방 땅의 왕에게 빼앗길 사실을 예측하게 됩니다.

"그가 애굽에 가까이 이르렀을 때에 그의 아내 사라에게 말하되 내가 알기에 그대는 아리따운 여인이라 애굽 사람이 그대를 볼 때에 이르기를 이는 그의 아내라 하여 나는 죽이고 그대는 살리리니 원하건대 그대는 나의 누이라 하라 그러면 내가 그대로 말미암아 안전하고 내 목숨이 그대로 말미암아 보존되리라 하니라"(창12:11-13)

참으로 이런 말을 해야 하는 아브라함의 심정이 참담하였으리라는 생각이 듭니다. 잘못이 있다면 영광의 하나님을 뵙고 그분만을 사랑하게 된 것입니다. 그리고 이렇게 미리 아내와 의논하여 작정한 대로 바로에게 아내 사라를 넘겨줍니다. 이제 아브라함에게는 마음에서 아내가 차지하던 자리가 '아이'라는 성처럼 폐허가 되었습니다. 아내로부터 사랑의 손길, 책임감의 손길을 거두어들이고 아주 무책임한 남자처럼 되어 버렸습니다. 그 대신 하나님을 향하여 더욱더 강렬하게 마음을 고정하게 되었습니다. 마음이 아내에 대해선 죽고(0) 하나님을 향해서만 산 상태(1)를 유지한 것입니다.

그런데 아브라함의 상식적인 예상과는 전혀 다른 일이 벌어지게 됩니다. 사실은 본래부터 아내 사라는 아브라함에게 속한 존재가 아니라 하나님이 주인이셨습니다. 그리고 그 하나님은 애굽 바로의 생명까지도 주관하시는 분이셨습니다. 마음에서 폐허로 놔두었지만, 사실은 본래의 주인에게로 관할권을 넘긴 결과가 되었습니다. 바로에게도 사라에게도 본래의 주인이신 하나님이 개입하십니다. 심지어 애굽의 왕실인 바로의 침실까지 개입해 들어가셔서 아브라함의 아내를 지키시고 뿐만 아니라 바로로 하여금 아브라함에게 모든 물질의 상급까지 주어서 보내도록 강권하셨습니다.

이렇게 되기까지를 다시 한번 돌아봅시다.

아브라함은 어떤 권력자라도 아내 사라를 보면 그 미모로 인해 빼앗아 갈 것이라고 믿을 만큼 사랑스러운 아내가 차지하던 마음의 자리를 아이처럼 폐허로(0) 남겨 두었습니다. 사실 결코 쉬운 일이 아닙니다.

주권자 하나님께서 당연히 아브라함이 가나안 땅에 도달하였음을 아셨음에도 불구하고 일으키신 기근으로 인해서 조카 롯의 가족과 자신의 식솔들 때문에라도 가나안 땅에 머물 수가 없게 되었습니다. 외지에서 흘러들어 온 유랑민의 신세가 된 상태에서 이 혹독한 기근 속에서는 아마도 가나안 땅에 있던 주민들에게서 도저히 양식을 구할 수가 없었을 것입니다.

이런 상황에서 불평은 사실 아브라함 쪽에서 하나님을 향하여 가져야 하는 것이 아닙니까? 가라고 지시하셔서 불원천리하고 도달한 땅을

I. 매력에 이끌리어   43

기근으로 덮어 버리심이 과연 있을 수 있는 일입니까? 그러나 아브라함의 생각은 단호합니다. 그 어떤 이해관계로 인해서도 하나님하고만은 절대로 갈등을 만들고 싶지 않았습니다. 그 이해관계의 상대가 가나안 땅이든 아내 사라든, 무엇이든지 누구든지 말이지요. 그래서 애굽으로 내려가게 되었다가, 바로에게 아내를 빼앗기는 것 역시 하나님의 주관하심 아래서 일어나는 일이라면, 그렇게 아내를 빼앗기더라도 하나님하고의 관계만은 순전하게 유지하겠다고 애굽으로 내려간 것이지요.

그러자 하나님께서 아브라함이 마음에서 폐허가 되도록 내버려 둔 아내 사라를 오로지 유일하신 주권자로서 당신의 뜻대로 지키시고 구원하셔서 아브라함에게서 돌려보내 주십니다. 마치 이러시는 것 같습니다.

'하늘이 무너지고 땅이 꺼져도 사라는 내가 너에게 허락한 너의 아내다.' 그래서 그 누구도 사라에게 손가락 하나 건드리지 못하게 지켜 주십니다.

그렇습니다. 내 마음에서 폐허로 남겨 두었던(0) 자리마다 하나님의 뜻이 켜지고(1) 계획이 살아 실행됩니다(1). 마음으로 하나님만을 향하여 가기 위해 그동안 내 마음을 차지하던 모든 대상을 마음 씀 0으로 남겨 폐허로 두고 발걸음을 옮깁니다. 그러면 마음에서 이제 폐허처럼 남겨졌던 대상마다 아브라함 자신의 사랑과 관심 대신(0) 하나님의 관심과 주권자로서의 손길이 개입하게(1) 됩니다. 아브라함이 폐허로 남겨 둔 모든 대상이 하나님의 손길을 만나면서 복이 터지고 꿀이 터지고 젖이 터집니다. 마치 아브라함의 아내 사라가 하나님밖에 모르게 된 남편의 마음 안에서 폐허처럼 취급되는 바람에 정말 상상도 할 수 없었던 극적인 하나님의 개입을 직접 경험하게 된 것과 같은 예입니다. 남편 잘 만나 남편의 보호 대신 천지의 주권자에게 직접 보호를 받게 되었으니 정말 복이 터진 여인이 되었지요.

이렇게 독특한 '삶의 디지털(0,1) 방식'으로 복의 근원이 되어야 했기에, 그 첫 단계로서 고향 친척 본토 아버지 집을 떠나라고 하신 것이었죠. 이제 아브라함은 평생 이 세상에서 자기 마음을 잡아끄는 모든 대상을 폐허(0)로 남기고 오직 하나님(1)을 향하여 마음을 다 드리는 일만 하면 되는 것이었습니다. 그러면 이렇게 하나님에게로 마음을 전부 옮기느라 폐허가 되도록 남겨 둔 모든 대상은 예외 없이 조물주 하나님의 손길을 직접 마주하는 복을 받게 되는 것이지요. 그래서 아브라함은 복의 근원이 되는 겁니다.

예를 들어서 내 자식을 폐허로 여기고 하나님께로 마음을 돌렸습니다. 그랬더니 내 자식들의 진짜 주인이신 하나님의 뜻과 계획이 나로 인해 막히는 일 없이 자식에게 이르게 됩니다. 내 사업에 대한 마음을 폐허로 두고 하나님께 마음을 돌렸습니다. 그랬더니 내 사업의 진짜 주인이신 하나님의 손길이 내 사업에 와 닿게 됩니다. 하나님께로 가기 위해서 내 마음에서 붙잡고 있다가 폐허로 돌린 모든 대상에 하나님이 개입하십니다.

하나님이 염려하시는 것은 한 가지입니다. 사랑하여 선택한 여러분 각자의 마음이 하나님 이외에 다른 곳으로 빠져나가는 것입니다. 마치 지시하신 가나안 땅에 아브라함이 마음을 빼앗길 것을 염려하셔서 그 땅을 기근으로 덮으셨듯이, 하나님께서는 여러분에게 돈을 허락하고 싶으셔도 마음이 돈에 빠져 버릴까 주지 못하십니다. 건강을 허락하고 싶으셔도 건강 때문에 교만해지고 이 땅에 마음이 완전히 빠질까 봐 하지 못하십니다.

하나님은 조물주로서 우리 선민들 각자와의 관계에서 이루시기에 힘 드실 일도 없고, 아까워서 못 주실 것도 없습니다. 나를 위해서 독생자 예수님을 십자가에 매달아 주시기까지 하셨습니다. 그러나 단 하나 정말로 아까워하시는 대상이 있습니다. 바로 우리들의 마음입니다. 우리들의 마음 하나만큼은 너무나 아까워하십니다. 우리에게 무엇인가 다 주고 싶으셔도 그것들이 우리 마음을 빼앗아 갈까 봐 작은 것 하나라도 선뜻 주시기가 그토록 조심스러운 일인 것입니다.

내 마음이 하나님이 아닌 다른 모든 것에 대해 마음 씀이 0이 되고 오직 하나님에 대해서만 살아서 1이 되는 디지털(0,1) 사랑을 원하고 계십니다. 이것을 위하여 오늘도 하나님 말고 다른 것으로 향하는 여러분의 소원을 막으시고 여러분의 세상적인 간구에 대해 허락하기를 거절하십니다. 그리고 지금도 여러분의 마음이 온전히 다 하나님께 주어질 날을 기다리시며 뜨거운 짝사랑을 계속하고 계십니다. 모든 것을 폐허로(0) 등 뒤로 돌리고 오직 하나님께만(1) 마음의 눈길을 모두 드리실 수 있기를 바랍니다.

너무 보고 싶어서

(창세기 13장 9절-18절)

9. 네 앞에 온 땅이 있지 아니하냐? 나를 떠나가라 네가 좌하면 나는 우하고 네가 우하면 나는 좌하리라
10. 이에 롯이 눈을 들어 요단 지역을 바라본즉 소알까지 온 땅에 물이 넉넉하니 여호와께서 소돔과 고모라를 멸하시기 전이었으므로 여호와의 동산 같고 애굽 땅과 같았더라
11. 그러므로 롯이 요단 온 지역을 택하고 동으로 옮기니 그들이 서로 떠난지라
12. 아브람은 가나안 땅에 거주하였고 롯은 그 지역의 도시들에 머무르며 그 장막을 옮겨 소돔까지 이르렀더라
13. 소돔 사람은 여호와 앞에 악하며 큰 죄인이었더라
14. 롯이 아브람을 떠난 후에 여호와께서 아브람에게 이르시되 너는 눈을 들어 너 있는 곳에서 북쪽과 남쪽 그리고 동쪽과 서쪽을 바라보라
15. 보이는 땅을 내가 너와 네 자손에게 주리니 영원히 이르리라
16. 내가 네 자손이 땅의 티끌 같게 하리니 사람이 땅의 티끌을 능히 셀 수 있을진대 네 자손도 세리라
17. 너는 일어나 그 땅을 종과 횡으로 두루 다녀 보라 내가 그것을 네게 주리라
18. 이에 아브람이 장막을 옮겨 헤브론에 있는 마므레 상수리 수풀에 이르러 거주하며 거기서 여호와를 위하여 제단을 쌓았더라

'보고 싶다'와 '본다'의 차이

'보고 싶다'라는 말과 '본다'라는 말은 확실히 다릅니다. '본다'는 말이 시각상 생리적으로 일어나는 행동이라면, '보고 싶다'는 말은 시각

에 마음의 작용이 덧붙여져야 가능합니다. '보고 싶다'라는 말에는 사랑하여 그리워서 내 눈으로 직접 보며 같이 있고 싶다는 바람이 담겨 있습니다.

여러분은 누군가를 뼈에 사무치도록 보고 싶어 했던 체험이나 기억이 있습니까? 혹시 젊었던 시절 연애 감정이 가슴에 사무치던, 한때 가졌던 유치한 심리 상태라고 생각하시나요? 사랑이라는 것은 유치하지 않고는 진행이 안 됩니다. 누군가를 미칠 듯 좋아하고 사랑했던 기억 때문에, 스스로 생각해도 자존심이 상할 정도로 죽도록 보고 싶은 마음의 경험이 있어야만 본문에 나오는 아브라함의 마음을 이해하기가 쉽습니다. 그리고 이렇게 너무나 강렬히 누군가를 보고 싶어 하는 마음이 있을 때 나타나는 특징은 그 대상 외에(1) 다른 존재는 전혀 눈에 들어오지 않는 것입니다(0). 아니 시각에는 들어와도 마음에는 보이지 않게 됩니다.

보고 싶다는 말이 이처럼 사랑의 심리 상태를 담고 있는 말이기 때문에 흔히 사랑에 빠지면 눈이 맞았다고들 합니다. 너무나 마음에 들고 좋아서 내가 바라보며 나를 봐 주기를 바라는데, 마침 상대방도 같은 마음으로 나를 바라봅니다. 이것이 눈이 맞은 것이고 사랑하게 되었다는 뜻입니다.

우리나라에서는 부부들이 자신의 배우자를 부를 때 뭐라고 합니까? '여보'라고 부르지요? '여보'는 '여기를 좀 보아 주세요'라는 말의 준말이라고 합니다. 아무에게나 '여보'라고 함부로 말하지는 않습니다. 내가 보고 싶어 하는 당신이고, 나를 보고 싶어 하는 당신입니다. 이제 당신이 나를 보고 있고 내가 당신을 보고 있을 때 당신도 나도 마음이 설레기도 하고 편안해지기도 하며 기뻐지기도 합니다. 이런 마음이 생기는 유일한 상대가 바로 '여보'입니다.

이처럼 '보고 싶다'라는 말은 단순한 생리적 차원의 '본다'라는 말과는 다릅니다. 이제 이 말의 대상을 좀 더 범위를 확대해서 생각해 보도록 하겠습니다.

비인격적인 대상도 보고 싶을 수 있습니다. 조국이 보고 싶다, 산천이 보고 싶다, 초목이 보고 싶다, 바다와 산과 강이 보고 싶다, 연극이나 스포츠 경기가 보고 싶다. 돈다발을 보고 싶다. 다 말이 됩니다.

그리고 보고 싶다는 말은 자기가 처하여 있고 싶은 상황에 대해서도 통용됩니다. 몸이 아픈 사람은 건강이 회복된 상태를 극진히 보고 싶어 합니다. 돈이 없어 쪼들리고 고달픈 사람은 돈이 많은 상태를 굉장히 보고 싶어 합니다. 그래서인지 우리나라 말에는 모든 말에 '보다'가 붙어 버립니다. 당장 죽어도 돈벼락 한번 맞아 '보았으면' 좋겠다. 금강산도 식후경이라는데 맛있는 음식을 배가 부르도록 먹어 '보았으면' 좋겠다. 우리 한번 시도해 '볼까?' 우리 한번 달려가 '볼까?' 전부 본다고 표현합니다. 이처럼 마음이 무엇인가를 간절히 바라며 소원하는 것을 향하고 있을 때 '보고 싶다'라는 말을 사용합니다.

하나님을 보지 못하게 하는 본성

하나님은 눈에는 보이지 않으십니다. 그런 하나님을 믿는다는 말의 의미는 그리 복잡하지 않습니다. 눈에 보이지 않음에도 마음이 하나님을 사랑하는 것입니다. 그리고 하나님을 사랑하는 일도 막연하고 추상적인 일이 아닙니다. 하나님을 보고 싶어 하는 것입니다. 하나님을 보거나, 보고 싶어 하는 상태. 이것이 하나님을 믿는 것이고 이것이 하나님을 사랑하는 것입니다.

거꾸로도 맞습니다. 하나님이 보고 싶지 않다면 하나님을 사랑하지 않는 것이고 하나님을 사랑하지 않는다면 하나님을 믿는다고 할 수 없습니다. 지금 우리가 어디에서 어떤 상황에 놓여 있든지 우리의 마음에서 보고 싶은 것이 무엇입니까? 취직이나 승진이나 아니면 지금 손 댄 일이 잘되는 상태나, 돈이 많은 상태나, 건강한 상태 혹은 자녀들이 좋은 대학에 들어간 상태를 보고 싶을 수 있습니다. 그러나 그렇다면 적어도 그렇게 다른 것을 보고 싶어 하는 그 순간은 하나님을 믿는 것이 아닙니다. 하나님을 믿는다는 것은, 바로 지금 여기서 하나님을 사랑하는 것이고, 하나님을 사랑한다면 하나님이 보고 싶어야 합니다. 하나님이 유일하게 보고 싶은 대상인 상태가 바로 하나님을 믿는 상태입니다.

그런데 여기에는 문제가 하나 있습니다. 하나님을 보고 싶어 하는 것이 믿음인데 불행하게도 인간은 본성상 하나님을 보고 싶어 하지 않습니다. 태어난 인간의 자연스러운 상태 그대로를 유지하면서 하나님을 보고 싶어 하는 사람은 세상천지에 한 사람도 없습니다. 누구나 다 철만 들면 애인을 보고 싶어 하고 좋은 직장도 보고 싶어 합니다. 돈도 많이 가져 보고 싶어 하고, 건강이 소중한 것을 알아 오래도록 건강해 보고 싶어 합니다. 출세해 보고 싶어 합니다. 모든 인간의 본성은 이처럼 항상 무엇인가를 바라면서 보고 싶어 하는 것이 있습니다.

하지만 정말 이상하게 유독 하늘에 계시는 조물주 하나님 한 분에 대해서는 보고 싶어 하는 마음이 저절로 생기지 않습니다. 스스로 그런 마음을 가질 수 있는 사람은 아예 세상에 없습니다.

그래서 하나님을 사랑하라는 말씀을 들을 때마다 마이동풍이고 강 건너 불이고 남의 일이고 실감이 나지 않습니다. 또한, 그렇기에 사업 잘되는 것을 보고 싶고, 건강함을 보고 싶고, 출세와 형통함을 보고 싶어서, 유일신이신 하나님의 이름을 부르며 찾자는 이야기에는 동의합니다. 그러나 하나님 자신이 보고 싶어야 한다는 말에는 마음 깊이 수긍하게 되지를 않습니다. 그냥 보통 사람은 도달할 수 없는 화석화된 종교의 전설과도 같은 높은 가르침이라고만 생각하고 넘어갑니다.

우리는 지금 무엇을 보고 싶어 하고 있을까요? 우리가 지금 당장 변하여 하나님을 보고 싶어 하는 사람들이 되기를 원할 수는 없습니다. 그 일이 너무 큰 것이라서 그런 식으로 바랄 수가 없습니다. 그러나 절대로 불변하는 진리는 그 어떤 다른 대상이 아닌 바로 하나님 자신을 간절히 보고 싶어 하는 마음이 믿음의 선조이신 아브라함의 믿음이라는 사실입니다.

본성이 이끄는 대로 무조건 오래 사는 것이 좋고, 무조건 많이 버는 것이 좋고, 무조건 높아짐이 좋다고 그것들을 먼저 추구하며 보고 싶어 하는 중에 하나님을 찾는다면 그런 것은 절대로 믿음이 아닙니다. 진정한 구원이나 영생과는 아무런 관련성이 없는 종교적인 제스처에 불과합니다.

지금 당장 내 마음이 그렇게 하나님 자신을 보길 소망할 수는 없더라도, 하나님을 보고 싶어 하지 못하는 내가 잘못되어 있다는 사실을 진심으로 인정할 수는 있어야 믿음이 시작되고 믿음의 진보가 이루어질 수도 있습니다.

하나님을 못 보고 하나님을 보고 싶어 하지도 않는데 멀쩡히 잘살고 있는 줄로 아는 상태가 너무나 크게 잘못되었음을 깨닫는 자에게만 예수 그리스도의 십자가가 실제적인 효과를 발휘하기 때문입니다. 예수님 십자가의 보혈이 죄를 사해 주신다는 것은 다른 뜻이 아닙니다. 세상에서 이것저것 보고 싶어 하던 상태가 사라지고(0) 오직 하나님만 보고 싶어 하는 상태로(1) 바뀌게 되는 것이 예수님의 십자가가 우리에게 주는 효과입니다. 그것이 구원이고 그것이 믿음이며 그것이 하나님을 사랑하는 것입니다.

그렇기에 하나님을 보고 싶어 하는 상태가 되어야만 진정으로 죄를 벗어난 올바른 상태라는 것을, 알고 인정해야만 합니다. 내 본성이 하나님보다는 돈을, 하나님보다는 건강을, 하나님보다는 자녀와 남편과 아내를, 하나님보다는 출세를 더 보고 싶어 하는 상태가 죄라는 사실을 깨닫고 안타까워할 때 비로소 예수님의 십자가는 능력으로 내게 나타나고 효과를 발휘하게 됩니다. 예수님의 십자가는, 하늘에 엄연히 살아 계시지만 눈에 보이지 않으시는 하나님을 너무나 보고 싶어 하는 마음에서, 세상에 대한 시선을 끔(0)과 하나님에 대한 시선을 켬(1)의 역사를 일으킵니다.

하나님을 보고 싶어 했던 아브라함

오늘 본문을 보면 '눈을 들어 본다'라는 표현이 두 번 등장합니다. 10절을 보면 "이에 롯이 눈을 들어 요단 지역을 바라본즉 … "이라고 하였고 14절에서는 " … 여호와께서 아브라함에게 이르시되 너는 눈을 들어 너 있는 곳에서 북쪽과 남쪽 그리고 동쪽과 서쪽을 바라보라"라고 하였습니다.

성경은 두 경우 모두에서 아브라함 자신이 무엇인가를 보지 않고 있다는 사실을 간접적으로 드러내고 있습니다. 무엇을 안 본다는 것일까요? 그리고 아브라함이 보고 있지 않은 것이 무엇인가 하는 것보다 더 궁금한 것은, 대체 아브라함은 무엇을 하기에 이렇게 하나님이 앞에 나타나셔서 직접 눈을 들어 보라고 말씀하셨어야만 했을까요?

아브라함은 애굽으로 내려갔다가 아름다운 아내 사라를 바로에게 빼앗길 뻔한 일이 벌어졌습니다. 그러나 하나님의 개입을 통해 아내를 되찾음과 동시에 애굽 땅에서 은금과 많은 가축을 소유하게 됩니다. 그리고 애굽에서 나와 고향 본토 친척 아버지 집을 떠날 때부터 동반한 조카 롯과 함께 지냈습니다. 이제 롯의 재산도 늘어나고 아브라함의 재산도 늘어나면서 도저히 두 집안이 한 울타리 안에 있을 수가 없게 됩니다. 이로 인해 두 집안의 목자가 '이 우물은 내 우물이다, 이 풀밭은 내 풀밭이다, 내 가축을 먹여야 한다'라고 하면서 서로 다툼이 벌어질 지경이 되었습니다. 아브라함은 이렇게 다툼이 일어나게 된 상황을 알고 조카 롯을 불러 분가할 것을 제안합니다.

"아브람이 롯에게 이르되 우리는 한 친족이라 나나 너나 내 목자나 네 목자나 서로 다투게 하지 말자 네 앞에 온 땅이 있지 아니하냐? 나를 떠나가라 네가 좌하면 나는 우하고 네가 우하면 나는 좌하리라"

이제 안정적으로 머무를 터전으로 땅을 고르기 위해서 롯이 눈을 들어 보는데 10절에는 " … 요단 지역을 바라본즉 소알까지 온 땅에 물이 넉넉하니 여호와께서 소돔과 고모라를 멸하시기 전이었으므로 여호와의 동산 같고 애굽 땅과 같았더라"라고 하였습니다.

눈을 들어 본다는 말은 눈을 치켜뜨고 주위와 관심을 기울여 평소에 간절히 마음으로 보고 싶어 하던 것을 두루 찾았다는 것입니다. 생각하기에는 조카인 입장에서 삼촌이자 연장자였던 아브라함에게 '삼촌이 먼저 땅을 고르세요'라고 양보했어도 좋았을 것 같은데, 롯에게는 자기가 머물 땅에 대한 간절함 때문에 그럴만한 마음의 여유가 없었던 것 같습니다.

이러한 간절함으로 인해서 다른 사람의 입장이 눈에 들어오지 않는 것은 보고 싶어 하는 마음의 특징입니다. 일단 무엇인가 한 가지 대상을 보고 싶어 하는 욕구가 강렬하게 마음에 작용하면 다른 대상이나 상황은 눈에 들어오지 않게 됩니다.

롯은 자기의 늘어난 가축을 보았습니다. 재산인 가축을 사랑하였기에 롯의 마음속에는 이 가축을 먹일 풀과 물이 있는 땅이 간절히 보고 싶어졌습니다. 풍요로운 목초지를 보고 싶어 했고 간절히 원하였던 것이지요. 그래서 아브라함이 분가를 이야기했을 때 삼촌이자 연장자인 아브라함의 위치에 대해서는 생각할 겨를도 없이 자기가 보고 싶어 하던 땅과 일치하는 모습을 띠고 있던, 소알까지 펼쳐진 풀과 물이 가득한 여호와의 동산 같은 들판을 택하게 됩니다.

이때 아브라함은 " … 네가 좌하면 나는 우하고 네가 우하면 나는 좌하리라"라고 하였습니다.

성경은 롯이 눈을 들어서 좋은 땅을 찾으며 두루 보고 있을 때 아브라함은 전혀 자신이 머무를 땅을 찾으며 보는 일을 하지 않고 있었다는 사실을 우리에게 간접적으로 암시합니다. 이런 상황을 상식적으로 이해하자면 아브라함은 양보의 미덕을 지녔기 때문에 조카 롯에게 땅을 먼저 선택하게 했다고 생각하게 됩니다.

그렇지만 상황을 자세히 들여다보면 그런 이유에서 땅을 양보한 것이 아닙니다. 아브라함은 애초에 땅을 보고 있지도 않았습니다. 이것은 3-4절에서 잘 드러납니다. "그가 네게브에서부터 길을 떠나 벧엘에 이르며 벧엘과 아이 사이 곧 전에 장막 쳤던 곳에 이르니 그가 처음으로 제단을 쌓은 곳이라 그가 거기서 여호와의 이름을 불렀더라"라고 하였습니다.

벧엘은 하나님의 집이라는 뜻이고 아이는 폐허라는 뜻입니다. 이 두 지역 사이에 장막을 쳤다는 말이 다시 나옵니다. 폐허는 사람이 관심을 거두고 보호하는 손길을 거두어(0) 황폐하게 된 땅입니다. 아브라함이 벧엘과 아이 사이에서 여호와의 이름을 부를 때에 어디를 바라보며 불렀을까요? 당연히 아이에서 등을 돌리고 하나님이 머물고 계시는 하나님의 집이라는 의미를 지닌 벧엘을 향해 불렀을 것입니다. 이 사실은 하나의 상징적인 행위로서 우리에게 무엇을 알게 합니까?

아브라함이 보고 싶었던 것은 확장되고 늘어난 재산이 아니었습니다. 그렇게 늘어난 가축을 먹일 수 있는 풍성한 물과 풀밭도 보고 싶은 대상이 아니었습니다. 만약 아브라함이 가축을 바라보며 물과 풍성한 땅을 보고 싶어 했다면 롯과 같이 눈을 들어 들판을 확인했을 것이고 아마도 자기가 삼촌이니 먼저 땅을 고르겠노라고 했을 것입니다. 그러나 아브라함은 " … 네가 좌하면 나는 우하고 네가 우하면 나는 좌하리라"라고 합니다.

아브라함은 조카 롯에 비해서 땅을 양보할 만큼 인격이 성숙한 것이 아닙니다. 그는 롯이 보고 싶어 하는 것과는 전혀 다른 대상을 보고 싶어 하고 있었다는 말씀입니다.

이러한 아브라함의 속마음은 어떤 상태였을까요? 영광의 하나님 즉 자기에게 나타나셨을 때 마음에서 일등 하셨던 바로 그 하나님이 보고 싶었을 뿐입니다.

'하나님! 하나님! 나는 하나님을 보고 싶은 강렬한 마음에 이 세상 아무것도 눈에 들어오지 않습니다. 가축이 많이 있어도 눈에 안 들어오고, 가축이 먹어야 할 물과 풀이 풍부한 땅도 보고 싶지 않습니다. 아무러면 어떻습니까? 조카인 롯이 좌하면 나는 우하면 될 뿐이고 우하면 좌하면 될 뿐입니다. 하나님! 나는 하나님이 보고 싶습니다.'라는 것이 아브라함의 마음이었습니다.

마치 사신으로 일본에 간 남편 박제상이 현해탄을 넘어 돌아오기만을 기다리다가 망부석이 되었다는 여인과 같은 마음으로 하나님만을 향하여 있었다는 것이지요.

이렇게 마음으로 하나님이 너무나 보고 싶었던 아브라함에게 처리할 일이 하나 생겼습니다. 조카 롯의 분가입니다. 그렇기에 롯에게 "네 앞에 온 땅이 있지 아니하냐 나를 떠나가라 네가 좌하면 나는 우하고 네가 우하면 나는 좌하리라"라고 말합니다.

하나님만을 향하여 마음을 두고 하나님만을 보고 싶어 하면서 조카에게 어디든 먼저 땅을 골라서 가라고 하는 태도는 양보의 미덕이 아닙니다. 삶의 터전으로서의 땅 따위에 신경 쓸 겨를이 없다는 심경의 표현입니다. 그냥 땅을 가지고 이러쿵저러쿵 여러 말하기가 아브라함에게는 귀찮게 느껴지고 있다는 인상마저 듭니다.

아브라함이 애굽에서 나와 아이를 뒤로하고 벧엘을 향하여 하나님의 이름을 불렀던 사실은 아브라함의 마음이 그만큼 강렬하게 하나님을 보고 싶어 했음을 상징적으로 표현합니다. 영광의 하나님을 놓치지 않고 따르려면 어쩔 수 없었기에 자기 마음에서 폐허가 되도록 내버렸던 아내 사라. 그 사라를 구하기 위하여 바로의 왕궁까지 들어가셔서 인도해 내셨던 하나님. 살아 계시면서 그렇게까지 눈여겨 자기를 보고 계시고, 알고 계시고, 사랑하고 계시는 그 하나님이 그리웠습니다. 너무나 하나님이 보고 싶어서 다른 것은 아무것도 아브라함 마음의 눈에는 보이지 않았습니다.

아브라함의 제단 쌓기의 의미

이윽고 롯은 떠나고 이번에는 하나님이 아브라함 앞에 나타나십니다. 14절을 보면 " … 여호와께서 아브람에게 이르시되 너는 눈을 들어 너 있는 곳에서 북쪽과 남쪽 그리고 동쪽과 서쪽을 바라보라"라고 하셨습니다. 두 번째로 '눈을 들어 본다'라는 말이 등장합니다.

하나님께서는 왜 아브라함에게 동서남북을 바라보라고 말씀하신 것일까요? 눈을 들어 보라는 뜻은 시선에 마음을 담아서 보라는 뜻입니다. 당장 삶의 터전인 땅이 필요한 처지가 되었는데도 아브라함이 땅을 보고 있지 않았고 오히려 마음으로는 하나님만 보고 있었기에 눈을 들어 땅을 보라 하신 것입니다. 하나님이 오셔서 하신 말씀은 이런 내용의 뉘앙스였을 것이라 짐작됩니다.

'아브라함! 이 바보야. 너는 땅이 없어도 되느냐? 너는 너의 가축을 위해서 물과 풀이 풍성한 땅을 안 찾아도 되느냐? 너는 롯과 분가를 할 때 도대체 무슨 배짱으로 네가 먼저 땅을 고르지 않았던 것이냐? 그렇게 나만 보고 싶어 하며 넋 놓고 있어도 이 험한 세상을 살아갈 수가 있겠느냐?'

하나님께서는 아브라함이 롯과 분가하는 장면을 보고 계시면서 아브라함이 하나님을 부르며 보고 싶어 하고 있음을 보셨습니다.

'아브라함이 왜 나를 부를까? 자기 건강이 보고 싶다고 부를까? 출세가 보고 싶다고 부를까? 땅을 달라고 부를까?' 그런데 아무리 기다려봐도 '하나님!' 부르고는 다음에 연이어 뒤따르는 간구의 구체적인 내용이 없습니다. 아브라함은 당장 눈앞에 있는 가축을 먹여야 하는 상황에서도 풀과 물이 풍부한 땅을 찾으며 주변을 둘러보지 않고(0) 대신에 하나님을 보고 싶어 하는(1) 마음을 드러냅니다. 이때 하나님이 오셔서 하신 말씀입니다.

" … 여호와께서 아브람에게 이르시되 너는 눈을 들어 너 있는 곳에서 북쪽과 남쪽 그리고 동쪽과 서쪽을 바라보라"

이 말씀의 진의가 무엇인가요?

'아브라함, 이 바보야. 너도 땅이 있어야 하는 것 아니냐? 그런데 나만 보고 싶다고 땅을 안 보고 안 찾으면 어떻게 하겠다는 것이냐? 이제 내가 너한테 땅을 줄 텐데 제발 좀 내가 줄 땅을 눈을 들어서 봐라. 동서남북을 둘러보아라. 내가 네게 그리고 네 후손에게 줄 땅이니라. 보이느냐?'라고 말씀하신 것이지요. 그런데 아브라함은 하나님이 가리키시는 땅을 보지 않습니다. 하나님의 복된 약속을 우리처럼 말씀이 떨어지기가 무섭게 아멘! 하고 받아들였다는 기록도 없고, 하나님이 보라고 하신 땅을 보면서 기뻐했다는 기록도 없습니다.

오히려 그 뒤에 한 일은 전혀 다른 것이었습니다.

" … 거기서 여호와를 위하여 제단을 쌓았더라"라고 하였습니다.

하나님은 땅을 주고, 자식을 주고, 복의 근원이 되게 하겠다고 하시며 아브라함의 미래를 당신의 복된 계획으로 도배하시는데도, 아브라함은 티끌같이 많은 자손을 비전으로 바라보며 꿈꾸는 대신에, 동서남북으로 뻗은 약속하신 삶의 터전을 바라보며 기뻐하는 대신에 돌로 제단을 쌓았다고 합니다.

바로 이 맥락에서 제단은 인간들이 보이지 않는 하나님을 보는 방법입니다. 제단을 쌓았다는 것은 구약 성경 뒤로 오면서 제사를 지낸다는 이야기와 연관되고 더 뒤로 오다 보면 성전의 생활화를 가리키게 됩니다. 우리가 손에 세균을 보기 위해서는 현미경으로 봐야 합니다. 하늘의 별을 보려면 망원경으로 봐야 합니다. 몸 안에 있는 병을 보려면 X-ray로 봐야 합니다. 그렇다면 보이지 않는 하나님을 보려면 어떻게 봐야 할까요?

이 당시 하나님이 자신에게 오셨던 사건을 아브라함은 제단을 쌓으며 자기 눈앞에서 재현한 것입니다. 즉 자신에게 오셨던 하나님의 빈 자리가 너무 크게 느껴져서 그 허전한 마음을 달래고자 제단을 쌓으며 하나님의 이름을 부른 것입니다. 하나님이 오셨던 그 자리에 흔적과 자국을 남기고 싶었습니다. 결국에 아브라함은 끝내 하나님이 가리키신 동서남북 땅을 보지 않았습니다. 혹시 눈으로는 보았을지 모르지만, 그의 마음의 시선이 삶의 터전인 땅을 보지는 않았습니다. 대신에 그는 마음으로 오직 하나님 자신만을 보며 하나님이 자기 앞에 있었음을 기억하기 위해서, 하나님이 떠나셨음이 아쉬워 그리워하는 마음으로 제단을 쌓았을 뿐입니다.

하나님이 땅에서 이루실 티끌처럼 많은 자손 축복과 약속의 땅에 관한 축복 계획 등 아브라함 자신은 전혀 구해 본 적도 없었던 복들로 미래를 채우실 것이라고 약속하실 때, 아브라함은 그 모든 축복의 약속을 흘려보내듯이 멀리 들으면서 오직 바로 앞에 있는 돌들로 제단을 쌓으며 자기에게 오셨던 하나님을 또 다시금 보고 싶어 하는 자기의 간절한 그리움을 달래고 있었습니다.

참으로 특이합니다. 아브라함은 언제나 이렇게 하나님이 찾아오셔서 자기가 구하기도 전에 축복을 약속하실 때마다, 약속된 축복을 마음으로 붙드는 모습을 성경 기록에서 볼 수가 없습니다. 대신에 하나님 자신이 너무 좋아 하나님께 시선을 고정하여 바라보고 있었음을 우리는 알 수 있을 뿐입니다.

사실 하나님의 축복 약속은 하나님 혼자만 자발적으로 들떠서 계획하신 일이었고 그 약속을 이루는 것도 하나님 혼자만의 일이었을 뿐, 아브라함은 언제나 하나님 자신만을 좋아하며 보고 싶어 할 뿐이었습니다. 아브라함의 마음은 이 세상에서 받아 누릴 축복에 대해 죽은 상태로(0) 오직 자기 마음에서 일등 하신 영광의 하나님만을 거듭거듭 다시 바라보기를 소원하며(1) 살았습니다.

하나님을 보고 싶어 하는 간절함은 격정이 돼야 한다

우리는 눈에 보이지 않는 하나님을 보고 싶어 하고 있습니까? 보고 싶어 하는 마음과 관련하여서 한 이야기를 소개해 보고자 합니다.

여러분이 잘 알고 있는 판소리 《심청전》은 그 대본이 수십 가지나 됩니다. 그중에서 신재효라는 판소리 연구가가 쓴 대본이 있습니다. 신재효는 조선 후기의 판소리 연구가인데 심청의 이름에서 청을 맑을 청(淸) 자를 쓰지 않고 갤 청(晴) 자를 썼습니다. 글자의 의미는 검은 구름이 걷히고 밝은 해가 보인다는 뜻입니다.

심청전 전체의 줄거리는 아시는 대로, 심청의 지극한 효성으로 인해 해피 엔딩으로 끝이 납니다. 그런데 신재효라는 판소리 작가는 심청전에 한 가지 요소를 특별히 강화합니다. 즉 빛을 본다고 하는 것의 의미를 강조합니다. 그래서 맑을 청을 갤 청으로 바꿔 쓰고 심청전의 클라이맥스에 좀 더 빛을 본다는 의미를 두드러지게 한 것입니다.

심청은 뱃길의 위험을 줄이기 위하여 바다의 신에게 제사하려는 상인들에 의해 공양미 300석에 팔려 인당수에 빠져 죽습니다. 300석을 공양하면 아버지 심 봉사의 눈이 뜨일 수 있다는 스님의 말을 믿고 효심으로 자신을 판 것이지요. 그러나 바다에 던져진 심청은 바닷속 용왕과 시녀들의 도움을 받아 기적적으로 살아납니다. 하루 동안 용궁에 머물다가 연꽃에 담겨 이전에 자기가 던져졌던 바로 그 인당수로 다시 불쑥 솟아 나옵니다. 이때 인당수에 심청을 빠뜨렸던 그 상인들이 연꽃을 건지게 되는데, 하도 희한해서 왕에게 바칩니다. 그러자 연꽃에서 아름다운 심청이 나오고 왕과 결혼하여 왕비가 됩니다. 그리고는 소경인 아버지 심 봉사를 찾으려고 온 나라의 시각 장애인들을 다 초대하여 잔치를 엽니다. 그리고 심 봉사는 이 잔치에서 인당수에 빠져 죽었다고 생각했던 딸이 살아나 왕후가 되었음을 알게 되는 순간에 기적적으로 눈을 뜨게 됩니다. 그런데 신재효 작가는 빛을 본다고 하는 의미를 강조하면서 바로 이 장면을 섬세하게 묘사합니다.

 심 봉사는 딸이 살아났다는 소식과 그 딸이 왕비가 되었다는 사실을 귀동냥으로 들어서 알게 되었습니다. 그러니 이렇게 다시 살아나서 왕비가 되었다는 딸 심청의 모습이 얼마나 보고 싶었겠습니까? 그 마음에서 딸을 보고 싶어 하는 간절함은 격정으로 발전하였고 마치 광풍에 대작하는 노도처럼 그 간절한 보고 싶음이 넘쳐 나오게 됩니다. 이처럼 마음의 욕구가 극에 도달하는 순간 갑자기 심 봉사의 눈이 열리는 개안의 기적이 일어납니다. 그리고는 왕비가 된 딸 심청의 아름답고 빛나는 모습을 보게 됩니다. 너무나 만화 같은 이야기임에도 불구하고 들을 때마다 감동이 있습니다. 보고 싶은 욕구가 강렬하여 극에 도달하는 순간 봉사가 눈을 뜨는 기적을 낳았다는 겁니다.

하나님을 보는 개안의 기적은 오직 십자가로

 믿는다는 것은 이처럼 빛을 보는 개안의 기적이 일어나는 일입니다. 소경이던 자의 눈이 열려야 됩니다. 세상 모든 사람이 눈에 보이지 않는 빛이신 하나님을 마음으로도 볼 수 없는 소경의 상태에 놓여 있습니다. 심 봉사가 눈이 열리면서 딸인 심청의 아름답게 빛나는 모습을 봤듯이 우리도 그렇게 영광스러운 하나님이 마음의 눈에 보여야 합니다. 그러면 이렇듯이 하나님이 보이는 일이 어디서부터 시작하여 어떻게 이루어질 수 있을까요?

아브라함의 인생은 그 자체가 하나님의 강력한 의도가 깃든 말씀이자 설교였습니다. 하나님이 의도적으로 영광의 모습을 드러내시고 관계를 시작함으로 '믿음'의 원형을 그림으로 그리듯 우리에게 제시하셨습니다. 정말로 강력하게 은총을 부으심으로 하나님의 선민은 모두가 다 이런 믿음을 가져야 함을 말씀하시려고 이루신 모범적인 예였습니다. 그러면 우리 같은 보통 사람들은 어떻게 이런 하나님을 향한 개안의 기적인 믿음을 가질 수 있을까요? 이 일을 위해서 바로 예수님은 그리스도로서 십자가에 달려 죽으신 것입니다.

먼저 하나님을 보는 개안의 기적은 하나님을 보고 싶다는 강렬한 욕구에서 출발합니다. 그다음은 이런 욕구를 가지고 예수님의 십자가를 바라보아야 합니다. 그러면 하나님을 볼 수 있습니다. 십자가 복음이 대체 어떻게 무슨 작용을 합니까?

주님이 말씀하십니다.

"마음이 청결한 자는 복이 있나니 그들이 하나님을 볼 것임이요"(마5:8)

마음이 청결하다는 뜻은 마음이 하나님 말고는 아무것도 담고 있는 것이 없고 마음이 하나님 말고는 아무것도 보고 있는 대상이 없다는 뜻입니다. 청결은 있어야 할 것이 있어야 할 곳에 있는 상태입니다. 불결은 있어야 할 것이 있어선 안 될 곳에 있는 상태이고요. 하얀 블라우스에 육개장 국물이 떨어지면, 블라우스도 깨끗하고 육개장 국물 또한 입에 넣어도 되는 것이지만 불결하게 됩니다. 이처럼 사람의 마음은 하나님 말고는 그 무엇도 담겨 있어서는 안 되는 곳입니다. 하나님 말고는 그 무엇이든 마음으로 바라봄으로써 마음에 담기면 무조건 불결

해집니다.

십자가에 못 박힌 채로 예수님은 죽었습니다. 이 십자가는 누구든지 이 죽음을 자기의 죽음으로 동일시하여 항상, 쉬지 않고 범사에 바라보는 사람의 마음에서, 하나님 이외에 다른 대상을 향하여 보고 싶어 하는 마음의 시선을 모조리 다 꺼 버립니다(0). 보고 싶어 하던 모든 대상을 하나씩 하나씩 마음에 담기지 않도록 끊어 냅니다. '건강' 보고 싶고, '돈' 보고 싶고, '출세' 보고 싶고, '자녀의 형통' 보고 싶고, '남편의 성공' 보고 싶습니다. 다양한 삶의 문제에 휩싸여 그 문제들의 해결을 바라면서 보고 싶어 하던 모든 마음의 눈길을 십자가를 통해서 모조리 끊어 나가는 것입니다.

그리고 이처럼 십자가 예수님을 지속하여 바라봄으로써 모든 다른 대상을 향한 마음의 시선이 끊어져 이 땅 쪽을 향해서는 완전한 어둠이 마음에 임하게 됐을 때(0) 이제 비로소 하늘 쪽으로 눈이 열리면서 하나님의 빛이 마음에 비치게 됩니다(1). 십자가에서 죽고 부활하시고 승천하신 예수님의 길을 따라서 내 마음의 시선이 직선으로 하늘에 계신 하나님을 향해 뻗어 가게 됩니다. 땅에 어둠이 임하여야 하늘의 별이 보이듯이, 내 마음 안에서 땅에 있는 모든 대상이 어둠에 묻혀야(0) 하늘에 계신 하나님이 보이기 시작합니다(1). 예수님의 십자가는 이처럼 내 마음 안에서 이 세상 모든 대상을 어둠 속에 가두어 버림으로써 (0) 빛이신 하나님만 내 안에 영롱하게 비치게 하는(1) 사건입니다.

바라보는 대상이 샘이 된다

'하나님을 본다는 게 뭐 그렇게 대단하냐?', '하나님을 보고 싶어 한다는 것, 그래서 하나님을 본다는 것, 그게 실제로 무슨 의미가 있느냐?'라고 물으실 수 있습니다.

눈은 히브리어로 '아인'이라고 합니다. 그런데 이 '아인'이라는 말에는 '샘', '원천'이라는 뜻도 있습니다. 왜 눈이 샘으로 비유될까요? 특별히 우리가 마음의 눈으로 무엇을 본다는 의미는 눈길이 그 대상에 가닿음을 뜻합니다. 그러면 눈길은 어쨌든지 '길'이기에 가는 시선 속에 내 관심이 담기고 그 길이 대상에게 가닿으면, 대상으로부터 그 눈길을 따라 거꾸로 내게 오는 무엇인가가 있습니다. 바로 그 대상으로부터 거꾸로 나에게로 눈길 따라오는 기운이 내 마음의 눈을 샘 삼아 솟아남으로써 내 인격 안으로 흘러들어 오는 것입니다. 마음은 샘이고 마음으로 바라보는 대상은 그 샘의 근원이 되는 것이지요.

그래서 사람은 계속 마음의 눈길을 고정한 것으로부터 반드시 기운과 영향을 지속하여 받게 되는 겁니다.

이사야 선지자는 이러한 상황을 다음과 같이 말씀하십니다.

"오직 여호와를 앙망하는 자는 새 힘을 얻으리니 독수리가 날개 치며 올라감 같을 것이요 달음박질하여도 곤비하지 아니하겠고 걸어가도 피곤하지 아니하리로다"(사40:31)

여호와 하나님 역시 근원이 되시기에 하나님을 마음으로 바라보는 자는, 그 눈길을 통해 하나님으로부터 흘러나오는 새 힘이 마음을 옹달샘 삼아 솟아난다는 뜻입니다.

이처럼 마음의 눈으로 돈을 바라보면, 마음은 돈의 기운이 흘러와서 솟아나는 샘이 됩니다. 즉, 보고 있는 돈으로부터 기운이 흘러들어 와서 돈을 벌겠다는 의욕과 에너지가 솟아나는 샘이 됩니다. 돈을 바라보는 동안 마음은 돈에 대한 소망이 솟아나는 샘이 되고, 돈을 벌기 위해 움직이게 하는 활력이 솟아나는 샘이 됩니다. 대신에 돈을 원하는 만큼 벌지 못하게 되면 이제 실망과 불만과 불안의 기운이 솟아나는 샘이 되지요. 이처럼 마음은 바라보는 대상이나 그 대상의 상태로부터 흘러나오는 기운이 솟는 샘입니다. 마음의 눈으로 바라보는 그것의 기운이 여러분 안으로 솟아남을 잊지 말아야 합니다. 여러분 생애를 위한 에너지의 샘이 되고, 보람과 소망과 활력의 샘이 됩니다. 동시에 절망과 불만과 두려움과 불안의 샘이 되기도 합니다.

여기서 중요한 문제가 무엇일까요? 누구나 마음으로 무엇인가를 항상 보고 있습니다. 그런데 치명적으로 중요한 점은 무엇을 바라보고 있느냐는 것입니다.

아브라함의 조카 롯은 불어난 가축으로 인해서 아름다운 땅, 물이 가득한 땅, 풀이 가득한 땅을 간절히 찾으며 바라보았습니다. 그렇게 해서 찾은 땅이 바로 소돔 땅입니다. 마치 여호와의 동산 같다고 표현할 정도로 모든 조건이 잘 갖추어진 소돔 땅은 롯의 시선이 닿자 이제 그를 움직이게 하는 의지와 결단과 실행을 위한 에너지를 샘 솟게 하는 근원이 되었습니다. 그런데 그 땅을 선택한 롯의 운명이 어떻게 됩니까? 그 땅이 속하였던 소돔과 고모라에 유황불의 심판이 임합니다. 결국에 모든 재산과 가축을 다 잃어버리고 몸 하나 달랑 빠져나옵니다.

이런 롯에게 일어났던 사실은 무엇을 말씀하십니까? 이 세상에서 물이 풍부하고 풀이 무성한 아름다운 동산에 비견될 수 있는 물리적인 환경을 바라보고 있는 모든 사람의 운명이 결국에 이렇게 망하게 된다는 것입니다. 그 이유는 마음의 눈이 바라보고 있기에 샘의 근원으로 작용하게 되는 대상을 잘못 선택하였기 때문이라는 말씀입니다. 내가 마음으로 바라보는 것은 내 인생에 부정적이든 긍정적이든 아주 강력한 영향력을 뿜어냅니다. 결국에 마음의 눈으로 바라보는 대상이 나의 멸망과 생명을 결정하게 된다는 이야기입니다.

사람들은 이 땅의 것을 바라보고 싶어 하지만 이 땅에서 내 마음의 시선을 받는 대상들은 내 마음을 내 삶을 삼켜 버릴 유황과 불이 솟아 나는 옹달샘으로 만들어 버립니다. 즉 이 땅의 대상을 바라보고 있는 내 마음에서 멸망의 기운이 샘솟아 나를 덮어 버린다는 것입니다.

그러나 아브라함은 이 땅의 것은 아무것도 바라보지 아니하고(0) 하나님만 바라보았고(1) 그 하나님만을 바라보는 아브라함의 마음은 하늘 기운이 솟는 샘이 되었습니다. 이제 그 샘으로 하나님에게서 흘러 들어 오는 기운이 솟아나 아브라함과 그의 삶으로 넘쳐흐르게 됩니다. 마음의 눈은 조카 롯처럼 풀이 있고 물이 넉넉한 물리적인 환경을 보고 싶어 할 것이 아니라 하늘에 계시는 하나님을 보고 싶어 해야 합니다.

이사야 선지자는 다음과 같이 말씀하십니다.

"너희의 조상 아브라함과 너희를 낳은 사라를 생각하여 보라 아브라함이 혼자 있을 때에 내가 그를 부르고 그에게 복을 주어 창성하게 하였느니라 나 여호와가 시온의 모든 황폐한 곳들을 위로하여 그 사막을 에덴 같게, 그 광야를 여호와의 동산 같게 하였나니 그 가운데에 기뻐함과 즐거워함과 감사함과 창화하는 소리가 있으리라"(사51:2-3)

그리고 본문의 14절을 다시 기억해 봅시다. " … 여호와께서 아브람에게 이르시되 너는 눈을 들어 너 있는 곳에서 북쪽과 남쪽 그리고 동쪽과 서쪽을 바라보라"라고 하였습니다.

이제 이 두 말씀을 연결하면 어떻게 될까요? 아브라함은 영광의 하나님을 너무나 보고 싶어 했기에 물과 풀이 풍성한 땅을 보지 않았습니다. 그렇게 마음의 눈으로 하나님만 보고 있었더니 하나님이 찾아오셔서 아브라함 마음 샘의 근원이 되어 주셨습니다. 너무나 간절한 마음으로 하나님만을 바라보고 있노라니 그 마음은 창조주 하나님을 근원으로 하는 옹달샘이 되었습니다. 이제 그렇게 하나님만을 보고 있는 마음이 샘이 되어서, 하나님의 기운이 하늘로부터 내려와 샘솟아 아브라함의 마음을 채우며, 심지어는 아브라함의 삶의 환경으로도 넘쳐흐르게 되어 척박한 땅, 메마른 땅, 사막 같은 땅을 여호와의 동산인 에덴처럼 만들어 기쁨과 즐거움과 감사가 창화하는 삶의 현장이 되게 해 주셨다는 이야기입니다.

롯은 환경적으로 여호와의 동산처럼 보이는 소돔 땅을 바라보며 갔다가 유황불의 심판이 내려 그 땅이 황폐하게 되는 참상을 당합니다. 아브라함은 땅을 보지 않고 하나님을 봄으로써 심지어 사막 같은 땅도 여호와의 동산인 에덴처럼 바뀌게 되는 전혀 반대되는 상황을 경험하게 되었다는 말씀입니다.

경쟁적으로 하나님만 보고 싶어 하기

우리는 지금 무엇인가 대단한 사람이 되기를 바라보고 있는 건가요? 어떤 멋진 환경이 이루어진 상태를 간절히 보고 싶어 하는 중입니까?

우리 믿음의 선조인 아브라함을 떠올리면서 그와 같은 믿음을 가지기를 원하는 한, 하나님 이외의 세상에 있는 대상을 보고 싶어 할 수는 없는 노릇입니다.

땅이 없던 아브라함이 조카 롯과는 다르게 땅을 바라보지 않았습니다. 우리에게 지금 돈이 없습니까? 돈 있기를 바라지 마십시다. 건강이 없습니까? 건강한 상태를 보고 싶어 하지 마세요. 자식들이 문제입니까? 말 잘 듣고 공부 잘하는 자식들을 보고 싶어 하지 마세요. 오직 하나님을 보고 싶어 합시다.

그러면 하나님을 향하고 있는 그 마음이 바로 내 인생의 하늘 기운이 솟아나는 샘이 되어 줍니다. 복의 근원이신 하나님으로부터 흘러나오는 하늘의 능력이 하나님만을 바라보는 우리 마음을 샘 삼아 우리의 삶을 에덴동산으로 바뀌게 할 것이고 그러면 우리 모두 각자의 삶에서 관계하는 모든 사람에게 복의 근원이 될 수 있습니다. 이것이 바로 아브라함에게 주셨던 약속이지요.

본문 15-17절을 보면 "내가 주리니", "내가 하리니", "내가 주리라"라는 등 같은 의미의 말씀이 3번이나 등장합니다. 아브라함은 땅에서 보고 싶은 것이 아무것도 없었습니다. 하나님만 보고 싶어 했습니다. 그런데 하나님은 이러한 아브라함에게 "보이는 땅을 내가 너와 네 자손에게 주리니 영원히 이르리라 내가 네 자손이 땅의 티끌 같게 하리니 사람이 땅의 티끌을 능히 셀 수 있을진대 네 자손도 세리라 너는 일어나 그 땅을 종과 횡으로 두루 다녀 보라 내가 그것을 네게 주리라"라고 말씀하십니다.

이 말씀을 한번 믿어 보십시다. 건강이나 돈과 같은 이 세상적인 가치들은 마치 있어도 그만, 없어도 그만이라는 듯이 아랑곳하지 말고 오직 하나님만을 보고 싶어 해 보시기를 바랍니다. 그러면 하나님이 내려오셔서 "내가 주리라. 내가 하리라."라고 말씀해 주실 겁니다.

이때 여러분이 할 일은 돌로 제단을 쌓던 아브라함을 본받는 것입니다. "돈을 주리라, 건강을 주리라"라고 하시는 하나님의 약속을 들은 척도 하지 않고 등 뒤로 흘려버리세요. 그러면서 '저는 하나님이 보고 싶습니다. 십자가 예수님과 연합하여 함께 죽음으로써 그전에 보고 싶던 세상 모든 것들을 마음에서 끊어 내고 하나님만 보고 싶어요'라고 하실 수 있기를 바랍니다. 그럴 때 그토록 간절히 하나님을 보고 싶어 하며 눈길을 보낼 때마다 내 마음은 하늘 근원의 샘이 되고, 그 샘을 통해서 하나님은 "내가 주리라, 내가 하리라, 내가 할 거야"라는 의지와 뜻을 실제로 샘솟게 하실 것입니다.

예레미야 32장 40절을 보면 "내가 그들에게 복을 주기 위하여 그들을 떠나지 아니하리라 하는 영원한 언약을 그들에게 세우고 나를 경외함을 그들의 마음에 두어 나를 떠나지 않게 하고"라고 하였습니다.

여러분에게 복을 주기 위하여 하나님이 여러분을 떠나지 않으시겠답니다. 그런데 여러분은 우리를 떠나지 않으시려 스스로 다짐하고 계시는 창조주 하나님 우리 아버지에게서 마음의 시선을 돌려 대체 무엇을 보고 계십니까? 도대체 무엇 따위를 보고 싶어 하십니까?

신명기 6장 5절을 보면 "너는 마음을 다하고 뜻을 다하고 힘을 다하여 네 하나님 여호와를 사랑하라"라고 하였습니다. 그렇다면 하나님을 사랑하는 사람에 대해 하나님께서는 어떤 일을 하실까요? 앞선 말씀에 이어지는 예레미야 32장의 41절을 보면 "내가 기쁨으로 그들에게 복을 주되 분명히 나의 마음과 정성을 다하여 그들을 이 땅에 심으리라"라고 하셨습니다.

주님의 십자가를 받아들여서 함께 세상에 대해 죽음으로써(0), 이 세상에서 보고 싶은 모든 것의 빛이 다 꺼져(0) 사라지게 만들어 버리고 하나님의 영화로운 빛만 내 마음에서 켜지는(1) 주의 백성들 되실 때, 하나님께서는 "나의 마음과 정성을 다하여 그들을 이 땅에 심으리라"라고 말씀하신 그대로 행하실 것입니다. '하나님이 너무 보고 싶어요'라며 날마다 이 그리움의 노래를 부르는 사람이 되어서 아브라함처럼 복의 근원들이 되시기를 바랍니다.

양 같아서 무섭다

(창세기 14장 14절-24절)
14. 아브람이 그의 조카가 사로잡혔음을 듣고 집에서 길리고 훈련된 자 삼백십팔 명을 거느리고 단까지 쫓아가서
15. 그와 그의 가신들이 나뉘어 밤에 그들을 쳐부수고 다메섹 왼편 호바까지 쫓아가
16. 모든 빼앗겼던 재물과 자기의 조카 롯과 그의 재물과 또 부녀와 친척을 다 찾아왔더라
17. 아브람이 그돌라오멜과 그와 함께 한 왕들을 쳐부수고 돌아올 때에 소돔 왕이 사웨 골짜기 곧 왕의 골짜기로 나와 그를 영접하였고
18. 살렘 왕 멜기세덱이 떡과 포도주를 가지고 나왔으니 그는 지극히 높으신 하나님의 제사장이었더라
19. 그가 아브람에게 축복하여 이르되 천지의 주재이시요 지극히 높으신 하나님이여 아브람에게 복을 주옵소서
20. 너희 대적을 네 손에 붙이신 지극히 높으신 하나님을 찬송할지로다 하매 아브람이 그 얻은 것에서 십분의 일을 멜기세덱에게 주었더라
21. 소돔 왕이 아브람에게 이르되 사람은 내게 보내고 물품은 네가 가지라
22. 아브람이 소돔 왕에게 이르되 천지의 주재이시요 지극히 높으신 하나님 여호와께 내가 손을 들어 맹세하노니
23. 네 말이 내가 아브람으로 치부하게 하였다 할까 하여 네게 속한 것은 실 한 오라기나 들메끈 한 가닥도 내가 가지지 아니하리라
24. 오직 젊은이들이 먹은 것과 나와 동행한 아넬과 에스골과 마므레의 분깃을 제할지니 그들이 그 분깃을 가질 것이니라

목자가 함께 있음은 양의 속성이다

 양 같아서 무섭다는 말은 참 이상합니다. 양은 무섭지 않기 때문입니다. 세상에 모든 짐승이 다 무서워도 양은 무섭지 않습니다. 그런데 질문을 하나 해 봅니다. 금수의 왕이라는 사자가 이길 수 없는 동물이 하나 있는데 그것이 무엇일까요? 코끼리나 호랑이일까요? 사자가 이길 수 없는 동물이 바로 양입니다. 양에게는 목자가 있기 때문입니다.

 목자가 함께 있음은 양의 속성이라고 할 수 있을 정도로 목자는 양의 생존에 필수적입니다. 사슴에게 뿔이 있고, 사자에게 날카로운 발톱과 탄탄하고 예리한 이빨이 있고, 낙타의 등에 물혹이 있듯이 양에게는 목자가 있습니다. 목자가 있을 수도 있고 없을 수도 있는 것이 아닙니다. 사슴에게는 뿔이 속성이듯이 양에게는 목자가 속성처럼 붙어 있는 것입니다.

 다윗이 노래하듯이 '여호와는 나의 목자다'라는 말은 거꾸로 '나는 여호와의 양이다'라는 뜻입니다. 이 말에서 주의를 기울여야 할 포인트는 양의 속성이 되다시피 한 목자와 함께함입니다. 하나님에게 양인 사람 그래서 여호와가 목자인 사람. 이런 사람은 양이 언제나 목자와 함께 있는 상태가 마치 무슨 속성처럼 보이듯 그렇게 하나님과 함께 연결되어 있음이 속성과도 같은 상태입니다.

 이러한 사람은 무섭습니다. 그 이유는 양에게 목자가 함께하듯 하나님이 함께 계시기 때문입니다. 목자는 누구든지 자기의 양에게 해를 끼치려는 자를 자신에게 해를 끼치려는 자로 여겨 버리기 때문입니다.

 오래전 어떤 목사님이 하시던 말씀이 기억납니다. 하나님과 함께하는 사람의 상태를 비유하자면 힘없이 찢어지는 종이 한 장이 풀을 잔뜩 먹은 상태로 콘크리트 벽에 달라붙어 있는 모습이라고요.

이와 같은 비유에 합당하게 실제로 하나님을 목자로 보유한 양의 대표적인 예는 다윗입니다. 사무엘상 17장을 보면 다윗이 골리앗을 무찌르러 나가기 전에 사울에게 자기의 능력과 용맹을 소개하는 장면이 기록되어 있습니다.

그중에서 34-35절을 보면 "다윗이 사울에게 말하되 주의 종이 아버지의 양을 지킬 때에 사자나 곰이 와서 양 떼에서 새끼를 물어 가면, 내가 따라가서 그것을 치고 그 입에서 새끼를 건져 내었고, 그것이 일어나 나를 해하고자 하면 내가 그 수염을 잡고 그것을 쳐 죽였나이다"라고 하였습니다.

다윗은 정말 무서운 사람입니다. 다윗은 스스로 하나님의 양인 신분으로 자기 역시 목자로서 양을 쳤습니다. 그럴 때 사자가 나타나서 양의 새끼를 물고 가려 하면 하나님의 양으로서 사자를 붙잡아서 그 입에서 새끼 양을 도로 빼앗았다고 합니다. 그리고 사자가 달려들어서 자기를 죽이려고 하면 자기의 양들이 해를 입게 될 것을 생각해서 아예 사자의 수염을 잡고 입을 찢어 죽였다고 합니다.

여기서 지금 우리에게 중요한 점은 다윗의 괴력 자체가 아닙니다. 이러한 괴력이 다윗이 여호와 하나님을 목자로 둔 양이었기 때문에 나타났다는 사실이 중요합니다. 그리고 이런 다윗의 괴력은 다윗을 목자로 둔 양들의 괴력이 되기도 하였습니다. 어찌 되었든 목자를 보유한 양이 결과적으로 곰과 사자를 이겼지 않습니까?

양같이 되기와 결합하기

우리는 《디지털 러브스토리》라는 제목 아래서 아브라함이 0이 되어 스스로 있는 분이신 하나님을 1로 받아들이며 0과 1의 디지털 조합을 이루는 여정을 따라가고 있습니다. 이 0과 1의 조합은 하나의 피조물이자 죄의 장아찌인 인간이 거룩하신 창조주 하나님과 사랑으로 결합할 수 있는 유일한 방식을 상징화한 것입니다.

우리가 마음과 뜻과 힘을 다하여 하나님을 사랑하는 목적은 무엇입니까? 하나님을 사랑하는 목적은 하나님이 유일하게 좋아서 하나로 결합하기 위함입니다. 하나님과 실제로 결합할 수 없다면 사랑이라는 단어는 정말 아무런 소용이 없고 무의미합니다. 남녀가 결합할 수 없다면 사랑이 될 수가 없는 것과 마찬가지입니다.

그런데 하나님과 결합하고자 하는 사람에게는 가져야 할 특징이 있습니다. 양 같아지는 것입니다. 양 같을 수 없다면 하나님과 결합할 수 없습니다. 양처럼 스스로 자기가 원하는 풀밭을 찾아가겠다는 자기주장이 0이 되어야만 하나님과 결합할 수 있습니다. 우리는 양처럼 원치 않는 상황에 스스로 저항할 수 있는 능력이 0이 되어야 하나님과 결합할 수 있습니다. 양처럼 자기에게 다가오는 치명적인 위험을 피할 수 있는 능력이 0이 되어야 하나님과 결합할 수 있습니다. 양처럼 자기를 굳건히 지키는 공격력도 방어력도 0이 되어야만 하나님과 결합할 수 있습니다.

참새 두 마리가 땅에 떨어짐도 주장하시는 하나님은 살아 계신 인격이시기에 창조주요 주권자로서 나의 삶의 모든 순간에 대하여 당신의 생각과 주장이 있습니다. 그런데 이런 하나님 앞에 놓인 현장에서 생활하면서 내가 생각하는 내 주장이 따로 있다면 어떨까요? 이렇게 각자의 주장을 가진 두 인격체가 하나로 결합하고자 하는 상황이 하나님과 나 사이에서 발생한다면, 하나님 편에서 내 주장을 인정하시려고 당신의 주장을 부인하여 수정하고 보완하시거나 꺾으셔야 합니까? 어떤 경우에도 그럴 수 없는 일이 아닌가요? 그와는 반대로 나의 주장을 꺾어야 하나님과 결합하게 됩니다.

하나님과 나 자신의 결합 혹은 연합의 길은 오직 내 쪽에서 내 생각과 주장을 0으로 조정함으로써만, 그래서 0과 1의 조합으로써만 이루어져야 합니다.

나는 내 인생의 미래에 대해서 특정한 소원을 가집니다. 그런데 만약에 하나님도 내 인생의 미래에 대해 나보다 더 먼저 어떤 소원을 두고 계신다면, 이제 연합하기를 위해서 누구의 소원이 포기되어야 할까요? 당연히 나의 소원을 없애야 연합할 수 있습니다. 삶의 현장 안에서 주어지는 문제 앞에서 내가 나를 방어하겠다고 하는데, 그럴 때면 어김없이 그 순간에도 살아 계시고 나를 보고 계시는 하나님께서도 나를 그 문제 앞에서 지키시고 인도하시려는 당신의 계획이 있습니다. 한 앗사리온에 팔리는 참새 두 마리도 창조주로서 주장하시는데 내 인생에서 하나님이 나를 향한 주권적인 뜻이 없는 순간이 있을 수가 없지요. 이러한 상황에서 내가 나를 방어하겠다는 힘이 0이 되지 않고서는 절대로 하나님이 나를 지키시려는 방법과 지혜가 나타날 수 없습니다.

그러므로 하나님을 사랑할 때 인간이 가져야 할 조건은 무조건 모든 문제 앞에서 모든 순간에 양 같아지는 것입니다. 자발성, 공격적인 적극성, 자기방어 능력 등이 0이 되어야 합니다. 하나님이 무슨 생각을 하시든지, 어떤 계획을 품고 계시든지 어떻게 인도하시든지 조금의 거부감도 없이 온전히 받아들일 수 있을 때 하나님과 하나 될 수 있습니다. 하나님은 당신의 생각을 굽히실 수 없기에, 하나님은 당신의 뜻을 철회하실 수 없기에, 하나님은 나를 향한 사랑의 주권을 포기하실 수 없고, 해서도 안 되시기 때문에 우리가 양같이 모든 면에서 0이 돼야 합니다. 그러기 전까지는 하나님과 연합할 수 없습니다.

성경이 예수님을 그냥 양도 아니고 어린양이라고 비유한 이유도 아버지의 주권자 되심과 무관하지 않습니다. 어린양이라는 표현은 0이 되심을 더욱 강조하려는 의도를 포함합니다. 예수님 일생의 소원은 '아버지의 뜻을 이루소서!'였습니다. 그렇기에 예수님께서는 하나님 아버지의 뜻이 머리 터럭 하나만큼이라도 상함이 없이 온전히 다 자신의 생애 안으로 들어와 이루어질 수 있도록 어린양이기를 자처하셨습니다. 주권자이신 하나님 아버지 앞에서 스스로 모든 면에서 0이 되신 것이었습니다. 인간으로서 사시는 동안 하나님 아버지께서 가지신 생각과 계획과 뜻 앞에서(1) 자기의 생각이나 의견이 조금이라도 주장되면 안 되겠기에(0) 어린양이 되셨던 것입니다.

아브라함의 하나님 사랑과 양 되기

본문에서 드러나는 아브라함의 모습은 이렇게 양처럼 되어서 가능해진 하나님과의 연합 상태를 또 다른 측면에서 보여 줍니다. 아브라함은 영광의 하나님을 뵌 뒤에는 눈에 콩깍지라도 쓴 듯이 오직 하나님만을 사랑했습니다. 아브라함의 마음에서 하나님이 일등의 조명을 받으셨습니다. 남녀가 서로를 향해서 '당신은 나의 태양'이라고 하듯이 그렇게 하나님만을 마음으로 집중적으로 보며 사랑했습니다. 그렇기에 아브라함은 한 여자가 뜨겁게 사랑하는 한 남자를 따라 친정집을 등지고 시집을 가듯이 고향과 친척과 본토 아버지의 집을 떠났습니다.

그렇게 이어지는 사랑 안에서 아브라함은 양 한 마리가 되었습니다. 하나님이 기근을 통해서 강제로 발걸음을 인도하시는 그 손길을 놓치지 않고 따라가느라 애굽으로 내려갔다가, 아내를 본 아니게 바로에게 바치는 불행한 일을 겪게 됩니다.

이 사건 속에서 보이는 아브라함의 모습은 정말 한 마리 양처럼 무엇인가 자기에게 소중한 것을 지킬 수 있는 방어력과 능력이 완전히 0인 상태였습니다. 오직 목자 되시는 하나님을 따라서 다 버려둔 채 떠났고 속수무책으로 당할 수밖에 없던 상태였지요.

이러한 양과 같은 모습은 조카 롯과 땅을 나눌 때도 드러납니다. 13장 9절에서 아브라함은 롯에게 "네 앞에 온 땅이 있지 아니하냐 나를 떠나가라 네가 좌하면 나는 우하고 네가 우하면 나는 좌하리라"라고 말합니다. 이러한 모습은 이 세상을 살아가는 사람으로서 보여야 할 마땅한 마음가짐이 아니지요. 삶의 터전을 결정해야 할 순간에 보여야 할 정상적이고 건전한 판단 자체가 0이 되어 버린 사람 같습니다. 아예 양이 된 것처럼, 맹물처럼, 무골호인처럼, 생각도 없는 사람처럼 행동합니다. 야무지게 자기 것을 정당하게 챙기는 태도라고는 하나도 나타나질 않습니다. 결국은 조카 롯에게 좋게 보이는 땅이 넘어가는 상황을 그저 속수무책 지켜보고만 있었던 셈입니다.

아브라함이 그렇게 했던 이유는 늘 마음에서 일등 하시는 영광의 하나님을 보며 좋아하고 사랑하여 하나님과 함께하는 것 외에는 다른 소원이 없었기 때문입니다. 아브라함에게는 하나님 자신이 늘 관심이 머무는 삶의 터전 그 자체였기 때문입니다. 아브라함은 하나님 외에는 다른 것을 보고 싶어 하지 않았고, 하나님의 매력에 이끌리는 것 외에는 다른 것에 마음을 주지도 않았습니다.

양 같은 아브라함의 무서운 변신

그런데 오늘 본문을 보면 이렇게 인생살이에 대해서 양처럼 되고 0

이 되어 버린 아브라함의 모습에서 엄청난 이미지 혁신이 일어납니다.

오늘 본문의 내용을 보면 메소포타미아 지역의 4개국 연합군과 아브라함이 머물러 있던 팔레스타인 지역의 5개국 연합군이 전쟁을 벌이고 있는 상황입니다. 당시에는 팔레스타인 지역이 메소포타미아 지역에 조공을 바치고 있었습니다. 그런데 팔레스타인의 5개국이 식민지 처지로부터 해방되기 위하여 메소포타미아 지역 왕들에게 조공 바치기를 거절하게 됩니다. 그러자 메소포타미아 지역의 4개국 왕이 연합해서 전쟁을 일으켰고 팔레스타인 지역 5개국을 무찔러 재물을 노획하고 백성들을 포로로 잡아가게 됩니다. 그런데 그 포로 중에는 소돔에 살고 있던 아브라함의 조카 롯도 끼어 있었습니다. 이 소식을 들은 아브라함은 집안에서 기르던 318명의 종을 군대로 삼아 추격을 시작합니다. 4개국 연합군은 승리 후에 노획물과 포로들을 데리고 가는 중이었습니다. 아브라함은 4개국의 왕들을 쫓아가서 야간을 틈타 기습 공격하여 대승리를 거두고 조카 롯과 그에게 속한 가족과 친지와 재물을 다 되찾아 옵니다.

이 이야기는 참 놀랍습니다. 아브라함의 상대는 4개 나라의 왕들이었습니다. 그 당시 왕과 나라와 군대가 어떤 규모였는지는 구체적으로 알 수 없지만 어쨌든, 여기서 말하는 나라가 혹시 부족 국가의 수준에 지나지 않았다 하더라도, 무려 4개국의 연합군이니만큼 그 규모가 상당했을 것입니다. 그런데 집안에서 종살이하던 318명 오합지졸을 데리고 가서 4개국의 연합군을 한밤중에 모조리 무찔렀다니 대체 무슨 일인가 싶습니다.

아브라함이 그동안 보여 준 모습이 어떠했는지 우리는 기억합니다. 애굽의 바로 앞에서 자기가 죽을까 봐 아리따운 아내를 누이라 속여

진상하던 아브라함의 모습은 어디로 간 것일까요? 아브라함에게 이런 용기가 있었다면 왜 바로 앞에서는 아내를 지키기 위해 싸우지 않았던 것일까요? 아브라함이 이렇게 야무지고 자기에게 관련된 것들을 악착같이 지키는 사람이었다면 왜 조카 롯과 땅을 나눌 때 삼촌의 처지에서 더 좋은 땅을 먼저 선택하지 않고 맹물처럼 조카에게 좋은 땅을 내준 것일까요? 아내 사라를 진상하던 모습과 318명 오합지졸을 이끌고 4개국 연합군을 무찌른 이 용감무쌍한 모습은 도무지 같은 사람처럼 보이지 않습니다. 아브라함의 신출귀몰함은 대체 어디에 숨어 있다가 갑자기 튀어나왔는지 알 수가 없습니다.

그러나 아브라함의 이미지 혁신에는 이유가 있습니다. 아브라함은 하나님을 사랑해서 하나님을 전폭적으로 받아들이고자 했습니다. 그리고 하나님의 의견과 생각을 그대로 받아들이기 위하여(1) 자신은 아무 생각도 계획도 주장도 없는 양과 같이 되었습니다(0). 그리고 이제 이같이 양처럼 되었다는 단순한 사실 하나가 전혀 생각하지도 못했던 다른 모습의 사람을 만들어 냅니다.

변신의 동력은 사랑이다

사랑은 연합입니다. 그렇기에 상대방을 받아들이게 됨으로써 사랑으로 연합하기 전과는 너무 다른 모습이 나타나게 됩니다. 한 사람에게 붙박이 관습의 벽을 뛰어넘게 하고, 고래 힘줄 같은 기질을 끊어 내게 하고, 절대 불변일 것 같았던 인격의 특성을 뛰어넘게 합니다.

자라면서 물 한번 만져 보지 않은 아들이 장가를 가서 아내가 첫째 아기를 낳게 되자 스스로 부엌으로 들어가 미역국을 끓이고 설거지를 합니다. 이렇게 할 수 있는 이유는 사랑하기 때문입니다. 생전 7시 전에는 일어나지 않던 아이가 착실하게 새벽 기도에 나가는 아가씨를 알게 되자 눈을 비비며 4시에 일어나 갖은 단장을 하고 새벽 기도를 따라갑니다. 이렇듯 불가능한 일들이 일어나는 이유는 마음이 결합하여 있는 사랑의 대상이 있기 때문입니다.

이렇게 사랑의 결합이 가지는 특성은 그 사랑의 대상이 내 안에 들어와서 나를 움직여 간다는 점입니다. 그럴 때 철벽같이 열리지 않던 습관의 벽조차 무너져 버리고 맙니다. 평소에는 부모가 아무리 말해도 안 듣던 것을, 좋아하는 아가씨가 한마디 하면 전적으로 받아들이고 고쳐 버립니다. 이때 엄마들은 아들에게 배신감을 느끼기까지 하지만 이것이 바로 연합하는 사랑의 힘입니다. 부모의 사랑은 밖에서 전달되고 아가씨의 사랑은 안에 들어와 역사하기 때문이지요.

아브라함 역시도 다른 누구도 아닌 하나님을 사랑하였고 그래서 결합이 가능할 수 있기 위해 양처럼 되었으며(0) 그렇게 해서 마음이 하나님과 결합하였기에 하나님이 아브라함을 움직이시는(1) 전혀 다른 삶의 모양이 나타날 수 있었습니다.

이처럼 하나님과 결합한 사람은 눈에 띄는 특징을 갖습니다. 그 사람의 인격적인 특성을 한정할 수 없다는 특징입니다. 왜냐면 그 사람 안에서 하나님이 그 사람을 움직이시기 때문입니다. 언제나 함께 연합해 있는 하나님께만 의존되어 있어서 언제 어디서 어떤 모습이 될지를 알 수 없습니다. 때로는 강하게 때로는 약하게 그리고 때로는 바보처럼 보이는가 하면, 때로는 솔로몬의 지혜를 발하기도 하고 때로는 엉뚱한 일에 화를 내고 때로는 화를 낼 만한데도 한없이 입을 다물고 참기도 합니다.

도대체 왜 그럴까요? 그 이유는 그가 결합한 하나님은 인간의 기질

중에 어떤 기질 하나를 갖고 계신 분이 아니시기 때문입니다. 하나님은 모든 상황에서 모든 모습이 되실 수 있습니다. 그러하신 하나님과 결합한 사람에게는 하나님의 의견과 하나님의 능력과 하나님의 소원이 나타나게 됩니다. 그렇기에 그 사람만의 일정하게 지속하는 어떠한 고정적인 인격적 특징을 아무도 파악할 수가 없게 됩니다. 피조물인 사람들로서는 아브라함처럼 양같이 되어서 창조주 하나님과 연합하여 있는 사람이 도대체 어디로 튈지 도무지 알 수가 없기 때문입니다.

결합의 러브스토리

예수님은 어린양이셨습니다. 마태복음 11장 29절을 보면 예수님께서는 "나는 마음이 온유하고 겸손하니 나의 멍에를 메고 내게 배우라 그리하면 너희 마음이 쉼을 얻으리니"라고 말씀하셨습니다. 누구 앞에서 온유하다고 말씀하시는 것일까요? 이것을 사람 앞에서 온유하셨다고 이해하고 예수님의 도덕적 인격적 덕목 중 하나라고 생각하면 오해가 발생합니다. 예수님께서는 오직 하나님 앞에서만 온유하셨습니다.

마태복음 23장 33절을 보면 예수님이 바리새인들을 향하여 "뱀들아! 독사의 새끼들아! 너희가 어떻게 지옥의 판결을 피하겠느냐?"라고 말씀하십니다. 또 요한복음 2장 14-15절을 보면 "성전 안에서 소와 양과 비둘기를 파는 사람들과 돈 바꾸는 사람들이 앉아 있는 것을 보시고, 노끈으로 채찍을 만드사 양이나 소를 다 성전에서 내쫓으시고 돈 바꾸는 사람들의 돈을 쏟으시며 상을 엎으시고"라고 하였습니다.

예수님께서 사람 앞에서 온유하신 분이었다면 이런 다양한 모습을 드러내시면서 사역하실 순 없었을 것입니다. 그러나 예수님은 분명히 온유하셨습니다. 요한복음 8장 11절을 보면 간음하다가 현장에서 잡혀 온 여자에게 " … 나도 너를 정죄하지 아니하노니 가서 다시는 죄를 범하지 말라 하시니라"라고 정말 인상적일 만큼 따뜻하게 보듬어 주십니다. 그렇지만 예수님은 채찍으로 성전을 정화하실 그때나 간음한 여자를 보듬으실 그때나 동일하게 하나님 앞에서 양의 모습이셨습니다. 단지 양처럼 되신 예수님으로부터 나타나는 현상이 다양하고 달랐을 뿐입니다.

예수님께서 양같이 되셔서(0) 하나님과의 결합이 언제나 지금 이루어지고 있는 상태에서 하나님께서는 예수님 안에 들어오셔서 그때그때 당신의 뜻을 펼쳐 나가셨습니다(1). 예수님과 하나님 사이에 디지털(0,1) 방식의 결합이 이루어진 상태입니다. 이 결합의 상태에서 예수님의 움직임은 때로는 노도 광풍 같은 모습으로 나타났고, 때로는 봄바람과 같이 따뜻한 모습으로 나타났습니다. 성전을 정화하실 때 예수님 안에서 하나님이 성전을 정화해 나가셨고, 간음한 여자를 보듬으실 때도 예수님 안에서 하나님이 그 여인을 보듬고 계셨습니다. 예수님은 단지 이런 경우에나 저런 경우에나 오직 하나님 자신을 안으로 받아들이심에서 너무나 따뜻하고 부드럽게 온유하셨을 뿐입니다(0).

그리고 이러한 모습은 아브라함에게서도 발견됩니다. 아브라함은 정말 비겁하다 싶을 정도로 너무 쉽게 아내 사라를 바로에게 넘깁니다. 조카 롯과 각각 머물 삶의 터전인 땅을 찾아서 분가할 때 맹물처럼 손 아랫사람인 조카에게 주도권을 넘겨 버립니다. 그런데 이러던 아브라함이 오늘 본문에서는 과연 같은 사람인가 싶은 의문이 듭니다. 그렇게 비겁해 보이고 맹물 같아 보이던 사람이 돌변합니다. 4개국 연합군을 고작 정식 군인도 아닌 318명의 가신을 통솔하여 진격해 들어가 기습 작전으로 멸절시켜 버립니다.

아브라함에게 주어진 삶의 상황은 때마다 전혀 달랐습니다. 그러나 어떤 삶의 상황에서도 일관되게 유지되었던 점은 일관된 하나님 사랑에서 비롯된 하나님만을 향한 온유함이었습니다. 조금의 틈새도 없이 하나님을 받아들여 결합하고 싶어서 철저히 양의 온유함을 유지하며 0과 1의 디지털 조합을 지켜 내고 있었을 뿐입니다. 양의 모습이 된(0) 아브라함과 결합한 주권자 하나님(1)께서 다양한 상황의 삶의 현장에서 아브라함을 통하여 이런저런 모습을 표현하며 계셨던 것입니다.

이러한 내용의 본문은 아브라함(0)과 하나님(1)의 철저한 디지털 (0,1) 사랑의 결합 상태를 보여 주는 너무나도 아름다운 러브스토리의 한 장면입니다. 전쟁 이야기가 나오니 러브스토리와는 상관이 없다고 느껴질 수도 있습니다. 그러나 내막을 들여다보면 이처럼 유일하신 신 (神)과 한 사람이 틈새 없이 밀착 연합되어 사랑으로 뭉쳐진 모습을 강도 높게 표현한 이야기는 그 어디에도 없지 않을까 싶습니다.

여러분께서도 유일한 참 신이신 하나님을 사랑하셔서 하나님을 디지털(0,1) 연합 안으로 받아들이기를 원하십니까? 그러기 위해 예수님의 십자가를 바라보면서 생각과 능력과 미래에 대한 소원과 모든 면에서, 어린양처럼 공격력과 방어력이 바보가 되시고 0이 되셨습니까? 그렇다면 아브라함 이룬 하나님과의 결합이 디지털(0,1) 방식으로 일어날 것입니다.

하나님과의 밀월여행

그렇다면 여기서 '왜 결합해야 하나요? 무엇 때문에 결합이 그렇게 중요한 것입니까?'라는 질문을 할 수 있습니다. 결합해야만 하고 연합해야만 하는 이유는 그렇지 않으면 죽기 때문입니다. 모든 사람은 평생을 사는 동안 무엇인가와 결합한 채로 살아갑니다. 꼭 하나님이 아니라도 무엇인가와 결합하지 않으면 죽습니다. 사람이 죽음의 어두움을 물리치고 살아 있는 기쁨을 느끼며 삶의 에너지를 느끼는 방법은 오직 결합 외에는 없습니다. 왜 그렇습니까? 사람에게 가장 행복한 일은 내가 제일 좋아하는 상대방 안에 내가 들어 있음을 발견하는 것이기 때문입니다. 그리고 이 상태가 바로 내 인격의 생명입니다.

나르시시즘(Narcissism)은 자기도취적 정신 질환을 말합니다. 그리스 로마 신화를 보면 나르시스라고 하는 목동이 있었는데 나르시스는 아무도 사랑하지 않습니다. 그 이유는 자신을 사랑하고 있었기 때문입니다. 나르시스는 어느 날 양들이 물을 먹는 연못에 비친 자기 모습을 보게 되는데 그 모습이 너무나 아름답다고 느낍니다. 결국에 나르시스는 연못에 비친 자신의 모습을 사랑하게 되었던 것입니다. 나르시스는 자신을 너무 사랑하여 아무도 사랑하지 못하다가 결국 수면에 비친 아름다운 자기의 모습에 시선을 빼앗긴 채로 연못으로 들어가 물에 빠져 죽습니다. 그 연못가에 핀 꽃이 바로 수선화라고 합니다. 수선화의 학명인 나르시서스(Narcissus)는 바로 이 이야기에서 유래된 것입니다. 이처럼 사람은 내가 아닌 다른 대상과 결합하지 않으면 죽습니다.

이와 닮은 또 하나의 죽음이 있습니다. 삼국유사에 기록된 신라 시대의 노래가 있습니다. '앵무가'라는 노래에 관한 이야기입니다. 신라 흥덕왕 때에 당나라에 사신으로 갔던 자들이 왕에게 앵무새 한 쌍을 선물로 바칩니다. 그런데 얼마 되지 않아 암놈 앵무새가 그만 죽어 버리고 말았습니다. 홀로 된 수놈 앵무새는 죽은 암놈 앵무새를 그리워하며 날마다 슬피 울어 댑니다. 밤낮으로 울어 대는 소리를 들으며 흥덕왕이 잠을 잘 수가 없어서 신하들에게 깨끗하게 만들어진 청동 거울을 하나 그 새 둥지 안에 넣어 주라고 명령을 내립니다. 청동 거울에 비친 앵무새의 모습을 발견한 이 수놈 앵무새는 너무 기뻐 펄쩍펄쩍 뛰다가 이윽고 사랑을 고백하기 위하여 부리를 부딪쳐 신호를 보냅니다. 청동 거울을 똑똑하며 계속 쪼아 대는데 아무리 쪼아 대도 상대에게서 반응이 없습니다. 눈에 보이기엔 내가 쪼아 댈 때면 상대방도 같이 쪼아 대는 것 같은데 정작 내게는 상대방이 나에게 부리를 갖다 댄다는 아무런 느낌이 없습니다. 그러자 이 수놈 앵무새는 더 열심히 쪼아 댑니다. 거울에 비친 앵무새가 암놈이 아니라 자기라는 사실을 깨닫지 못한 채 계속해서 쪼아 대다가 그만 부리에서 피가 납니다. 그렇게 다시 슬피 울기 시작하는데, 그에 그치지 않고 안타까워서 다시 한번 청동 거울을 쳐다보며 쪼아 대고 또 쪼아 대고 밤낮으로 암놈을 그리워하고 애타게 찾다 그만, 이 수놈 앵무새의 부리가 깨지고 피를 흘리며 죽었다고 합니다.

결합할 짝을 찾지 못하는 모든 인간은 이렇게 죽어 갑니다. 나르시스처럼 자기 사랑에 갇혀 있든지, 앵무새처럼 타인과의 관계에서도 자기만을 보든지 하여간 진정한 타자와의 결합이 없으면 죽습니다.

여러분의 삶이 활기가 없고, 살아갈 맛이 생기지 않고 무기력해지는 이유는, 진정으로 좋아하는 상대방이 내 안에 있고 또한 그 안에 내가 들어 있는 상태의 결합을 이루지 못하고 있기 때문입니다. 그것이 친구 간의 우정이든, 부모와 자식 간의 사랑과 효성이든, 남녀 간의 사랑이든 무엇이든지 간에 마음과 마음이 상대방 안으로 들어가는 결합이 이루어지지 않는 한 행복과 기쁨은 우리 삶 속에서 불가능하게 됩니다.

신혼여행을 밀월여행이라고 말하며 허니문(Honeymoon)이라고 말하는 이유도 이와 다르지 않습니다. 한 쌍의 남녀 사이에 그 누구의 끼

어둠 없이 온전히 서로의 마음이 합해지고 몸이 합해지는 것이 꿀처럼 달기 때문입니다. 다만 이러한 결합은 남녀 사이에서만 일어나는 일이 아닙니다. 어떤 관계든지 그 둘 사이에 끼어드는 존재가 아무것도 없는 상태로 전면적 결합이 이루어지지 않으면 꿀처럼 달고 행복한 마음의 천국은 절대로 이룰 수가 없습니다.

그런데 대부분 사람 간에 일어나는 다양한 결합의 공통적인 특성은 아무리 행복해도 순간을 유지하기가 어렵다는 점입니다. 왜냐면 결합의 쌍방이 모두 나름대로 주장과 주권을 내세우기 때문입니다. 주도권이라 하든지 주체성이라 하든지 상관없습니다. 하여간 2개의 독립적 주체가 동시에 살아 있는 결합은 절대로 유지될 수가 없습니다. 한 하늘에 2개의 태양이 동시에 뜰 수 없는 것과 같지요.

우리 믿음의 선조인 아브라함은 한 사람으로서 이 결합을 유일한 참 신이신 하나님과 시도합니다. 전지전능하신 삼라만상의 창조주요 생사화복의 주권자이신 하나님과의 결합을 위하여 자신의 주체성을 0의 자리에 놓아 버립니다.

이제 이렇게 0 되는 아브라함의 자리에 우리 각자가 서야 합니다.

내가 하나님과 결합을 이루는 방법은 유일합니다. 디지털(0,1) 방식을 취하여야만 합니다. 내가 하나님과 디지털 방식으로 결합하기를 원한다면 내가 할 일은 간단합니다.

단지 그리스도 예수님의 십자가 바라보기를 지속하기만 하면 됩니다. 십자가를 지속하여 바라봄으로써 그때그때 내 몸으로 만나는 모든 삶의 현장에 대해서 예수님과 함께 죽은 자라는 자아의식을 가지고 삶에 임하는 것입니다. 이 자아의식이 아빠다, 엄마다, 부모다, 자녀다, 사장이다, 직원이다 등등의 모든 사회적인 자아의식은 물론이고 남자나 여자라는 가장 기본적인 자아의식보다 더 앞서야 합니다. 그렇게 함으로써 눈에 보이는 삶의 현장에 관해 판단도, 생각도, 의지도, 계획도 모두 죽어서 0이 됩니다. 한 번이라도 좋으니 일단 이렇게 십자가 바라보기를 함으로써 하나님과 디지털(0,1) 방식으로 결합하기 위하여 양과 같은 모습이 되는 일을 시도해 보시기 바랍니다.

그리스도 예수님의 십자가에서 함께 죽음으로 양과 같은 인격 상태가 되어 계획과 의견과 미래의 소원과 모든 것에서 0이 되고, 그렇게 내 뜻이 죽은 상태에서 하나님의 뜻이 손상되거나 방해받음 없이 그대로 보존되어 받아들여지기 시작할 때 하나님과의 디지털(0,1) 방식의 결합이 온전히 이루어지게 될 것입니다.

사람들은 남자와 여자가 결합했을 때, 내가 바라는 소망이 이루어졌을 때, 친구와 결합했을 때, 부모와 자식이 결합했을 때, 의견이 합치될 때 아주 짧은 시간 행복감을 느낍니다.

그러나 하나님과 결합하게 될 때는 세상에서 느끼는 행복감과는 완전히 질이 다르고 차원이 다른 행복감을 느끼게 될 것입니다. 양처럼 되고자 과감하게 세상에 관해서 바보이기를 자처하면(0) 하나님은 내 마음과 디지털(0,1) 방식으로 결합하여 주십니다. 내 마음과 하나님의 0과 1의 디지털 방식의 결합이 이루어지면 내 마음에 밀월여행이 시작됩니다. 이렇게 허니문을 이루고 있는 동안에 하나님은 내 안에 들어오시게 됩니다. 여기까지는 모든 사람에게 동일하게 일어나는 일입니다. 그러나 일단 이렇게 똑같은 디지털 방식의 결합이 이루어지고 나면 이제부터 하나님은 각 사람과의 결합이 유지되는 가운데 각 사람에게만 유일하고 독특한 모양과 색채의 계획과 뜻을 이루어 가시게 됩니다.

하나님의 장갑 되기

이런 디지털의 원리를 반복해서 듣다 보면 누구에게나 질문이 생깁니다.

하나님하고만 결합하기 위해 십자가만 바라봄으로써 세상 것은 아무것도 바라보지 않고, 하나님의 주체성을 손상 없이 보존하기 위해서 매일의 삶의 현장에 대해 나의 주체성 자체가 십자가에서 0이 되기를 지속한다면, 이 세상을 사는 동안 구체적인 삶의 현장에서 나는 어떻게 살아야 하느냐는 겁니다. 다른 모든 대상에 대해서는 0이 된 채로 마음을 다해서 뜻을 다해서 하나님을 사랑하면 도대체 이 세상을 어떻게 살아갈 수 있겠느냐는 거지요. 많은 분에게 이런 질문이 드는 일은 당연하다는 생각이 들기도 합니다.

그러나 이러한 질문은 언뜻 듣기에 당연해 보입니다만 전혀 합당하지 않습니다. 우선 그렇게 실제 십자가로 하나님 이외의 대상을 마음에서 다 끊어 내고 예수님 안에서 하나님과의 결합 상태를 이루어 놓고 보면 그다음 단계에 일어날 일에 대해서 이런 식으로 묻게 되는 상황은 절대로 일어나지 않습니다. 중요한 것은 우선은 이 결합의 상태로 가 놓고 보는 일입니다. 실제 결합을 이루려고 하지는 않고, 자신의 너무나도 빤한 논리적 능력의 한계 안에 주저앉아 이런 질문만 하면서, 결합을 위한 시도 자체에 스스로 제동하는 일은 정말 어리석음이고 자기의 어리석음을 너무 확신하는 두 겹의 어리석음입니다.

하나님을, 실제로 0이 되어서 1로서 만나보지 못한 분은 흔히들 '어떻게 하나님만 바라보면서 세상을 살 수 있느냐?'라고 질문합니다. 그러나 실제 하나님을 0과 1의 조합 안에서 만나본 사람들이라면 누구나 다 압니다. 하나님이 살아 계시고 그래서 나의 삶에 대하여 나보다 더 자발적으로 의욕이 크시고 나보다 더 많은 계획과 나보다 더 많은 능력과 지혜를 갖고 계심을 말이지요. 그래서 저는 하나님을 만나지 못한 분들께 하나님을 만나라고 계속해서 이야기합니다. 하나님을 실제로 전혀 만나지 못한 채로 하는 질문들, 예컨대 '신경 쓸 일이 얼마나 많은데 왜 하나님만 마음을 다해서 사랑하라고 하느냐?' '할 일이 얼마나 많은데 하나님만 바라보면서 세상을 어떻게 살아가느냐?' 등등은 정말 난센스이기 때문입니다.

일단 십자가에 못 박히신 그리스도 안에서 실제로 하나님을 살아 계신 분으로 만나 보시고 나서 말씀하시면 안 되겠습니까? 일단 만나 보시면 어떻게 살게 될지를 알게 되지 않겠습니까? 만남 뒤에 일어날 일은 우선 만남까지 가 놓고 나서 볼 일입니다. 왜냐면 우리가 만나야 할 하나님은 그냥 종교적인 신이 아니라 실제로 살아 계시고 창조주이시고 나의 아버지이시기 때문입니다.

본 성경 말씀은 바로 이 문제에 대한 답을 모범적으로 제시하여 줍니다. 아브라함은 눈에 콩깍지가 썬 듯이 하나님만 바라보며 하나님만 좇아가며 하나님만 사랑하며 살았습니다. 땅도 가축도 재산도 아내까지도 하나님의 계획에 따라가며 하나님과 0과 1의 한 조합으로 연합하기 위해서 마음에서는 마치 폐허가 되도록 버리는 사람이었습니다. 그렇게 함으로써만 비로소 양 같은 인격 상태가 되어서 하나님과 결합합니다. 그럴 때, 본의 아니게 세상일에 연루될 때도 있었습니다. 그러나 그런 중에서도 하나님만 사랑하고 좋아하여 자기는 0으로서 하나님은 1로서 결합한 상태는 멈추지 않습니다.

그러는 중에 원치 않았던 전쟁이 일어나며 조카 롯이 잡혀갔습니다. 이러한 상황에서도 아브라함은 아무것도 한 일이 없습니다. 고향과 친척과 아버지의 집을 떠날 때나, 아내를 바로에게 바칠 때나, 롯과 분가하며 삶의 터전인 땅을 나눌 때나, 롯을 구하기 위해 전쟁을 일으킬 때나, 아브라함은 일관되게 양 같은 바보의 모습을 지키고 있습니다. 왜냐면 그래야 하나님의 주체성을 인정하면서 디지털(0,1) 방식으로 결합한 상태를 유지할 수가 있었으니까요.

그러므로 이 전쟁을 치르신 분은 이렇게 양처럼 된 아브라함과 결합하신 하나님 자신이셨습니다. 하나님의 손이 아브라함을 움직이며 전쟁을 치르셨습니다. 아브라함은 하나님이 조금도 방해받지 않고 온전히 자기 삶에 들어오실 수 있도록 양 같은 상태를 그대로 유지할 뿐이었습니다. 이러한 모습은 하나님의 손이 아브라함이라는 인격을 장갑처럼 끼신 상태와 같습니다.

이런 비유를 뒷받침하는 내용이 있습니다. 아브라함이 전쟁을 승리로 끝내고 돌아올 때 멜기세덱이라는 하나님의 제사장을 만납니다. 19-20절을 보면 "그가 아브람에게 축복하여 이르되 천지의 주재이시오 지극히 높으신 하나님이여 아브람에게 복을 주옵소서 너희 대적을 네 손에 붙이신 지극히 높으신 하나님을 찬송할지로다 … "라고 하였습니다. 아브라함의 대적을 아브라함의 손에 붙이신 하나님께 찬송하라고 합니다.

아브라함의 손에 붙였다는 말씀은 장갑의 비유와 잘 어울립니다. 권투 선수들이 사각의 링 위에서 서로 싸울 때는 권투 장갑을 낍니다. 싸우는 상대방에게 직접 닿는 접촉 부분은 장갑입니다. 아브라함이라는 장갑을 하나님은 당신의 손에 끼고 계셨습니다. 아브라함의 대적을 하나님이 치실 때 밖에서 보면 꼭 아브라함이 치는 것으로 보입니다. 그러나 그 아브라함 속에는 하나님의 손이 들어가 있습니다. 이것을 아브라함의 손에 대적을 붙이셨다고 말한 것입니다.

여러분께서도 어렸을 때 싸움을 해 보셨을 것입니다. 저도 많이 싸워 봤는데 어린아이들의 싸움은 조금 지나다 보면 싸움의 진행 과정이 다 똑같습니다. 서로 욕으로 시작합니다. 그러다가 힘이 센 아이가 상대방의 목을 감습니다. 그리고 있는 힘을 다해서 흔들어 대는데 그게 답니다. 거기서 좀 성격이 거친 아이는 다른 손으로 상대방 아이의 얼굴을 때립니다. 그런데 저는 머리가 커서 머리를 잡히면 풀려나오질 못했습니다. 그러다가 다른 손으로 때리는 주먹에 얻어맞아 엄청나게 코피를 흘린 적도 있었습니다.

그런데 본문에서 아브라함에게 당하는 4개국 왕들의 연합이 딱 이런 모양입니다. 하나님이 왼손으로는 롯을 잡아간 4개국 왕들을 끌어모아 목을 잡습니다. 그리고 하나님의 오른손으로는 아브라함의 몸을 장갑처럼 끼십니다. 그리고 왼손으로 휘감아 잡고 계시는 4개국 왕들을, 아브라함을 장갑으로 끼신 오른손으로 하나씩 쥐어박으십니다. 318명 오합지졸을 통솔하여 4개국 연합군을 멸절한 아브라함의 용맹함 배후에는 바로 이런 내막이 있었던 겁니다.

이처럼 아브라함은 단순히 한 마리의 양이었습니다. 계속 양의 인격 상태로 남아 있는 것이 아브라함 인생의 유일한 일이고 과제고 사명이었습니다. 하나님이 자기 인격과의 결합 안으로 들어오시면 되기에 하나님이 들어오시는 데 조금도 방해가 되지 않기 위해서 최대한 온유함의 상태를 유지하는 가운데 자기의 판단이나 호불호의 기준과 그 기준에 따른 계획과 지혜와 능력과 경험 등 모든 것을 0으로 놓고 양처럼 되었습니다.

그러자 하나님과의 디지털(0,1) 방식의 결합이 일어나고 아브라함의 마음엔 한없는 기쁨이 생깁니다. 결합의 기쁨을 샘솟게 하는 밀월여행으로서 삶을 지속합니다. 이제 양처럼 가만히 있는 아브라함을 하나님께서 당신의 오른손에 끼십니다. 그리고 왼손으로 적을 잡고서 때리십니다. 그 결과 아브라함은 포로로 잡혀가던 조카 롯을 찾아옵니다.

우리는 어떻게 세상을 살아가야 할까요? 먼저 실제로 살아 계신 하나님을 만나 결합하는 디지털(0,1) 방식의 조합을 이루시기를 바랍니다. 그러려면 우선 세상만사에 대해서 양처럼 0이 되어야 합니다. 자발성도 0, 생각도 0, 판단도 0, 그래서 지금 내가 서 있는 길이 불행한 길인지 행복한 길인지조차 판단하지 말고 0 상태로 놓고 즉시 하나님만을 보고 싶어 하는 마음으로 십자가 예수님에게 의식을 집중합니다. 이것이 양처럼 되는 길입니다. 우리가 양처럼 될 때 하나님의 영이 결합하실 것입니다. 그리고 하나님 안으로 내가 받아들여지는 상태에서 평강과 기쁨을 느끼게 될 것입니다. 물론 어쩔 수 없이 세상일에 연루되어 살게 됩니다. 그런 모든 때와 장소에서 하나님은 계속 양처럼 남아 있는 나를 장갑으로 끼시고 세상에서 일어나야 할 일을 직접 수행하실 것입니다.

양 같아서 무서운 사람

고인이 되신 인문학자 이어령 씨에 의하면 인간의 사고를 나눌 때 '융화의 사고'와 '분리의 사고' 두 가지로 나눌 수 있다고 합니다. 융화는 곧 결합입니다. 융화의 사고는 너와 내가 무엇이 같은가를 연구하는 것입니다. 그리고 분리의 사고는 너와 내가 무엇이 다른가를 연구하는 것입니다. 같은 것을 연구해서 융합을 이루고, 다른 것을 연구해서 분리를 이룬다고 하였습니다. 서구 문명이 이 분리의 사고를 통해 이루어졌다면 동양 문명은 융합의 사고에 기반한다고 말씀하십니다. 이론적으로 설득력 있는 생각입니다.

    그러나 경험적으로 삶의 일부분에 대해서는 약간 고개를 갸우뚱하게 됩니다. 여러분께서는 다른 사람과의 사이에서 같은 점을 찾아 융화되는 경우만을 보셨습니까? 예를 들어서 여자가 말이 많으면 남자도 말이 많아야 융화가 될까요? 여자가 말이 많으면 남자가 말이 적어야 융화가 됩니다. 남자가 굉장히 적극적인데 여자도 적극적이면 융화가 될까요? 이처럼 다른 것을 인정할 수 있을 때 상호 보합의 차원에서 진정한 융화가 일어난다는 것도 사실입니다. 부부 싸움이 일어날 때 이유는 간단합니다. 너도 나와 같아지라는 요구 때문입니다. 서로가 다른 점을 인정해야 융화가 일어나지, 같아지기만을 고집하고 같은 점만을 찾아내려고 하면 안 되는 경우도 무시할 수 없을 만큼 많습니다. 이처럼 왜 너는 나와 같지 않냐고 따지고 물을 때 싸움이 일어나는 상황도 분명히 실재합니다.

    더구나 하나님과의 융화와 하나님과의 결합을 생각할 때는 더욱 사정이 다릅니다. 하나님과 나 사이에는 같은 점을 찾아서는 안 됩니다. 하나님과 내가 대등한 위치에 서서도 안 됩니다. 내가 하나님과 대등한 처지에 있는 존재인 것처럼 나 스스로 판단하는 자의 위치에 서면 안 됩니다. 나는 달라야만 합니다. 하나님이 판단하시는 분이라면(1) 나는 판단을 할 수 없는 존재가 되어야 합니다(0). 하나님은 천지를 지으신 능력이 있는 분입니다(1). 그런데 그분과 융합하기 위해서는 나에게도 나름대로 능력이 있음을 내세우는 것은 고사하고 아예 속으로 의식조차 해서도 안 됩니다. 천지를 지으신 분과 융합하려면 그 능력 앞에서 철저히 나는 무능력의 존재임을(0) 인정해야 합니다. 하나님은 지혜가 무한하십니다(1). 하나님의 지혜 앞에서 내 지혜를 내세우며 왈가왈부했다가는 결합이 이루어질 수가 없습니다. 하나님의 지혜가 무한하시면(1) 나는 지혜가 전혀 없는 사람이 되어야 합니다(0). 그래야 융합이 일어납니다. 그래서 양 같지 않고는 하나님과 함께 결합할 수 없다는 말씀입니다.

　그러나 이처럼 모든 면에서 0이 되는 양 같은 사람은 무섭습니다. 양 같은 사람을 통해 노도 광풍처럼 하나님의 진노하시는 역사가 일어날 수도 있고, 또 양 같은 사람을 통해 봄바람에 눈 녹듯 차가웠던 냉랭한 현실이 녹아내릴 수도 있습니다. 양 같아서 하나님과 결합한 사람은 말이나 행동의 판에 박히도록 정해진 특징을 잡아낼 수가 없습니다. 아브라함의 모습을 보면 애굽의 바로에게 아내를 바치기도 하지만 고작 318명으로 4개국 연합군을 무찌르기도 합니다. 양 같은 사람 속에는 하나님이 들어오셔서 움직여 가시기 때문에 어느 것도 한정할 수가 없고 예측할 수도 없습니다. 우리 모두 양 같아서 가는 곳마다 하나님과 결합하여 하나님 오른손의 장갑으로 세상을 살아가실 수 있게 되기를 바랍니다.

Ⅳ. 배부른 자들의 전공과목

(창세기 18장 20절-33절)
20. 여호와께서 또 이르시되 소돔과 고모라에 대한 부르짖음이 크고 그 죄악이 심히 무거우니
21. 내가 이제 내려가서 그 모든 행한 것이 과연 내게 들린 부르짖음과 같은지 그렇지 않은지 내가 보고 알려 하노라
22. 그 사람들이 거기서 떠나 소돔으로 향하여 가고 아브라함은 여호와 앞에 그대로 섰더니
23. 아브라함이 가까이 나아가 이르되 주께서 의인을 악인과 함께 멸하려 하시나이까
24. 그 성 중에 의인 오십 명이 있을지라도 주께서 그 곳을 멸하시고 그 오십 의인을 위하여 용서하지 아니하시리이까
25. 주께서 이같이 하사 의인을 악인과 함께 죽이심은 부당하오며 의인과 악인을 같이 하심도 부당하니이다 세상을 심판하시는 이가 정의를 행하실 것이 아니니이까
26. 여호와께서 이르시되 내가 만일 소돔 성읍 가운데에서 의인 오십 명을 찾으면 그들을 위하여 온 지역을 용서하리라
27. 아브라함이 대답하여 이르되 나는 티끌이나 재와 같사오나 감히 주께 아뢰나이다
28. 오십 의인 중에 오 명이 부족하다면 그 오 명이 부족함으로 말미암아 온 성읍을 멸하시리이까 이르시되 내가 거기서 사십오 명을 찾으면 멸하지 아니하리라
29. 아브라함이 또 아뢰어 이르되 거기서 사십 명을 찾으시면 어찌 하려 하시나이까 이르시되 사십 명으로 말미암아 멸하지 아니하리라
30. 아브라함이 이르되 내 주여 노하지 마시옵고 말씀하게 하옵소서 거기서 삼십 명을 찾으시면 어찌 하려 하시나이까 이르시되 내가 거기서 삼십 명을 찾으면 그리하지 아니하리라
31. 아브라함이 또 이르되 내가 감히 내 주께 아뢰나이다 거기서 이십 명을 찾으시면 어찌 하려 하시나이까 이르시되 내가 이십 명으로 말미암아 그리하지 아니하리라

32. 아브라함이 또 이르되 주는 노하지 마옵소서 내가 이번만 더 아뢰리이다 거기서 십 명을 찾으시면 어찌 하려 하시나이까 이르시되 내가 십 명으로 말미암아 멸하지 아니하리라
33. 여호와께서 아브라함과 말씀을 마치시고 가시니 아브라함도 자기 곳으로 돌아갔더라

너무 낯선 아브라함의 집요함과 끈질김

소돔과 고모라 성의 멸망을 하나님께서 결정하셨습니다. 이렇게 결정된 소돔과 고모라의 멸망을 놓고 여호와 하나님과 대화하는 아브라함의 모습이 매우 인상적입니다.

4개국 왕의 연합군에게 조카 롯이 포로로 잡혀갈 때 쫓아가서 적을 멸하고 되찾아 올 때의 상황 못지않게 아브라함의 모습이 낯섭니다. 그러나 이 경우는 사실 '대적을 아브라함의 손에 붙이셨다'라는 표현대로 아브라함이 하나님의 장갑이 되었던 상황입니다. 그러니까 이 사건에서는 아브라함의 순한 양 같은 상태가 오히려 극단적으로 드러났다고 할 수도 있지요. 그러나 이 본문은 아브라함 자신의 자발성이 지나치다 싶게 두드러져 보입니다.

이제까지 보여 왔던 익숙한 아브라함의 모습과는 상당히 그 차이가 있습니다. 애굽의 왕인 바로 앞에서 보였던 아브라함은 정말 한 여자를 아내로 삼은 남자가 맞는가 싶을 정도였습니다. 우리가 보기에 하나뿐인 아내를 포기하는 일이 이렇게까지 손쉽게 이루어질 수가 있을까 싶습니다. 더구나 아브라함 자신의 말처럼 왕들이 보기만 하면 탐을 낼 정도로 아름다운 사라의 미모는 여전한데 하나뿐인 그런 아내를 빼앗김에 대해서 보이는 아브라함의 덤덤한 태도는 더욱 일반적인 사

람의 모습은 아니라서 이상합니다. 아내에 대해서 이런 정도로 애착이 없는 것 같은 모습이 과연 정상인가요? 그런데 이렇게 아내를 내어 주듯 빼앗기는 일을 나중에 그랄 왕 아비멜렉 앞에서 한 번 더 겪지 않습니까? 정말 너무 무책임해 보일 뿐만 아니라 지나치게 비겁할 정도로 살아남기에 급급하여 이런 모습으로 보이는가 하는 의문도 갖게 되는 것이 무리는 아닙니다.

그리고 각자 소유한 살림과 짐승이 많아져서 함께할 수 없었을 때 조카인 롯과 분가하기 위하여 삶의 터전이 될 땅을 선택할 때도 아브라함의 태도는 너무 상식적이지 않았습니다. 속 좋은 무골호인이 자기 밥그릇도 챙기지 못하는 모습이었지요. 술에 술 탄 듯 물에 물 탄 듯하여 조카가 우하면 자기는 좌하겠고 조카가 좌하면 자기는 우하겠다는 태도였습니다. 자신의 늘어나는 재산 관리와 새롭게 확보해야 하는 삶의 터전을 위해서 계산이 정확하며 단호하고 야무진 모습이라곤 전혀 찾아볼 수 없는 모습이었습니다. 경쟁을 이기고 난관을 무릅쓰고서라도 꼭 필요한 것을 성취하는 집요함도, 주도면밀함도 없는 사람의 모습이었습니다.

심지어 마지막에는 아브라함에게 주어진 모든 것 중에서 최고의 가치라고 할 수 있는 독자 이삭까지도 하나님의 명령 한마디 듣고는 주저함이 없이 바칩니다. 그러나 독자 이삭을 번제의 희생물로 바치기 이전에도 아브라함은 단 한 번도 자식을 달라고 자발적으로 나서서 간구해 본 적이 없었다는 사실도 참으로 특이합니다. 자기의 모든 것을 상속할 후계자 문제에 대해서는 정말 아무런 생각이 없는 사람처럼 보였습니다. 자식이 태어나지를 않자, 하나님께 자식을 달라는 단 한 번의 간절한 간구함도 없이, 오히려 그 당시 풍습을 따라 그냥 자기 집안의 종 중에 가장 탁월하고 신뢰할 만한 종인 엘리에셀이라는 사람을 정하여 그에게 후계자 자리를 다 물려주려고 작정했던 사람입니다.

이러던 아브라함이었습니다. 그러나 이처럼 우리 뇌리에 새겨진 무색무취의 무골호인처럼 보이는 아브라함의 모습과는 너무 다른 모습을 보입니다. 멸망하기로 결정된 소돔성에게 내려질 심판의 면제를 위하여 하나님에게 중재하고 나서는 아브라함의 모습은 앞에서 보였던 모습과는 정말 아무런 연속성이 전혀 없습니다. 도대체 이런 정도의 자발적인 적극성과 집요함은 어디에 숨어 있다가 하필 소돔, 고모라의 멸망 앞에서 이렇게 갑자기 튀어나왔을까요?

주권자 하나님께 이렇게 집요하고 끈질기게 소돔을 멸망시키려는 결정을 철회하시길 요구할 수도 있었던 사람인 것을 생각하면 너무나 이상합니다. 그럴 수도 있는 사람이 도대체 왜 자기 대가 끊기게 될 상황에서 그 후계자 자리를 위해서는 그토록 쉽게 집안을 관리하는 종인 엘리에셀을 내세웠던 것일까요. 그리고 자기 몸에서 난 자가 후계자가 되리라는 하나님의 말씀을 듣고는 조금도 주저함이 없이 곧바로 애굽 출신의 여자 종 하갈에게서 태어난 이스마엘을 떠올린 사람입니다. 이렇게 모든 것이 대수롭지 않고 그저 쉽기만 하던 사람은 대체 어디 가고, 본문에서 보이는 아브라함의 집요함과 끈질김은 어디 숨어 있다가 이렇게 갑자기 무슨 게릴라처럼 튀어나온 것인지 정말 궁금합니다.

하나님으로 배불렀기 때문에

왜 이렇게 집요하고 끈질긴 사람으로 돌변하였을까요? 아브라함은 비로소 자기의 전공과목을 만나게 된 것입니다. 아브라함은 배부른 자였습니다. 그리고 배부른 자만이 전문적으로 될 수 있는 독특한 전공과목을 만나게 된 것입니다. 대체 무엇을 먹고 그토록 배불렀을까요? 그리고 이러한 배부름이 대체 이상할 정도로 뜬금없이 나타난 집요함과 끈질김에 무슨 관련이 있을까요? 아브라함의 이런 집요하고 끈질긴 모습을 바로 이해하려면 우리는 다시금 아브라함 이야기의 출발점으로 돌아가야만 합니다.

스데반 집사님의 말씀에 "영광의 하나님이 보여"라고 하십니다. 영광의 하나님을 보고 나서 고향 친척 아버지 집을 떠나는 아브라함의 여정이 시작되었습니다.

아브라함이 영광의 하나님을 뵈며 만난 이 사건은 비유컨대 태백산 국립 공원 안에 있는 검룡소와도 같습니다. 검룡소는 514km에 걸쳐 흐르고 흐르다 서해로 들어가는 한강 물의 발원지입니다. 아브라함이 영광의 하나님을 만난 이 사건은 4000년간을 지속해 온 선민 역사의 강줄기를 시작하게 한 발원지입니다. 선민이 누구입니까? 영광의 하나님을 만나 0과 1의 디지털 방식으로 결합하는 자입니다.

이 '영광의 하나님'이란 무슨 뜻입니까? 아브라함 마음속에서 하나님 이외에는 그 무엇도 보이는 것이라고는 다 없어졌다는 뜻입니다(0). 마치 연극 무대에서 배우가 조명을 받을 때 그 배우 이외에는 극장 안이 깜깜하여 아무것도 안 보이는 것과(0) 마찬가지입니다. "영광의 하나님이 그에게 보여"라는 스데반 집사님의 선언과도 같은 해석은 아브라함 마음속에서 하나님만이 태양처럼 빛을 발하시며 보이게 되었다는(1) 뜻입니다.

흔히 자주 듣고 말하는 '하나님께 영광이 돌려졌다'라는 뜻은 이처럼 한 사람의 마음에서 그동안 세상의 온갖 다양한 대상들이 이것저것 다 빛을 발하며 보이다가 이 모든 것이 다 어둠 속으로 사라지고(0) 이제는 오직 살아 계시는 하나님만이 홀로 그 사람의 마음에 남아서 찬란하게 보이는 상태를(1) 말합니다. 로미오에게 줄리엣이 그렇고 줄리엣에게 로미오가 그랬던 상태와 같다고 하겠습니다.

이 상태를 다른 말로 어떻게 표현할 수 있을까요? 바로 아브라함의 마음이 하나님만으로 가득 찼다는 얘기고 그 마음이 하나님만으로 배불렀다는 얘기입니다. 한 사람의 마음이 아브라함에게 일어난 정도로 하나님만으로 배부른 상태가 이루어진 예가 있을까요? 그렇게 하나님으로 배부르면 어떤 일이 벌어지는지를 알 수 있는 예가 있을까요?

변화산에서 일어났던 사건입니다. 예수님이 변하십니다. 이 세상에서 빨래하는 사람이 더는 하얗게 할 수 없을 정도로 하얀 광채가 나는 몸으로 변화하십니다. 육체로 된 몸이 아니라 빛으로 된 몸을 입으신 상태였지요. 우리는 여기서 앞에 언급했던 대로 아브라함이 보았던 그 '영광의 하나님'을 생각해도 괜찮습니다. 이렇게 하얀색의 발광체로 변하신 예수님의 모습 앞에서 베드로는 완전한 황홀경에 빠져들고 맙니다.

황홀경이란 마음이 충만히 채워짐으로 인해 만족감이 온전한 정신으로는 감당할 수 있는 한계를 넘어 버린 상태라고 할 수 있습니다. 이렇게 영광의 예수님을 보면서 베드로는 그 산 위가 너무 좋으니까 초막 셋을 짓고 그곳을 떠나지 말고 지내자는 정신 나간 말을 하게 됩니다.

이 상황의 베드로를 잘 관찰하면 특징이 있습니다. 변화산 아래에 있는 자신의 인생과 자기의 나라와 민족 그리고 가족과 자기의 동료 제자들과 자기가 예수님을 따라다님으로써 여생 동안 이루어야 할 찬란한 비전 등, 세상과 관련된 모든 걸 망각해 버립니다.

바로 이것이 영광의 하나님이 뿜어내는 초강력 매력입니다. 영이시고 빛이신 하나님의 좋음에 눈뜬 마음에는 이 세상이 망각의 구렁으로 보이게 됩니다(0). 더는 세상에서 좋은 것도 없고 이루고 싶은 것도 없고 유지하고 싶은 것도 없게 됩니다(0).

베드로가 보여 준 이러한 망각 현상, 너무나 철저한 세상 망각 현상. 이것이 바로 영광의 예수님, 영광의 하나님을 앞에 모셨을 때 사람에게 나타나는 가장 우선적이고 특징적인 현상입니다. 이상하지 않아요? 베드로는 왜 그 영광된 예수님을 모시고 산 아래로 내려가서 뭔가 충격적이고 괄목할 만한 성취나 업적을 이루어 보겠다는 생각을 하지 않고, 산 아래를 아예 잊어버렸을까요? 그동안 산 아래 세상에서 예수님의 능력을 앞세워서 갖고 싶고 이루고 싶은 것이 얼마나 많았습니까? 그런데 왜 그 좋은 세상 것을 모조리 망각하지요?

마음의 배가 부르게 되었기 때문입니다. 그래서 산 아래 인간 세상에서 무엇인가를 부족하다고 여기면서 그 결핍과 필요를 채우려 하는 생각이나 계획이나 포부가 사라져 버리고 또한, 무엇을 창조적으로 이루겠다는 열의나 의욕도 다 사라집니다. 그냥 하나님 되신 예수님의 영광스러운 모습에 마음의 배가 불러 버리고 맙니다. 더는 아무것도 마음의 만족과 채움을 위하여 더 필요한 것이 없는 상태가 됩니다. 이대로 영원히 유지되기만을 바랍니다.

이처럼 변화산의 베드로 경험을 미루어 볼 때, '영광의 하나님이 보여'라는 표현은 아브라함의 마음이 하나님으로 배가 부른 상태가 되었음을 알게 하는 표현이고, 그렇게 이미 하나님 맛에 눈뜬 상태가 된 채로 이제부터 하나님과 함께 긴긴 여행길을 출발했음을 암시하고 있습니다. 베드로의 경우를 염두에 두고 말하자면 아브라함에게 있어서 이러한 배부름이 처음 영광의 하나님을 본 순간 이후 줄곧 동일한 상태로 지속하지는 않았을 것입니다. 그러나 그 후에도 계속 하나님은 아브라함에게 나타나셨고 만남이 이루어졌음을 미루어 보건대, 분명한 것은 아브라함은 이미 하나님의 맛에 눈뜨고 마음의 입맛이 완전히 바뀌고 말아 버렸다는 사실입니다.

그러니까 아브라함은 이제 하나님을 보고 싶어 하고 하나님으로 배불러지고 싶어서 하나님을 그리워할지언정, 더는 세상에서 가질 수 있는 것이 기쁨이 될 수가 없도록 마음의 입맛이 너무나 차원이 달라져 버린 것이지요. 변화산의 베드로가 산 아래 일을 까맣게 망각한 상태가 베드로에게는 순간적인 경험으로 끝났다면 아브라함의 마음에서는 그보다 약할지는 몰라도 하나의 지속적인 현상이 되어 버린 겁니다.

이제 영광의 하나님을 본 뒤로 아브라함에게는 고향 본토 친척 아버지 집을 떠나서 가라고 지시하신 가나안 땅 자체가 만족과 기쁨의 대상이 될 수가 없게 되었다는 뜻입니다. 약속해 주신 티끌처럼 많은 자손은 기쁨이 될 수 없는 마음이 되었다는 겁니다. 아내 사라와 오래오래 같이 사는 일도 기쁨이 될 수 없게 되어 버렸습니다. 물과 풀이 가득한 초장 또한 기쁨이 될 수 없게 되어 버렸습니다. 이런 모든 종류의 세상 기쁨거리는 아브라함의 마음의 입맛엔 별다른 맛이 느껴지지 않는 것들이 되어 버리고 말았습니다.

이미 하나님의 영광스러움을 만나고 하나님 맛에 눈뜬 마음으로 여정을 시작하게 되었기 때문이지요. 하나님으로 배부름이 무엇인지를 아는 사람으로서 여정을 시작한 것입니다. 그러면 이렇게 하나님으로 배부름의 상태가 어떠한 것인지를 아는 사람의 전공과목이란 대체 무엇입니까?

타인이 하나님으로 배부른 자의 전공과목이다

본문에서처럼 아브라함이 이토록 끈질기고 집요하게 붙잡고 있는 것이 대체 무엇인가를 보아야 하겠습니다. 이런 끈질김과 집요함은 어떤 분야든지 그 분야의 전문가라면 마땅히 가지고 있어야 하는 근성 아닙니까? 이런 근성이 없다면 전문가의 자격이 없는 것이고 전문가로서 최소한의 자존심도 없는 셈이지요. 이런 집요함과 끈질김을 우리는 직업 근성이라고 하거나 프로 근성이라고 합니다.

그렇다면 아브라함의 이러한 집요함과 끈질김은 과연 무엇에 대한 프로 근성일까요? 바로 타인에 대한 근성이고 전문성입니다. 하나님으로 마음이 배부른 사람이 이 세상을 살아갈 때 갖게 되는 전문성은 바로 타인 지향성입니다.

소돔은 그 죄악이 극에 달하여 하나님께서 도저히 더는 두고 보실 수가 없어서 멸망시키기로 작정하신 성입니다. 이 소돔을 아브라함은 단 한 번도 방문했다는 기록이 따로 없습니다. 그리고 그렇게 심판하시기로 하나님이 작정하셨을 때는 하나님께 다 그만한 이유가 있었기 때문이 아니겠습니까? 더구나 아브라함의 조카 롯이 소돔에 살고 있음을 하나님이 모르실 리도 없는데 그런데도 굳이 멸망을 결정하셨다면 그 죄악을 도저히 그냥 두고 있을 수가 없으셨기 때문이겠지요.

그런데 그러한 죄악의 도성 소돔을 위해서 아브라함은 왜 이렇게까지 끈질기게 하나님 앞에 매달려서 누가 시키지도 않은 중재자 역할을 자처합니까? 대체 왜 이미 확정되어 실행만을 앞두고 있던 창조주요 주권자이신 하나님의 심판을 막고 뒤집으려고 이토록 적극적이고 끈질기게 나설까요? 하나님께서 소돔성을 마지못해 멸망하기로 정하신 뒤에 여전히 그 성의 백성들이 불쌍하셨을까요? 그래서 마지막으로 멸망

결정을 철회하실 무슨 작은 핑곗거리라도 찾으시려고 아브라함을 일부러 격동시키셔서 무슨 끈질기고 집요한 중재자나 변호인으로 세우신 것일까요? 아닙니다. 하나님께서 당신 자신을 설득하여 담판을 지을 상대방을 대표하는 외교관으로 아브라함을 공식적으로 위촉하지 않으셨습니다.

아브라함의 태도는 이렇게 하나님 편에서 볼 때만 이상한 것이 아닙니다. 소돔 사람들 편에서 봐도 사정은 같습니다. 아브라함은 지금 멸망하기로 심판이 정해진 소돔성의 사람들을 알지도 못합니다. 소돔 사람이 아브라함에게 감사패나 표창장이나 공로 훈장 등을 줄 수 있는 처지에 있는 상황도 아니라는 뜻이지요. 물론 조카 롯이 살고 있었지만, 전체가 멸망하게 될 소돔성의 사람들을 아브라함은 아무도 몰라요. 그냥 빨리 소돔으로 달려가서 롯에게 이 사실을 알려 주어 멸망을 피하게 하면 될 뿐입니다. 정작 소돔성의 당사자들은 자기들이 멸망할 시간이 코앞에 다가왔음을 전혀 모른 채 죄악 된 일상을 여전히 이어가고 있습니다. 그러는 동안에 아브라함은 혼자서 소돔 백성을 구하기 위해 고군분투합니다. 하나님께 무려 여섯 번씩이나 심판 철회를 요구하면서 매달립니다. 심지어는 그 집요함과 끈질김이 생사화복의 주관자로서 무오류하신 하나님에게 정말 무례하다는 생각이 들 정도입니다.

하나님으로 배부른 사람의 취약점은 자신이다

아브라함의 무례함이 도를 넘는 듯합니다. 아브라함이 하나님께 이렇게까지 얘기합니다. "주께서 이같이 하사 의인을 악인과 함께 죽이심은 불가하오며(부당하오며) 의인과 악인을 균등히 하심도 불가하니이다 세상을 심판하시는 이가 공의를 행하실 것이 아니니이까"

이건 정말 하나님을 나무라며 야단치는 어조입니다. 어떤 맥락에서든지 한 사람이 어떻게 감히 하나님께 '부당하다', '불가하다', '공의를 행하라'라는 말과 건의를 할 수가 있느냐는 겁니다. 있을 수가 없는 얘기 아닙니까? 하나님이 소돔성을 심판하시는데 아브라함에게 허락을 받아야 합니까? 아브라함의 기준에 맞아야 합니까? 하나님의 심판 수행에 의롭지 못한 편파성이 들어 있을 수가 있다는 겁니까? 아브라함의 이 끈질김과 집요함. 이러한 아브라함의 스페셜리스트로서의 프로 근성의 근원이 무엇일까요? 이것이 바로 자기 배가 부른 사람만이 할 수 있는 일이라는 겁니다.

하나님으로 배부른 사람의 전공과목은 한마디로 타인이기 때문입니다. 관심의 전문적인 대상은 타인의 안위와 행복입니다. 영광의 하나님을 보는 사람, 마음 안에서 오직 하나님만이 빛나는 사람. 그래서 하나님으로만 배부르고 또 그 맛을 알아서 하나님만으로 배부르기를 원하는 사람이 이 세상에 여전히 살아 있을 때, 그는 이 세상에서 오직 한 가지의 일에만 전문성을 보이게 됩니다. 한 가지 대상에만 전문가로서의 태도로 일관된 삶을 살게 됩니다. 타인입니다.

왜 그럴까요? 이 땅이 아니라 저 하늘 보좌에 계시는 하나님으로 배부름이 무엇인지를 아는 사람은 더는 이 세상 것을 통해 자기 배를 불려야 할 필요를 전혀 느끼지 않기 때문입니다. 만약에 베드로가 변화산에서 얻은 황홀감의 상태를 유지하면서 산 아래로 내려와 살았다고 가정해 봅니다. 그가 세상에서 사람을 만났을 때, 그 사람에게서 베드로 자신의 만족과 기쁨을 위하여 무엇을 바라겠습니까? 오직 상대방의 필요만이 관심이고 과제가 아니겠습니까? 이 세상 안에서는 근본적으로 자신을 위하여서는 스스로 그 어떤 필요도 느끼지를 못하게 되기 때문이지요.

　그러므로 영광의 하나님만을 보면서 그 하나님만으로 배부른 사람에게는 언제나 타인 전문성에 반대되는 취약점이 생겨납니다. 타인을 대할 때면 언제나 망각되는 자기 자신입니다. 자기 자신이 자기의 관심으로부터 버려지고 소외됩니다.

　그래서일까요? 영광의 하나님을 본 뒤에 여정을 출발한 아브라함을 우리가 12장부터 자세히 들여다보면 아주 일관된 특징이 나타납니다. 아브라함은 정말 단 한 번도 자기 자신을 위해서 무엇인가를 구해 본 적이 없습니다. 매번 이 세상 안에서 일어나야 할 축복 약속에 관한 대화가 하나님과의 사이에서 오고 갈 때는 똑같은 양상이 반복되었습니다. 언제나 아브라함이 구하기 전에 하나님께서 먼저 갖고 계신 복된 계획과 약속을 말씀하시곤 하였습니다. 아브라함에게 복을 주시지 못해 목마르고 안달이 난 듯하셨던 쪽은 하나님이셨습니다. 아브라함은 한 번도 이 땅 위에서 살아 있는 자기 자신이나 자기의 생애를 위한 바람과 소원을 하나님께 먼저 간구해 본 적이 없었다는 점, 정말 특이하지 않습니까?

　그런데 이러던 사람이 소돔성과 함께 멸망이 예비된 사람들을 위해서는 무례하다 싶을 정도로 집요하고 끈질기게 하나님께 졸라 댑니다. 이 세상 안에서 자기 자신과 타인을 향하는 태도가 극과 극으로 갈라집니다. 아브라함이 소돔을 위하여 간구하는 열심의 4분의 1 정도로라도 자신을 위해서 구해 본 일은 정말 아무것도 없잖아요? 4분의 1은커녕 10분의 1 정도의 열심으로도 자기를 위해 구해 본 적이 없다는 겁니다. 자기 자신을 위한 간구함의 수치가 완전히 0의 상태가 되어 버린 상태입니다.

그리고 보면 정말 이상하지 않습니까? 성경은 아브라함 이후로 수없이 많은 다양한 신앙의 조상들을 소개합니다. 그런데 이런 다양한 신앙의 선진 중에서 자기 일 때문에 하나님께 정말 아무것도 구하지 않은 사람은, 다소의 차이는 있습니다만, 근본적으로 없습니다. 하지만 믿음의 원형을 찾기 위하여 우리는 누구에게 시선을 고정해야 하는 겁니까? 두말할 나위 없습니다. 분명하고 절대적인 불변의 사실은 이런 모든 조상을 다 제치고 아브라함이 우리 믿음의 원조라는 것입니다.

믿음의 원조인 아브라함이 지금 우리 눈앞에 펼쳐 보이는 믿음이란 대체 무엇입니까? 영광의 하나님에 대한 믿음을 원형 그대로 보존하고 있는 아브라함에게서 일어나는 일은 우선 이렇게 이 세상에서 자기를 위해서 아무것도 구하지 않음입니다. 그러나 망해도 마땅한 소돔의 사람들을 위해서는 정말 이해가 안 될 정도로 집요하고 끈질기게 구합니다. 이런 상황을 자세히 들여다보면 더 특이합니다.

즉 자신에게도 이 세상 안에서 이루고 싶고 가지고 싶어 간절히 필요한 것이 있는데도 불구하고 구하지 않음이 아닙니다. 여전히 내 마음에 이것이 있으면 좋겠다, 저런 일이 이루어지면 좋겠다고 강한 욕구가 올라오는데도 불구하고 그런 욕구를 억누르고 타인을 위해서 구한다는 말이 아닙니다. 자신을 위해서는 이 땅과 관련하여 아예 아무런 바람 자체가 없는 것입니다. 하늘에 계시는 영광의 하나님을 본 뒤로 아브라함에게는 여전히 이 세상에서 생활하여야 하는 자기 자신이 자기 마음에서 방치되고 취약점이 되어 버렸습니다. 자기 자신에 대해서 자발성도 집요함도 죽게 됩니다(0).

영광의 하나님을 본다는 뜻은 마음 안에서 하나님만 보이는 상태(1)라고 하였습니다. 그런데 우리는 여기서 위로 하늘에 계시는 하나님(1)

말고 아래로 이 세상에서는 다른 어떤 대상도 마음에 안 보인다는(0) 의미를 분명히 알아야 합니다. 이 상태는 하나님 말고는 마음이 채움을 위해서 가지고 싶어 하는 대상이 없게 되었음을 뜻합니다. 일단 하나님 좋음의 맛에 눈뜬 상태(1)에서는 하나님만 보고 완전히 그 매력에 넘어가고 반해서 하나님만 바라보길 지속하며 마음의 배를 하나님으로 채워 부르게 됩니다(1).

이렇게 하나님만으로 배부름과 배부르려고 함이 바로 내가 하나님과 디지털(0,1) 방식으로 결합하면 실제로 그 결합 속에서 진행되는 일입니다.

그러면 하나님으로만 마음의 배부름의 문제를 해결하여야 함을 확실하게 알고 있는 상태에서는 이 세상을 대할 때 어떤 태도가 나타날지 너무나 당연하고 분명하지 않습니까? 자신을 위해서는 이 세상에 있는 그 어떤 것도 더는 필요로 하지 않게 됨이 당연합니다. 자기 마음의 만족과 채움을 위해서는 마음에서 영광 가운데 보이는 하나님 외엔 그 무엇도 소용이 없는 존재로 바뀌고 마니까요.

하나님은 아브라함을 인도하시면서 사사건건 바로 이 점을 의도적으로 부각하셨습니다. 아브라함 마음의 채움과 기쁨을 위해선 다른 모든 존재의 의미가 0이 되도록 이끄셨습니다.

그래서 이러한 하나님의 의도에 따라서 아브라함은 고향 친척 아버지 집을 떠났고, 아내 사라를 두 번씩이나 마음에서 버렸으며, 후계자 확보에 대한 집착이 사라지게 되었고, 삶의 터전을 찾아야 할 때 조카에게 우선 선택권을 넘겨 버린 것입니다. 그리고 마지막에는 독자 이삭까지도 바치게 됩니다. 모두가 단발적으로 일어난 사건들입니다.

이 모든 사건 속에 담긴 말씀의 의도는 하나입니다. 아브라함이 영광의 하나님을 보게 된 뒤로 이 세상에서 자기 자신의 유익과 만족을 위해서는 어떤 대상도 붙잡거나 끌어당기지 않게 되었음을 강조하고자 한 것입니다. 자기 자신을 위해서는 하나님 외의 그 무엇도 절대적으로 필요한 대상이 아니게 되었음을 강하게 반복적으로 강조한 내용들입니다. 자기를 위해서는 하늘에 계신 하나님(1) 이외에는 땅에 있는 대상들에 대한 욕구 자체가 완전히 죽었다는 뜻이지요(0).

이것이 바로 영광의 하나님을 보면서 관계를 시작한 모든 사람의 마음 상태가 되어야 합니다. 그래서 누구든지 하나님을 믿는 상태로 생활 현장을 사는 동안 타인은 그의 전공이고 자기 자신은 그의 취약점이 될 수밖에 없습니다. 생활 현장 속에서 하나님으로 배부름을 유지하며 타인을 만나는 동안, 이 배부른 사람 자신에게서 자기는 계속 소외됩니다. 그렇게 소외되는 그 자신과 그 사람에게 관련된 이 세상에서의 일을 하나님이 나서서 챙기지 않으신다면 하나님으로 배부른 사람의 이 세상 삶은 그냥 폐허로 처리되고 끝날 정도로 자기로부터 소외됩니다.

타인을 내 먹잇감이 아니라 타인 자체로 보기

아브라함의 집요함과 끈질김이 발휘되게 한 '타인'은 바로 소돔성의 멸망이 예고된 사람들이었습니다. 정말 아무런 관계도 없었던 타향살이 살던 지역의 소돔과 고모라 사람들이었습니다. 마음으로 영광의 하나님을 보면서 내 배가 부르기 때문에 보인 사람들이었습니다.

그렇습니다. 내 배가 고픈 채로 아직 만족하고 있지 못한 상태에서는 내가 만나는 모든 타인이 다 나의 고픈 배를 채우기 위한 수단으로 취급될 수밖에 없습니다. 내 마음의 만족을 위한 먹잇감이 되어 버릴니다. 타인이 그 사람 자체로 보이지를 않게 됩니다. 나의 채움을 위한 용도 안에서만 보고, 만나고, 관계를 맺게 됩니다. 아브라함이 만약 영광의 하나님을 보고 있지 않았다면, 계획된 소돔의 멸망은 '안됐다'라는 생각 한 번으로 충분한 그저 스치고 지나가는 먼 나라의 뉴스거리 중 하나였을 것입니다. 내 코가 석 자요, 내 발등의 불이 더 급한 법이니까요.

믿음이란 뭡니까? 배부른 자가 되는 겁니다. 영광의 하나님을 봄으로써 배부른 상태가 바로 믿음입니다. 영광의 하나님으로 배부른 상태가 되자마자, 아니면 오직 하나님만으로 배부르려고 하자마자 바로 눈이 열리면서 보이는 대상이 있습니다. 바로 사람입니다. 내 배부름을 위한 먹잇감으로서가 아니라 사람 그 자체 말입니다.

사울왕의 아들 요나단이 블레셋과 싸움에서 오랜 시간 전투로 인해 허기가 져 기진맥진했을 때입니다. 수풀에서 꿀을 발견하고 가지고 있던 지팡이 끝으로 살짝 묻혀 혀끝에 댔을 때의 상황을 기록한 구절입니다.

"손에 가진 지팡이 끝을 내밀어 벌집의 꿀을 찍고 그의 손을 돌려 입에 대매 눈이 밝아졌더라"(삼상14:27)

마음의 배가 허기지면 사람이 사람으로 보이지 않고 허겁지겁 굶주린 배를 채워야 할 먹잇감으로 보입니다. 눈이 밝아져서 사람이 사람으로 보이려면 마음의 배가 불러야 합니다. 반드시 내 배가 먼저 불러야 합니다. 그것도 반드시 영광의 하나님으로만 불러야 합니다. 그래야만 사람이 내 먹거리가 아니라 사람 그 자체로 보이고 타인으로 보이기 시작합니다. 그렇게만 되도록 사람을 하나님이 지어 놓으셨습니다. 마음의 배가 하나님으로만 부르도록 지음을 받은 자들이 바로 인간이라는 피조물입니다. 내가 창조주 하나님이 의도하신 바로 그 본래의 인간이 되어야 비로소 다른 인간을 먹잇감이 아니라 사람으로 보게 됩니다.

그런데 아담의 타락 이후에 전부 그 마음의 배를 하나님 말고 다른 이 세상 것으로 채우려고 합니다. 다른 것으로 배부르려고 합니다. 남편 잘 만나 배부르려고 하고, 아내 잘 만나 배부르려고 하고, 이웃 잘 만나 배부르려고 합니다. 사업 잘해 돈 벌어 배부르려고 하고, 권력 잡아 배부르려고 하고, 인기 얻어 배부르려고 하고, 건강하여 장수해서 배부르려고 하고, 자식 잘 키워 배부르려고 하고, 출세해서 배부르려고 하는 등등.

그러나 이런 식으로 배부르려고 해 봐야 배부를 수가 없습니다. 이유는 본래부터 오직 하나님만이 들어오셔서 배부르게 될 수 있도록 마음은 만물 전체보다 더 크신 창조주 하나님의 크기에 맞춤형으로 지음을 받았기 때문입니다.

대체 창조주 하나님 사이즈로 지음을 받은 내 마음에 어떤 것이 대신 들어와 채워지며 배부를 수가 있겠습니까? 창조주 하나님의 크기를 대체할 만큼 크고 비중 있는 대상이 온 우주 안에 어디 있습니까?

성경 속에 등장하는 아브라함의 러브스토리는 바로 이 점을 강하게 드러냅니다. 고향 친척 본토 아버지 집도, 아름다운 아내 사라도, 혈육 상의 후계자도 그리고 삶의 터전이 될 땅도, 심지어 독자 이삭도 영광의 하나님을 대신하여 자기 마음의 배를 채울 존재가 될 수 없다는 사실을 아브라함은 전 생애를 통해서 보여 주고 있습니다.

그러므로 사람이면 하나님으로 배불러야 하고 하나님으로 배불러야 비로소 다른 사람이 그 자체로 보이기 시작합니다. 하나님으로 배부르지 못해서 배고프면 만나는 모든 사람을 먹잇감으로 보고 밥으로 보아 그들을 통해 허기진 마음이 배부르기를 원하는 이상한 괴물들이 됩니다. 사람 잡아먹는 괴물이 되는 것이지요.

진정한 가족 관계

아브라함을 조상으로 두고 있는 믿음의 사람들에게 진짜 우선적인 전공은 뭡니까? 영광의 하나님을 봄으로써 하나님 자신을 마음으로 먹는 거지요. 즉 내가 마음 안으로 하나님을 받아들이고 먹는 상태인 디지털(0,1) 결합을 유지하는 일입니다. 이렇게 하나님 맛에 눈뜬 하나님 먹기의 달인이 될 때 나타나는 특징이 바로 사람을 내 마음 채움을 위한 사냥감으로 보는 대신에 그 사람 자체로 보고 그 사람만을 위하는 겁니다.

앞에서도 언급했듯이 창세기에서 아브라함이 하나님을 사랑하는 중에 맺는 가족 관계는 단발적입니다만 주로 버리는 사건을 통해서 묘사되었습니다. 이런 식으로 기록된 말씀의 의도는 무엇이었습니까? 아브라함이 영광의 하나님 이외에는 자기 자신을 위해서 스스로 가지고 지키려는 것이 없었음을 보여 주려 하신 것이지요. 그러나 언제나 상황은 아브라함이 버림으로써 그 관계가 그렇게 종료되지는 않았습니다. 그렇게 하나님을 사랑하느라 다른 사랑의 대상을 끊어 내버리면 여지없이 아브라함이 버린 가족을 하나님이 챙기셨습니다. 이런 일이 마치 정해진 패턴처럼 반복되어 나타났습니다.

이제 이 패턴이 우리에게도 적용될 것을 믿으면서 우리의 가족 관계를 다시 바라봅니다. 이렇게 하나님만으로 배부르려고 가족을 내가 마음에서 버려도(0), 하나님의 이 세상에 개입하시는(1) 주권 밖으로 버려지는 것이 아니라는 대전제를 가지고 가족 관계를 다시 시작하는 겁니다.

이 세상에서 가정생활을 하는 동안 영광의 하나님만을 붙잡기 위해서 마음으로 남편을 버립니다. 그러면 영광의 하나님으로 마음이 채워집니다. 이제 거꾸로 내 배가 하나님으로 부른 상태가 되어서 남편을 다시 대하면 더는 남편을 통해 뭘 채울 필요가 없게 됩니다. 남편은 더는 내 마음의 만족과 채움 거리가 아닙니다.

그런데 이러고 나니까 남편이 비로소 남편 자체로 보이기 시작합니다. 남편을 마음에서 버렸고 그래서 영광의 하나님만으로 배가 부르거나 하나님만으로 배부르려고 하니까 당연히 남편에게는 바람이 없어집니다. 그러므로 더는 불평도 원망도 없어지면서 오히려 남편이라는 사람 그 자체가 보입니다. 하나님만이 유일한 채움이 되시는 한 그렇게 많은 것을 바라고 기대하던 남편은 더는 뭔가 나를 위해서 해 줘야 할 필요가 없는 존재가 되어 버립니다. 오히려 이제부터는 오직 하나님으로 배부름을 누리거나 배부르려고 하는 내가 남편에게 무엇이 필요한가를 생각하게 되는 그런 상태가 됩니다. 거꾸로 남편이 아내를 대하는 경우도 마찬가지입니다.

그리고 다른 가족 관계도 마찬가지입니다. 먼저 아브라함처럼 영광의 하나님만을 바라보기 위하여 다른 모든 가족을 마음 안에서 그 존재감이 0이 되도록 합니다. 그리고 하나님만으로 배부르거나 배부르려고 합니다. 그러면 모든 다른 가족들과 관계에서도 진정으로 상대방이 보이는 동일한 현상이 나타납니다.

우리가 자식을 대할 때도 자식을 닦달하면서 하는 말이 늘 이렇습니다. '다 너를 위해서 하는 것이야!' 이런 말은 사실 다 거짓말 아닙니까? 자식이 내 마음의 채움을 위하여 무엇인가 괄목할 역할을 해 주어야 할 때 부모들이 하는 말이지요. 자식을 상대하기 전에 자기 배가 이미 영광의 하나님으로 부른 엄마만이 참으로 엄마입니다. 그런 엄마여야 진정으로 자식을 내 용도에 맞추어진 먹거리가 아니라, 자식 그 자체로 볼 수 있습니다. 자식을 마음에서 버림으로써 오직 영광의 하나님 맛에만 눈뜬 엄마만이 진정으로 자식을 자식으로 관계하는 전문가가 될 수 있습니다. 이처럼 하나님으로 배부름을 이루지 못하는 한 모든 가족은 서로가 자기를 위한 용도를 위해서 먹잇감으로 관계하는 괴물 집단일 뿐입니다.

아브라함처럼 모든 가족을 마음에서 먼저 버리고(0) 그 대신 영광의 하나님만으로(1) 마음을 채웁니다. 그리고 나서 배부름의 상태에서 다시 만나는 가족 관계는 더는 내 마음의 채움을 위한 먹이 사냥이 아니라, 가족 하나하나를 그 사람 자체로 대하고 위하는 사랑이 되어 버립니다. 만나는 상대방 가족에게 필요한 일만을 생각하게 됩니다. 이처럼 하나님만으로 배부른 자들이 가정에서 보이는 특징은, 나 말고 타인으로서의 가족이 눈에 보이게 되는 것이고 가정 안에서 드러내는 나의 관심에서 나 자신을 제외하고 소외시키게 됩니다. 자기 자신에 대해서 철저히 취약해지는 것입니다.

내 마음의 배가 먼저 영광의 하나님만을 채움의 대상으로 확정하면 그 상태에서는 이 세상 안에서 만나는 다른 사람을 의도적으로 위하려고 하지 않아도 저절로 다른 사람이 보이고 그 사람을 위하게 됩니다. 이런 현상은 가정에서도 마찬가지라는 뜻이지요.

배불뚝이를 바라보시는 하나님의 심정

소돔성의 사람들과 아브라함이 무슨 상관이 있습니까? 팔자에 없는 중재 대사로 나서서 아브라함이 왜 이렇게 집요하고 끈질기게 그들의 구원을 간구해야 합니까? 누가 시킨 것이 아니라 자기 전공과목을 만난 겁니다. 아브라함은 이게 자기가 하게 되는 일이었기 때문에 그렇게 한 것일 뿐입니다. 자기 땅 문제, 자기 후계자 문제 그리고 자기 자손 문제, 자기 아내 문제, 이 모든 것과 관련해서는 끈질김도 집요함도 애착도 없었고 그래서 아무것도 자발적으로 하지 않았습니다. 그러다가 뜬금없이 소돔과 고모라가 죄악으로 인해서 망한다는데 왜 이렇게 하나님 앞에 나서서 무례를 범할 정도까지 선을 넘으며 중재자를 자처하느냐 말입니다. 이 사람이 하나님 앞에서 정신 나간 것 아닙니까?

그런데 희한하게도 하나님은 그렇게 무례하다고 여겨질 정도로 여섯 번이나 소돔성 심판 계획을 번복할 것을 요구하는 아브라함에게 싫다는 말씀을 한마디도 안 하시고 화도 한 번 안 내십니다. 모세가 하나님의 명령을 받고 출애굽을 위해 애굽으로 가라고 사명을 내리실 때 자신은 그런 큰일을 할 만한 능력이 없는 자라고 거절합니다. '말을 못 해서 저는 안 됩니다.' 그때 하나님이 '입을 누가 지었느냐?'라고 하시면서 진노하셨습니다. 그런데 아브라함이 여섯 번이나 하나님의 계획을 바꾸기를 요구함에도 하나님이 짜증 한 번을 안 내십니다. '네 이놈! 감히 누구 안전이라고 이다지 무례하단 말이냐!?'라고 하지 않으셨습니다.

왜 그러셨을까요? 이런 이웃에 관한 모습이 나타난 이유가 그 이면에 하나님만을 디지털(0,1) 방식으로 사랑함이 진행 중이었기 때문입니다. 하나님은 이런 아브라함이 너무너무 좋고 마음에 들고 예쁘셨던 겁니다. 이 대화의 바로 앞에서 하나님이 뭐라고 말씀하셨지요? "나의 하려는 것을 아브라함에게 숨기겠느냐?"(창18:17)

이처럼 하나님은 당신의 계획을 아브라함에게 말하고, 아브라함과 의논하고, 그러는 중에 심지어 아브라함은 이렇게까지 말합니다. '하나님, 오십 명이 의인일 때 같이 멸망시키시면 하나님이 부당하신 겁니다.' 감히 부당하다는 단어를 어디다 함부로 쓰는 겁니까? 그런데 이상하게 이렇게까지 무례를 범하는 듯함에도 하나님은 아브라함이 좋기만 하십니다. 마치 이렇게 말씀하시는 것 같아요.

'아브라함, 너 너무 예쁘다 예뻐. 그래, 어서 말해 봐, 말해 봐. 너, 나로 배부르고 나니까 그저 너 자신은 안 보이고 다른 사람만 보이지? 너 자신을 위해서는 이 세상에서 아무것도 구하고 싶은 것이 없구나. 알았다. 이제 내가 모두 다 줄게. 자손 줘, 땅 줘, 복의 근원이 되게 해 줘. 모든 걸 다 줄게.'

그러니까 아브라함은 이렇게 대답하는 것 같습니다.

'하나님, 이제 저는 이 세상에서 아무것도 필요 없습니다. 하나님, 저는 하나님만으로 충분히 마음의 배가 부릅니다. 다른 무엇을 더는 먹을 필요도 없고 또 막상 먹으려 해도 하나님이 너무 좋아서 세상 안에서는 먹고 싶은 것이 더는 없습니다. 자식을 담아서 배부르도록 채울 마음의 공간도 없고 그러고 싶지도 않습니다. 아내를 마음에 담아서 배부를 여유 공간이 없고, 있다 해도 아내를 그 마음 공간에 담고 싶지는 않습니다. 후계자를 마음에 담아서 배부를 공간이 없고, 땅을 담아서 배부를 공간이 없습니다.'

그런데 이렇게 하나님으로 배부른 상태에서 함포고복(含哺鼓腹)하며 세상으로 눈을 돌리고 보니까 소돔성에 사는 사람들이 다 망하게 생겼습니다. '이러면 안 되는데, 이러면 안 되는데.' 다급하고 안타까운 심정으로 정말 타인 전문가답게 집요하고 끈질기게 타인의 구원을 위해서 하나님께 매달리게 됩니다.

이것이 이 세상 모든 것에 대해서 먹고 싶고 갖고 싶은 마음이 죽고(0) 오직 영광의 하나님만을(1) 마음의 배 채움을 위한 유일한 대상으로 확정한 사람이, 이 세상을 살면서 보이는 전문성입니다. 하나님을 아브라함처럼 디지털(0,1) 방식으로 믿고 사랑하는 우리는 모두 타인 전문가입니다.

사랑의 환희

(창세기 22장 6절-14절)

6. 아브라함이 이에 번제 나무를 가져다가 그의 아들 이삭에게 지우고 자기는 불과 칼을 손에 들고 두 사람이 동행하더니
7. 이삭이 그 아버지 아브라함에게 말하여 이르되 내 아버지여 하니 그가 이르되 내 아들아 내가 여기 있노라 이삭이 이르되 불과 나무는 있거니와 번제할 어린 양은 어디 있나이까
8. 아브라함이 이르되 내 아들아 번제할 어린 양은 하나님이 자기를 위하여 친히 준비하시리라 하고 두 사람이 함께 나아가서
9. 하나님이 그에게 일러 주신 곳에 이른지라 이에 아브라함이 그 곳에 제단을 쌓고 나무를 벌여 놓고 그의 아들 이삭을 결박하여 제단 나무 위에 놓고
10. 손을 내밀어 칼을 잡고 그 아들을 잡으려 하니
11. 여호와의 사자가 하늘에서부터 그를 불러 이르시되 아브라함아 아브라함아 하시는지라 아브라함이 이르되 내가 여기 있나이다 하매
12. 사자가 이르시되 그 아이에게 네 손을 대지 말라 그에게 아무 일도 하지 말라 네가 네 아들 네 독자까지도 내게 아끼지 아니하였으니 내가 이제야 네가 하나님을 경외하는 줄을 아노라
13. 아브라함이 눈을 들어 살펴본즉 한 숫양이 뒤에 있는데 뿔이 수풀에 걸려 있는지라 아브라함이 가서 그 숫양을 가져다가 아들을 대신하여 번제로 드렸더라
14. 아브라함이 그 땅 이름을 여호와 이레라 하였으므로 오늘날까지 사람들이 이르기를 여호와의 산에서 준비되리라 하더라

우리는 지금 '디지털(0,1)'과 '러브스토리'라고 하는 사뭇 어색한 두

말의 조합을 통해서 한 사람 아브라함이 조물주 하나님을 사랑하는 여정을 추적하며 따라가고 있습니다. 믿음의 원조로서 아브라함이 창조주요 주권자이신 하나님과 맺는 사랑의 관계는 모든 믿음의 자손 각자에게 그대로 재현되어야 합니다. 바로 이런 하나님의 의도와 바람을 염두에 두고 아브라함과 하나님 사이에서 벌어진 사랑 이야기를 '디지털'이라고 하는 말에 담긴 2진법의 숫자인 0과 1로 기호화하여 구체적으로 그려 보려는 것이지요. 즉 이렇게 구체적인 단 두 개의 숫자를 통해 기호화함으로써 자칫 추상적으로 들릴 수도 있는 보이지 않으신 창조주 하나님과 함께하는 만남과 사랑을 우리 각자의 삶의 현장에서 구체적이고 실제적으로 재현하는 데 도움을 얻고자 함입니다.

이제 디지털(0,1) 러브스토리가 정점에 도달하는 단계에 이르게 됩니다. 그 사랑의 정점에 깊이 공감하기 위하여 여기서 잠시 이제까지의 사랑의 여정을 되돌아보는 일이 유익할 것입니다.

첫 번째로 '매력에 이끌리어'라는 제목과 더불어 디지털 러브스토리를 이야기해 왔습니다. 우리 마음을 잡아끄는 이 세상 모든 것의 존재감이 0이 되어 세상에 대한 끌림 현상이 중단되고 죽게 됨과 영광의 하나님이 내 마음에서 일등 하시며 마음이 하나님에게만 끌리게 됨이 동시에 일어난다는 내용이었습니다. 하나님만이 유일한 사랑의 대상이 되심에 초점이 맞추어져 있었습니다.

두 번째로는 '너무 보고 싶어서'라는 제목으로 아브라함과 하나님의 사랑을 이야기했습니다. 사랑의 대상이 아니라 사랑하는 나 자신의 마음 상태에 초점을 맞추었습니다. 즉 세상 것을 그리워하며 바라보고 싶어 하는 시선이 0이 되어 꺼질 때, 우리의 그리움과 보고 싶어 함이 오직 하나님만을 향하여 1이 되어 켜질 수 있다는 내용이었습니다.

세 번째로는 '양 같아서 무섭다'라는 제목으로 하나님 사랑을 이야기했습니다. 하나님과 아브라함이 0과 1의 디지털 사랑으로 한 팀처럼 결합한 상태에서 이 세상을 대하는 상황을 보인 것입니다. 하나님 앞에서 세상에 대해 온순하고 속수무책인 양처럼 되어 모든 생활 현장에 대한 나의 주체성이 0이 되어 꺼지고 죽을 때, 유일하신 주권자 하나님의 주체성이 내 삶에서 1이 되셔서 켜짐을 살펴본 내용이었습니다. 세상에 대한 나의 주체성이 0이 되어 꺼지면 이제 하나님의 주체성이 내 안에 1로 켜짐으로써, 나의 몸이 만나는 삶의 현장에서 당신의 뜻대로 내 몸을 장갑 삼아 끼시고 활동하신다는 내용이었지요. 그럴 때 평소에는 양 같은 사람의 모습 속에서도, 그 안에서 하나님의 주체성이 활동하고 있기에, 채찍을 휘두르시면서 성전을 정화하시던 예수님의 무서운 심판의 행동과 같은 과격해 보이고 용감무쌍한 모습 역시 얼마든지 나타날 수도 있다는 점을 부각하였습니다.

네 번째로는 '배부른 자들의 전공과목'이라는 제목으로 디지털 러브 스토리의 또 다른 면모를 살펴보았습니다. 마음의 끌림 현상이 세상에 대해선 0이 되어 꺼지고 오직 하나님을 향해서만 1이 되어 켜지고 활성화되면, 그 사람은 자기 마음 안에서 모든 대상을 몰아내고 일등 하신 영광의 하나님만을 바라고 소원하게 됩니다. 그래서 만족과 기쁨을 위해 오직 마음 채움의 대상을 영화로운 빛을 발하며 마음에서 보이시는 하나님 한 분만으로 삼게 되면 이상한 결과가 나타남을 보았습니다. 즉 그동안 보이지 않던 사람이 보이게 된다는 내용이었습니다. 하나님 이외의 대상으로 자기 마음을 채우려 하는 한 누구를 마주하든지 상대방은 객관적으로 그 사람 자체로 보이는 것이 아니라 내 마음 채움을 위한 먹잇감으로 보이기 때문이지요. 그래서 마음 채움을 위해서 오직 하나님 한 분만을 바라고 소원함을 유지하는 사람은 이제 누구를 만나든지 그 상대방에게서 아무것도 얻으려 하지 않는 대신에 오히려 그 상대방만을 위해서 반응하게 됩니다. 영광의 하나님만으로 배부른 자만이 소화할 수 있는 전공과목인 셈입니다.

사랑의 마음은 아무리 늙어도 죽지 않는다

이제 디지털(0,1) 러브스토리의 이러한 연쇄적인 과정에 이어지는 절정의 순간인 '사랑의 환희' 속으로 들어갑니다. 디지털(0,1) 러브스토리를 이해하기 위한 대전제는 '하나님과 하는 사랑은 슬픔으로 끝날 수 없다'라는 것입니다. 세상의 가수들은 '사랑은 눈물의 씨앗'이라고 노래합니다. 유치한 표현이지만 맞습니다. 세상에서 하는 모든 사랑은 슬픔과 눈물과 아쉬움과 후회로 끝나거나 아주 잘된다고 해 봐야 그냥 밋밋하게 퇴색하여 생생한 좋음이라고는 흔적도 없이 사라진 채 관성에 의해 유지되는 관계로 변질합니다.

그러나 하나님을 사랑함은 다릅니다. 내 마음속에서 하나님이 영광의 일등을 하신 상태를 유지하면서 제대로 사랑했다면 전혀 상황이 다릅니다. 즉 하나님을 철저하게 꺼짐(0)과 켜짐(1), 끊어짐(0)과 이어짐(1)의 디지털 방식을 따라서 나는 0이 되고 하나님은 1이 되시는 조합의 형태가 이루어지고 유지되도록 사랑했다면, 하나님과의 사랑은 슬픔으로 끝나는 법이 없습니다. 반드시 가슴 벅찬 기쁨과 감당하기 어려운 환희로 열매 맺고 지속하는 것이 하나님 사랑의 특징입니다.

잘 아시는 대로 마르티니(Jean Paul égide Martini: 1741-1816)의 〈사랑의 기쁨〉이라는 아주 유명한 이탈리아의 가곡이 있습니다. 그리스의 여가수 나나 무스쿠리(Nana Mouskouri) 등 여러 유명한 가수들이 불렀습니다. 멜로디가 얼마나 아름다운 노래인지 모릅니다. 그런데 가사를 보면 제목과는 사뭇 느낌이 다릅니다. '사랑의 기쁨은 어느덧 사라지고, 사랑의 슬픔만 영원히 남았네'라고 합니다. 〈사랑의 기쁨〉이라는 제목만 본다든지 아니면 아름다운 멜로디만 염두에 둔다면 사실 사랑이 무르익어 결실하는 현장인 결혼식 축가로 부르기에도 손색이 없는 노래입니다. 그러나 이렇게 아름다운 제목과 멜로디와는 너무나 다르게 '사랑의 기쁨은 어느덧 사라지고, 사랑의 슬픔만 영원히 남았네'라는 노래 가사가 붙어 있습니다. 아무래도 결혼식 축가로는 어울리지 않습니다. 이어지는 가사를 보면 더합니다. '그대 아름다운 실비아여, 내게 눈물만 남기고 나를 떠났네, 사랑의 기쁨은 어느덧 사라지고, 슬픔만 영원히 남았네'라고 합니다.

그런데 사실 세상의 모든 사랑은 이 노래의 가사처럼 슬픔으로 끝이 나게 되어 있습니다. 상대방을 향하여 뜨겁게 끓어올랐던 마음이 싸늘하게 식으면서 끝이 나게 됩니다. 여러분 결혼해 보신 분들이라면 대부분 아시겠지만 젊었을 때 결혼하지 않고는 못 견딜 정도로 달아올랐던 그 뜨거운 열정이 세월의 힘을 거슬러 여전히 식지 않고 유지되는 부부는 거의 없습니다. 젊었을 때 손끝만 닿아도 찌릿찌릿하던 그때를 그리워하며 사랑을 그 수준으로 회복하려 하고 유지하려고 노력해 보아도 사실 그렇게 해서 사랑이 식어 가는 현상을 극복해 내는 부부가 쉽지 않습니다. 그래요 어차피 세상에서 하는 사랑은 식으면 식었으려니, 식는 게 당연하려니 하고, 받아들이면서 결혼 생활해야 합니다. '그래 맞아, 죽으나 사나 저 못마땅한 사람을 하나님이 내게 짝지어 주셨다'라고 여기며 극복해야 합니다. 상대방 배우자는 하나님의 주권적인 사랑의 결과라고 믿으며 감사함으로 관계를 유지하는 것이지, 두근두근 찌릿찌릿해서 관계를 지속하는 것이 아닙니다. 그렇게 눈앞에 보이는 배우자보다 눈에는 보이지 않으시는 하나님을 더 먼저 의식하고 그 하나님으로부터 내려와 이 땅에서 이루어진 뜻의 실체라고 여기며 아내와 남편을 보면서 감사하면, 젊었을 때 느꼈던 찌릿찌릿한 맛과는 다른 느낌의 관계로 발전하게 되는 것이 부부 관계일 것입니다.

다만 한 가지 분명한 사실이 있습니다. 인간 속에 있는 사랑의 마음 자체는 육체가 아무리 늙고 시간이 아무리 많이 지나도 절대 죽지 않는다는 것입니다. 죽지 않는다는 뜻은 이렇습니다.

어떤 특정한 대상에 대한 사랑이 식을 수는 있지만, 사랑하는 마음 자체가 없어지는 일은 절대로 일어나지 않는다는 뜻입니다. 사람인 한 사랑이라는 마음 작용이 없을 수도 없고 죽을 수도 없습니다. 다만 대상이 바뀔 뿐입니다. 어떤 대상에 대한 사랑이 식었거나 아니면 아예 아무도 아무것도 사랑해 본 적 없었어도, 어떤 특정한 대상이 나타났을 때나 대상이 바뀌거나 하면, 사랑의 불꽃은 다시 일어나고 활성화되어 나타납니다.

오래전 청소년 시절에 제가 속했던 지역 교회에서 일어났던 일입니다. 83살 된 은퇴 장로님과 자녀들 사이에서 생겨난 갈등이 교회에서 화제가 되었습니다. 그 이유를 보자니 이 은퇴 장로님에게 마음에 꼭 드시는 할머니가 한 분 나타나시면서 이 장로님의 사랑의 마음이 다시금 점화되신 것이었지요. 장로님은 이미 죽어 버린 줄만 알았던 사랑의 마음에 봄바람 같은 생기를 불어넣어 준 이 할머니와 백년(?)가약을 맺고 싶어지셨습니다. 그런데 은퇴 장로님의 자녀분들은 83세 되신 아버지가 새 할머니와 결혼하는 것에 대해 내키지 않았던 것이지요. 이에 은퇴 장로님이 화가 나셔서 자식과의 연을 끊느니 마느니 하는 중에 갈등의 골이 깊어졌습니다. 이 이야기가 온 교회 안에 퍼져서 더러 여러분이 '참 장로님도 주책이시다'라며 뒷이야기를 하던 장면이 기억 납니다.

그런데 사랑은 절대 주책이 아닙니다. 83살이 아니라 100살이 돼도 마음에 드는 상대만 나타나면 뜨거운 사랑의 마음은 다시금 점화되어 타오를 수 있습니다. 노인이 되었다고 해서 사랑의 마음이 죽은 것이 아닙니다. 자신의 육체가 늙어 감을 보면서 스스로 사랑의 감정과는 무관한 연령층에 속하게 되었다고 자신을 세뇌할 수는 있지만, 그런다고 해서 사랑의 마음은 죽지 않습니다. 억제되어 잠재할 뿐이지요. 할머니들이 청춘 남녀의 사랑 이야기를 다루는 드라마에 몰입하시는 이유도 다르지 않습니다. 드라마 속의 주인공을 당신들의 아바타로 삼고 시청하시는 겁니다. 사랑의 마음이 활성화하는 것은 상대가 누구냐에 달려 있습니다. 누구에게나 살아 있는 한 사랑의 마음은 사라지지 않습니다. 단지 기존의 대상들을 향하여 식은 것이고 마땅한 대상이 나타나지 않아서 잠자고 있을 뿐이지요.

사랑의 배타성과 거룩함

이러한 사랑의 특징은 배타성입니다. 그렇기에 오직 한 사람만을 사랑할 때 사랑이 성립합니다. 그런데 역설적으로 이러한 사랑이 지니는 배타성이 여타의 필수적인 인간관계를 위기로 몰아갈 때가 있습니다. 사랑을 줄 수 있는 마음은 하나뿐이라서 마음을 충만하게 주어야 할 대상이 동시에 둘이 될 수는 없기 때문이지요.

남녀가 서로 사랑해서 결혼하여 살았는데 어느덧 남편의 마음에 아내가 사라지고 사업으로 가득 차게 됩니다. 남편의 마음이 사업으로 가득 차게 되자 아내는 남편과의 관계에서 겉돌게 됩니다. 앞서 말씀 드렸듯이 마음을 다 주어야 하는 사랑의 배타성으로 인해 사랑의 위기가 찾아온 것입니다. 아내도 마찬가지입니다. 자식을 낳고 기르다 보니까 마음속이 자식들로 가득 찹니다. 휴일이 되어 남편이 집에 머무는데 남편이고 아빠인 남자는 아내와 자식들 간에 뭉쳐진 사랑의 유대 관계 안으로 뚫고 들어갈 틈새를 찾지 못하고 겉돕니다. 이처럼 사랑은 배타적입니다.

누구 하나를 마음으로 좋아하기 시작하면 그 대상을 끌어안게 됩니다. 그러나 이러한 사랑의 마음이 방향을 바꾸어서 새로운 대상을 향해 몰입하기 시작하면 기존의 대상은 밀려나면서 위기가 찾아오는 것입니다. 하나뿐인 마음을 두 대상 모두에게 동시에 전부 줄 수는 없지 않습니까? 사랑하는 마음을 둘 이상의 대상에게 나누어 줄 수 있다면 그것은 사랑이라고 할 수 없는 종류의 전혀 다른 관계이기에 가능하지요. 친구나 거래처나 동업자는 둘 이상일 수 있어도 애인은 하나일 수밖에 없다는 말씀입니다. 애인 관계는 철저히 0과 1의 디지털 원리가 적용됩니다.

이것이 우리가 창조주요 주권자이신 하나님을 사랑하기가 어려운 이유이기도 합니다. 하나님께서는 당신과 실제로 관계하기 위해서는 우리의 마음 안에 하나님 외에는 아무것도 있어서는 안 된다는, 철저한 0의 상태를 요구하십니다. 사랑의 배타성을 너무나 극단적으로 우리에게 요구하며 들어오시는 것입니다. 주기도문에 "이름이 거룩히 여김을 받으시오며"라는 구절이 나옵니다. 이름이 거룩히 여김을 받으신다는 말은 무척 추상적으로 들립니다. 하나님의 이름에 거룩함을 돌리라는 말 같기도 하고 아닌 것 같기도 합니다.

좀 더 이해하기 쉽게 풀어 봅시다. 내 마음에서 작용이라는 공간 안에 하나님의 이름과 동등하게 여겨지리만큼 사랑하는 다른 모든 대상의 이름을 칼로 잘라 내 버리듯 하여서 흔적조차 없애 버린 상태가 바로 하나님의 이름이 거룩히 여김을 받으시는 상태입니다. 다시 말해 "이름이 거룩히 여김을 받으시오며"라는 기도는 '어떤 대상들의 있음을 의식하며 채움을 위해 좋음을 욕구하는 내 마음이라는 공간 안에 오직 하나님의 이름만 남게 해 주시옵소서'라는 의미입니다. 하나님의 이름을 거룩히 여김은 이렇게 다른 모든 이름을 마음에서 칼로 베어 버리듯 잘라 내는 배타성을 포함하고 있습니다. 그래서 거룩히 여김을 받음이란 내가 내 마음 안에서 하나님의 이름에 마땅한 대우를 해 드리는 것이고 마땅한 위치로 높여 드리는 것입니다.

이 기도를 우리의 삶에 구체적으로 적용해 보자면, '내 마음에서 어떠한 것도 하나님의 이름과 같은 위치에 올라설 수 없게 해 주시옵소서. 그것이 남편이든, 아내든, 부모든, 자식이든, 사업이든, 건강이든, 재물이든 내 마음에 하나님보다 우선하는 관심의 대상이 되지 않게 내 마음에서 잘라 내게 하여 주시옵소서'라고 풀어서 말할 수 있을 것입니다. 하나님 사랑이 실제로 이루어지려면 이 배타성과 거룩함에는 그 어떤 타협점도 없습니다.

극단적 사랑

사랑에 관한 이러한 속성들을 염두에 두고 오늘 본문의 앞부분인 창세기 22장 2절을 보면 이렇게 기록되어 있습니다. "여호와께서 이르시되 네 아들, 네 사랑하는 독자 이삭을 데리고 모리아 땅으로 가서 내가 네게 일러 준 한 산 거기서 그를 번제로 드리라"라고 하셨습니다.

번제라는 것은 칼을 들어 제물로 바쳐지는 짐승을 죽이고 그 몸을 여러 조각으로 잘라 각을 떠서 장작 위에 올려놓고 불로 태워 버리는 제사입니다. 그런데 독자 이삭을 이런 번제로 드리라는 하나님의 명령을 대체 아브라함은 어떻게 이해하며 받아들여야 합니까?

이삭은 아브라함이 75세에 약속을 받고 25년이나 지난 뒤 100세가 되어서야 비로소 얻은 아들이었습니다. 더구나 아브라함 자신은 한 번도 간구해 본 적도 없었지만, 창조주요 주권자이신 하나님이 스스로 떠다 안기다시피 하셔서 주신 아들이었습니다. 그러한 이삭이 아름답게 성장하여 청년의 나이가 되었습니다. 그런데 하나님은 그 이삭을 번제 제물로 삼아 아비의 손으로 직접 칼을 들어 죽여서 제사로 바치라 요구하십니다. 정말 충격적입니다. 해도 해도 너무하십니다.

그런데 성경적으로 볼 때 하나님께서 이토록 충격적인 요구를 하신 이유는 하나입니다. 이삭이라는 존재가 아브라함에게 있어서 '네 아들, 네 사랑하는 독자'였기 때문입니다. 하나님께서는 이삭이 아브라함에게 사랑하는 아들이었다는 이유 하나로 아버지의 손으로 직접 죽이라 말씀하고 계신 것입니다. 절대적인 사랑의 배타성이 작용하는 중입니다. 아브라함의 마음에서 사랑의 대상은 하나님 이외에는 철저히 0이 되어야 하는 것이었지요. 아브라함의 마음을 빼앗아 갈 다른 대상은 그 누구라도 절대로 용납하실 수가 없으셨습니다.

말씀드린 대로 이삭은 아브라함이 간구해서 얻은 아들은 아니었습니다. 그러나 어느덧 아브라함의 마음속에서 사랑하는 아들이 되었습니다. 이것은 당연한 것 아닙니까? 100세에 얻은 외아들이 청년의 나이가 되도록 잘 자라고 있는 모습을 바라보면서 그 마음 안으로 들이고 사랑하지 않을 아버지는 없을 것이라는 생각은 상식입니다. 그런데 하

하나님은 이러한 아브라함에게 상식 밖의 일을 요구하십니다.

'나 외에 네 마음 안으로 강력한 존재감을 가지고 들어와 있을 이삭을 쫓아내고 죽여라. 그러기 전까지는 너와 나의 사랑은 마지막 지점을 향해 갈 수 없을 것이다.'라고 마치 무슨 선전 포고라도 하듯이 말씀하신 셈입니다.

이와 관련하여 앞서 언급했던 〈사랑의 기쁨〉이라는 노래를 다시 떠올려 봅시다. 노래를 부르고 있는 당사자에게 실비아가 이별을 고하고 떠납니다. 실비아의 눈과 마음에 다른 남자가 들어왔고 실비아는 떠났습니다. 실비아가 그 남자를 사랑하게 된 것입니다.

하나님이 아브라함에게 요구하신 일을 실비아에게 적용해 보면 '실비아야! 네 마음속에 들어와서 나를 떠나게 만든 그 남자를 죽여라'라고 말씀하시고 있는 셈입니다.

사랑하는 아들을 직접 죽이라고 하십니다. 하나님께서 어떻게 이런 명령을 내리실 수 있을까요? 사랑의 배타성으로 인해서 아브라함에 대한 독점욕이 극에 달하도록 발동하셨다면 하나님께서 직접 이삭을 죽이시면 되지 않았을까요? 하나님 편에서 이삭을 죽이기는 정말로 간단하고 쉬운 일이 아니었겠습니까? 그런데도 하나님은 너무나 잔인하게 아버지 아브라함에게 칼을 들고 아들을 죽이라고 말씀하십니다. 하나님께서 이렇게 하신 이유가 무엇일까요?

하나님은 철저하십니다. 하나님이 이삭의 목숨을 중단시켜 죽여서 데려가신다면 이삭이 아브라함의 눈에는 보이지 않아도 아브라함의 마음에는 남을 수 있습니다. 부모가 죽으면 산에다 묻고 자식이 죽으면 가슴에다 묻는다고 하잖아요?

그러므로 이토록 잔인하게 여겨지는 지시를 내리신 하나님의 의도는 이삭의 존재를 이 땅에서 없애 버리심이 아니었습니다. 대신에 이삭의 존재를 아브라함의 마음에서 없애려고 하셨습니다.

단지 아브라함의 마음을 한 점도 남김없이 완전히 차지하시려는 그 이유로 이토록 잔인하게 보이는 지시를 아브라함에게 내리셨습니다. 그러므로 '내가 죽일 수 있지만 그러면 마음 안에 죽은 아들에 대한 사랑이 남아 있을 수 있으니 네가 죽여라'라고 말씀하시는 셈이지요.

그런데 이런 기가 막히는 비상식적이고 초윤리적인 상황이 바로 하나님과의 디지털(0,1) 사랑을 정점에 이르기 위해서 반드시 거쳐야 하는 지점입니다. 하나님만을 유일한 대상인 1로 사랑하기 위해서는 그 누구도, 그 무엇도 내 마음을 조금이라도 차지하는 존재로 남아 있으면 안 되기 때문입니다. 내 마음은 모든 다른 대상에 대해서 사랑의 마음이 0의 상태가 되어야만 합니다. 그래서 이제 아브라함은 자기 마음 차지하기 경쟁에서 하나님의 마지막이자 가장 강력한 라이벌인 독자 이삭을 없애야만 하는 하나님의 요구 앞에 서게 됩니다.

이삭을 죽이라는 하나님의 지시 한마디에 아브라함과 그의 아내 사라와 독자 이삭, 이 세 사람의 인생은 갑자기 암벽에 부딪혀 산산이 부서져서 먼지처럼 흩어지며 무의미하게 될 위험에 처하게 됩니다.

아브라함에게 이삭이 없는 세상의 삶은 아무 의미가 없습니다. 복의 근원이 되리라는 약속은 이삭을 통해 자손이 번성함으로써만 실제로 이루어질 수 있었기 때문입니다. 만약 그냥 이렇게 이삭이 죽게 되면 당시 130세가 되어 가는 아브라함의 처지에서는 이 세상을 살아온 흔적조차 남지 않게 되어 버릴 수 있습니다. 메소포타미아에서 자리 잡고 잘 살던 아브라함을 하나님께서 굳이 고향 친척 본토 아버지 집을 떠나라 하신 뒤로 아브라함은 떠돌이로 나그네로 타향살이의 삶을 살

앉을 뿐입니다.

 이것은 아내 사라의 편에서도 마찬가지입니다. 아들을 90세에 얻어 온갖 사랑을 퍼부으며 키웠습니다. 이삭은 사라를 '열국의 어머니'로 만들어 줄 존재였습니다. 그런데 그 아들을 아비의 손으로 죽이라는 하나님의 명령 앞에서 아내이자 엄마인 사라의 인생 전부의 의미는 꺾이고 좌절되고 맙니다.

 당사자인 이삭의 인생도 마찬가지였습니다. 하나님이 계획하셔서 진행될 선민의 역사 속에서 아브라함과 티끌처럼 많은 후손 사이를 잇는 연결 고리가 되는 존재였습니다. 그런데 창조주요 주권자이신 하나님이 특별히 선택하신 아버지 아브라함이 자기를 사랑했다는 이유 하나 때문에 이해할 만한 영문도 모른 채 죽게 생겼습니다. 아브라함을 사랑하셨던 하나님이 그 배타적인 사랑의 요구를 극단적으로 밀어붙이시자 이삭의 인생은 좌절되고 꺾여 버리고 말 절체절명의 위기 앞에 서고 맙니다.

 아브라함은 이제 선택해야 합니다. 하나님의 전혀 비상식적이고 병적이다시피 한 배타적인 사랑의 요구에 따라 사랑하는 아내 사라의 인생을 꺾고, 이삭의 인생을 중단시키며 자기 인생을 무의미로 돌리느냐? 아니면 하나님의 말씀을 듣지 않고 이삭을 살리느냐?

 아브라함은 이러한 양자택일의 상황에서 세 사람에게 맞닥뜨려진 위기가 결국 절망적인 파국으로 끝날 수도 있는 쪽으로 방향을 정합니다. 그리고 이삭에게 장작을 매게 하고 번제로 드리기 위해 칼을 들고 불을 준비하여 길을 떠납니다. 자기 인생의 모든 것인 아내 사라도, 아들 이삭도 그리고 그들과 관련된 모든 미래도 다 버리고(0) 오직 지금 하나님 한 분만을 사랑하기로(1) 마음을 정합니다.

V. 사랑의 환희 **129**

그런데 여기서 잠깐 멈춰 우리의 주의를 좀 돌려 봅시다. 이 긴박한 이야기 속에서 우리가 잊고 있는 사실이 하나 있습니다.

사실 이러한 충격적인 하나님의 지시 앞에서 절체절명의 위기를 맞이한 것은 세 사람의 인생만이 아닙니다. 아브라함에 대한 하나님의 사랑도 위기를 맞닥뜨리고 있었습니다. 당시에 온 인류 중에 오직 한 사람 아브라함만 하나님과 애인의 관계에 있었습니다. 그런 아브라함이 자기 마음 안에서 그동안 하나님을 향하여 모든 면에서 자신은 0이 되면서 하나님만을 1로서 켜지게 해 드렸습니다. 하나님 앞에서 0과 1의 조합을 이루기 위해서만 살았다고 해도 과언이 아닙니다.

아브라함이 영광의 하나님을 뵌 뒤로 평생 이 정도 했으면 하나님께서도 그 선에서 만족하셨어야 했던 것 아니었을까요? 아브라함이 100세에 얻은 아들을 좀 기뻐하고 사랑했기로서니 그것을 당연한 것으로 여기고 두고 볼 수 없으셔서 기어이 독자를 죽이라는 잔인하고도 충격적인 지시를 말씀해야 했을까요? 그냥 허허하고 웃으시면서 '아브라함아, 아들 이삭이 그렇게 예쁘고 대견하고 좋으니? 내가 아들 안 주었으면 너 어떻게 할 뻔했니?'라고 하시면서 그냥 좀 통 크시게 아브라함과 함께 기뻐해 주실 수는 없으셨을까요?

결국에 하나님이 이렇게 사랑의 배타성을 고집하시느라 아브라함을 너무 극단적으로 밀어붙이신 바람에 사실 하나님도 하나님 자신을 사랑하는 단 한 사람인 아브라함과의 관계에서 위기에 처할 수밖에 없게 돼 버렸습니다.

만에 하나라도 아브라함이 이 비정상적이고 비상식적인 하나님의 지시로 인해서 압박감의 무게를 견디다 못해 하나님의 지시를 저버리고, 차마 이삭에게 칼을 들이댈 수 없어 이삭을 살리기로 선택했다면 도대체 상황은 어떻게 될 뻔했습니까? 인류 전체 중에 단 하나뿐인 사랑의 상대 아브라함과 유지해 오셨던 아름답던 사랑도 깨지고 아브라함을 완전히 잃게 되셨을 것입니다.

인류 역사 속에서 그 당시에 아브라함은 하나님의 유일한 애인이 아니었습니까? 아브라함이 없으면 온 인류 중에 하나님을 마음을 다해 사랑하는 사람은 한 명도 없는 상황이 벌어집니다. 그런데 하나님은 왜 유일한 애인인 아브라함을 잃을 수도 있는 그런 절체절명의 위기를 자초하시면서까지 그토록 극단적으로 아브라함을 몰아붙이셨을까요?

그 이유는 타협이 절대 불가능한 배타성 때문이었습니다. 아브라함의 마음 안에는 하나님 이외에는 무조건 아무런 다른 존재가 없는 0의 상태가 되어야 했기 때문입니다. 하나님과의 사랑이란 이렇게 사랑의 상대방인 사람의 마음 안에 극단적으로 밀고 들어가셔서 그 사람의 마음을 조금이라도 빼앗아 갈 수 있는 마지막 대상까지 완전히 제거하지(0) 않으면 이루어질 수 없기 때문입니다.

환희의 4중주

제가 강단에서 말씀을 전할 때면 늘 고민하는 것이 있었습니다. 마음과 뜻과 힘을 다한 하나님 사랑은 성경 전체를 관통하는 주제입니다. 그리고 그러한 하나님 사랑이 유지되는 상태가 바로 구원을 받고 구원을 이루어 가는 과정입니다. 그런데 우리가 마음을 다해 하나님을 사랑하기(1) 위해서는 내 마음속에 조금이라도 자리를 차지하는 하나님 외의 대상이 있다면 그 모든 존재를 예외 없이 마음 안에서 없어지도록(0) 죽여야만 합니다. 그렇게 죽여야만 하는 대상에는 자기의 몸을 위시하여 인생도, 건강도, 아내도, 남편도, 부모나 자녀 등, 이 세상에서 몸이 살아 있기에 관계하는 모든 대상이 포함됩니다. 그 어느 것에도 마음 일부나마 빼앗기는 상황이 유지되어서는 안 된다는 점이 정말 어려운 문제입니다. 그렇기에 하나님 사랑을 설교하면서 대체 어디까지 교인들의 마음을 밀어붙일 것인지가 늘 저의 고민이었습니다.

하나님을 사랑하는 중에도 아내나, 남편이나, 부모나, 자녀는 그저 적당히 마음에 담고 있어도 되지 않겠는가? 직업 관련 일과 사업하는 일은 과도하지 않게만 마음속에 품고 있으라고 해도 되지 않겠는가? 내 몸이 아파서 병들었다 해도 몸이 당장 죽는 상황이 아니라면 지나치지 않을 정도로만 몸과 건강에 관심을 가지라고 하면 괜찮지 않겠는가? 이런 생각을 하면서 저 혼자서 타협점을 찾느라 애를 쓰는 때가 많습니다. 더구나 교인들이 삶에서 이런저런 일로 고통당할 때 보면 특히 그렇습니다.

그러나 아브라함이 독자 이삭을 바치는 사건 하나가 하나님을 사랑할 것을 설교할 때 이런 모든 타협점을 찾으려던 의중을 단칼에 잘라 버립니다. 오히려 극단적으로 몰고 가도록 만듭니다. 아브라함이 이삭을 바친 사건 속에 표현되고 있는 하나님의 극단적인 배타성의 요구를 잊은 채 전하는 모든 하나님에 대한 사랑 이야기는 다 미흡하고 그러므로 가짜입니다. 그리고 이삭은 단지 정점일 뿐입니다. 이삭을 마음에서 제거하는 일은 새삼스러운 일이 아니라는 뜻이지요. 영광의 하나님을 뵌 뒤로 이어진 아브라함의 인생 전체가 이렇게 자기 마음속에서 하나님의 라이벌이 될 만한 모든 대상을 순차적으로 제거해 나가는 여정이었으니까요. 즉 하나님의 사랑이 요구한 배타성에 부응하는 과정으로서 인생 전체를 산 사람입니다.

이렇게 아브라함과 아내 사라와 독자 이삭 세 사람과 하나님이 각각 위기에 처해 있는 상황에서 아브라함은 하나님이 내리신 지시대로 아들 이삭을 죽이기로 확정합니다. 욕심쟁이 같으신 하나님과 그런 분의 초상식적인 요구에 끝까지 부응하는 철벽같이 막힌 아브라함 사이의 사랑, 이 하나만 보존되고 나머지는 다 소멸하게 생겼습니다. 지상에서의 자기 인생과 아내 사라의 인생과 독자 이삭의 인생을 그 의미가 0이 되고 폐허가 되어 버리는 쪽으로 결정합니다.

그러므로 이제 이삭을 제단에 올려놓고 칼을 들어 죽이는 순간은 이삭만 죽이는 것이 아니었습니다. 땅 위에서 있었던 아브라함 자신의 인생도 죽이는 것이고 아내 사라의 인생도 죽이는 것입니다. 그러나 이런 모든 마음의 압박감과 저항을 넘어서 결국 칼을 치켜든 아브라함은 100세에 얻고 이제 아름다운 청년으로 자란 이삭을 찔러 죽이려 하는 순간에 돌입합니다.

그런데 바로 이때 놀라운 일이 벌어집니다. 사랑의 배타성을 극단적으로 밀어붙이시고는 아브라함을 잃을까 하늘에서 노심초사 지켜보고 계시던 하나님께서 보좌를 박차고 이 번제단이 있는 현장으로 뛰어 내려오십니다.

11-12절에 "여호와의 사자가 하늘에서부터 그를 불러 이르시되 아브라함아! 아브라함아! 하시는지라 아브라함이 이르되 내가 여기 있나이다 하매, 사자가 이르시되 그 아이에게 네 손을 대지 말라 그에게 아무 일도 하지 말라 네가 네 아들 네 독자까지도 내게 아끼지 아니하였으니 내가 이제야 네가 하나님을 경외하는 줄을 아노라"라고 하셨습니다.

그리고 또 16-18절을 보면 " … 네가 이같이 행하여 네 아들 네 독자도 아끼지 아니하였은즉 내가 네게 큰 복을 주고 네 씨가 크게 번성하여 하늘의 별과 같고 바닷가의 모래와 같게 하리니 네 씨가 그 대적의 성문을 차지하리라 또 네 씨로 말미암아 천하 만민이 복을 받으리니 … "라고 하셨습니다.

아브라함이 이삭과 하나님 사이에서, 오직 하나님 한 분만을 사랑하기로 그 마음에 확정합니다. 그리고 마음을 모두 다 하나님께만 드리기 위해서 이삭을 번제단 위에 올려놓고 죽이려 합니다. 그런데 그 순간에 천군 천사들이 거하는 하늘은 진동하는 기쁨과 사랑의 환희로 들끓게 됩니다.

'아브라함이 기어코 독자 이삭보다도 하나님을 더 사랑하고야 말았어! 하나님만을 사랑하느라 독자 이삭조차 아까워하지 않았어. 와! 와! 땅에 사는 사람에게 이런 일이 가능해?'라고 탄성을 지르며 천군 천사들이 하나님의 사랑과 기쁨을 축하하며 감격에 넘치는 탄성으로 찬양합니다. 아마 아버지 하나님도 아들 예수님도 성령님의 교통하심 안에서 기쁨과 감격의 눈물을 흘리지 않았을까요? 천국 구석구석으로 하나님과 아브라함에 대한 디지털(0,1) 러브스토리의 성공 상황이 울려 퍼져 갑니다.

이 땅에서는 눈에 보이지도 않으시고 귀에 들리지도 않으시며 손으로 만질 수도 없는 창조주요 주권자이신 하나님을 자기 마음을 다해 사랑하는 사람이 한 사람도 없었습니다. 그런데 이런 질식할 것만 같은 영적 상황을 아브라함이 깨뜨립니다. 아브라함이 마음을 다하는 하나님 사랑을 결국에 이루어 내고 말자 땅을 내려다보던 모든 천군과 천사가 기뻐하며 노래합니다. 그리고 천국 보좌로부터 급하게 번제단의 현장으로 쏜살같이 내려온 하나님의 사자가 아브라함의 칼 든 손을 막아서십니다.

"아브라함아! 아브라함아! … 그 아이에게 네 손을 대지 말라 그에게 아무 일도 하지 말라 네가 네 아들 네 독자까지도 내게 아끼지 아니하였으니 내가 이제야 네가 하나님을 경외하는 줄을 아노라"

이삭이 장작더미에 묶여 누워 있다 살아서 내려올 때 아버지 아브라함 마음속에서도 이삭의 마음속에서도 기쁨의 눈물과 환희가 용솟음쳐 올라왔을 것입니다. 이제 그토록 사랑하는 영광의 하나님을 마음 가득히 모셔 들인 채 아들 이삭의 손을 잡고 기쁨에 겨워 하나님을 찬양하며 산에서 내려옵니다. 집에 남아서 인생이 끝났다고 생각하며 자리에 누워 산송장이 되어 있을지도 모를 아내이자 어머니인 사라에게로 돌아옵니다.

아브라함이 '여보! 나 왔소.' 하고 장막을 열며 들어오는데, 번제물로 드려져 이제 잿더미로 변했을 거라 생각했던 아들 이삭이 환한 태양 같은 얼굴로 사라를 향해 '어머니!' 하고 부릅니다. 여러분께서는 이 모습을 본 어머니 사라의 마음속 감격을 생각해 보신 적이 있습니까?

이삭을 바치라는 하나님의 말씀 앞에서 아브라함의 인생은 벽에 부딪혔습니다. 빠져나갈 구멍이 없었습니다. 그래도 영광의 하나님을 포기할 수 없어서 자기 인생을 완전히 0의 자리에 던져 버리고 이삭을 바치기로 확정합니다. 그 결과 하늘에서는 하나님의 기쁨이 울리고 땅에서는 아브라함과 사라와 이삭의 기쁨이 울려 퍼집니다. 하늘과 땅에서 환희의 4중주 소리가 들려옵니다. 이것이 마음을 다하는 하나님 사랑의 특성이고 결론입니다.

여러분 마음에 들어 있는 하나님 이외의 모든 사랑의 대상을 마음 안에서 그 존재의 흔적이 0이 되어 없어지도록 해야 합니다. 실제 삶의 상황에서 그 존재를 죽일 수는 없습니다. 성경의 아브라함 사건이 우리에게 전하는 메시지도 실제로 사람을 죽이라는 지시를 담고 있지는 않습니다. 그러나 분명한 메시지는 반드시 우리의 마음속이라는 공간 안에서 가장 아끼는 최후의 대상까지 반드시 죽여야만(0) 한다는 것입니다. 최후까지 아까워할 그 대상이 자식이든, 그것이 배우자든, 그것이 사업이든, 그것이 건강이든, 그것이 재물이든, 그것이 승진이든, 그것이 애인이든, 그것이 명예든, 아니면 자존심이든 하여간 내가 사랑해서 내 마음속에 들어와 있는 모든 대상을 번제단에서 죽이듯 죽여야 합니다. 하나님만이 들어오셔야 하는(1) 내 마음 안에 다른 건 아무것도 없어야(0) 합니다.

정말 태초의 무(無)의 상태처럼 0이 되어야 합니다. 그래서 하나님 한 분만이 내 마음 안에 계시는 유일한 존재로 1이 되어야 합니다. 이렇게 내 마음 안에서 세상은 0이 되고 하나님만이 1이신 상태가 온전함에 도달할 때 하늘과 땅을 아우르는 사랑의 환희는 정점에 이르게 됩니다.

VI. 창조주 하나님과 하는 복지의 결혼 생활

(창세기 23장 1절-4절, 12절-20절)
1. 사라가 백이십칠 세를 살았으니 이것이 곧 사라가 누린 햇수라
2. 사라가 가나안 땅 헤브론 곧 기럇아르바에서 죽으매 아브라함이 들어가서 사라를 위하여 슬퍼하며 애통하다가
3. 그 시신 앞에서 일어나 나가서 헷 족속에게 말하여 이르되
4. 나는 당신들 중에 나그네요 거류하는 자이니 당신들 중에서 내게 매장할 소유지를 주어 내가 나의 죽은 자를 내 앞에서 내어다가 장사하게 하시오
12. 아브라함이 이에 그 땅의 백성 앞에서 몸을 굽히고
13. 그 땅의 백성이 듣는 데서 에브론에게 말하여 이르되 당신이 합당히 여기면 청하건대 내 말을 들으시오 내가 그 밭 값을 당신에게 주리니 당신은 내게서 받으시오 내가 나의 죽은 자를 거기 장사하겠노라
14. 에브론이 아브라함에게 대답하여 이르되
15. 내 주여 내 말을 들으소서 땅 값은 은 사백 세겔이나 그것이 나와 당신 사이에 무슨 문제가 되리이까 당신의 죽은 자를 장사하소서
16. 아브라함이 에브론의 말을 따라 에브론이 헷 족속이 듣는 데서 말한 대로 상인이 통용하는 은 사백 세겔을 달아 에브론에게 주었더니
17. 마므레 앞 막벨라에 있는 에브론의 밭 곧 그 밭과 거기에 속한 굴과 그 밭과 그 주위에 둘린 모든 나무가
18. 성 문에 들어온 모든 헷 족속이 보는 데서 아브라함의 소유로 확정된지라
19. 그 후에 아브라함이 그 아내 사라를 가나안 땅 마므레 앞 막벨라 밭 굴에 장사하였더라 (마므레는 곧 헤브론이라)
20. 이와 같이 그 밭과 거기에 속한 굴이 헷 족속으로부터 아브라함이 매장할 소유지로 확정되었더라.

복지의 삶은 하나님과 호흡 맞추기

오늘 살펴본 이 창세기의 본문은 아브라함이 자기의 아내 사라가 127세를 일기로 세상을 뜨게 되고 이제 그 죽은 아내의 무덤 자리를 구하는 과정을 담은 내용입니다. 죽은 아내를 장사 지내기 위해서 무덤 자리로 '막벨라'라고 하는 동굴을 선정하고 아브라함이 그 주인으로부터 매입하는 과정을 소개하고 있습니다.

얼른 본문을 대하기에는 그저 묏자리 하나를 매입하는 이야기를 기록하고 있는 것으로 보입니다. 그래서 왜 이렇게 아무런 영적인 관련성이 없어 보이는 이런 재미없는 이야기를 길고 자세하게 설명하는지 이해가 가지 않기도 합니다.

그런데 이 장면은 단순히 아브라함이 아내의 무덤 자리로 쓰기 위해 부동산을 매입한 사건을 기록한 것이 아닙니다. 언뜻 별 의미 없는 평범한 삶의 한 조각을 기록한 것 같지만 무척 깊은 의미를 담고 있습니다. 아브라함이 막벨라 동굴을 매입한 사건은 지극히 상징적입니다. 매일의 생활 현장에서 우리는 하나님과 0과 1의 디지털 조합을 유지하여야 합니다. 복지의 삶이란 이러한 디지털(0,1) 조합을 유지하는 가운데, 마치 결혼한 부부가 함께 살 듯이 하나님과 함께 사는 삶입니다. 그런데 아브라함이 무덤을 매입한 사건은, 이렇게 하나님과 디지털(0,1) 연합을 유지함으로써 이루어지는 결혼 생활과도 같은 복지에서의 일상이, 전체적으로 어떤 특성을 띠는지를 단적으로 드러내는 하나의 상징이라는 말씀입니다.

이 무덤을 매입하는 이야기 속에서 비로소 아브라함은 그토록 오래 전에 하나님이 약속해 주신 땅, 이름하여 젖과 꿀이 흐르는 가나안 복지를 처음으로 한 조각 얻게 됩니다. 영광의 하나님께서 내리신 지시를 따라서 고향과 본토 친척 아버지 집을 떠난 뒤 아내 사라와 함께 62년의 방랑 생활을 한 끝에 비로소 언약으로 주신 축복의 땅을 자기 소유로 삼기에 이릅니다. 이제 그런 아내 사라가 방금 고인이 되어 버린 상태에서 말입니다.

그런데 이런 상황이 상식적으로 보았을 때 참으로 기가 막히지 않습니까? 과연 이런 정도의 사건으로 그렇게 오랫동안 약속된 축복이 드디어 이루어지는 시작이라 할 수 있는 것입니까? 왜냐하면 그 위대하시고 전지전능하신 창조주 하나님에 의해 약속으로 주어졌던 가나안 땅의 한 조각을 62년 만에 비로소 손에 넣는데, 그 분위기가 너무 슬프고, 어둡고, 불길하기 때문입니다.

사실 62년 만에 비로소 창조주 하나님이 약속하신 땅을 아브라함이 실제로 소유하기 시작했음은 축하할 만한 일입니다. 그런데 이 감격스러운 순간이 참으로 여러 가지 면에서 슬픔과 어둠으로 덮여 있습니다. 사라는 오랜 방랑 생활을 동고동락한 아내였습니다. 그런데 이제 한결같이 곁을 지키던 아내 사라는 죽었고, 아브라함은 슬픔 가운데 죽은 아내의 묏자리를 매입하는 과정에서 소위 약속의 땅 가나안의 첫 번째 조각을 소유하게 됩니다. 어쨌든지 상식적으로 보자면 약속된 복지와 관련하여 정말 오랜 기간이 지나고서야 일어난 첫 번째 매입 사건은, 벅찬 감격과 함께 이 시점을 시작으로 미래에 대한 기대감이 한껏 드러나는 분위기여야 하지 않습니까? 그런데 실제로는 아내를 잃은 슬픔이 계기가 되어서 약속의 땅 첫 번째 조각을 얻게 된 셈이지요.

가나안 땅은 소위 복(福) 자가 들어가는 이름의 복지(福地)입니다. 이러한 복지의 첫 번째 소유지가 사랑하는 아내의 시신을 묻어야 하는 무덤이라는 점도 참으로 아이러니한 면이 있어서 이런 상황이 과연 축복이 이루어지는 현장이 맞는가 싶은데, 문제는 바로 이 묏자리에 아브라함 자신도 묻히게 될 것을 확정한다는 사실이 이런 의아심을 더 깊어지게 합니다.

약속의 땅을 자기 것으로 소유한 채 살아 보기도 전에 평생의 동반자 아내 사라는 죽습니다. 그리고 아브라함은 아내가 죽은 슬픔 속에서, 아내를 장사 지낼 뿐 아니라 나중에 자기도 함께 묻힐 무덤으로서 막벨라 동굴을 매입합니다. 이렇게 아내 사라와 자신이 죽어서 묻힐 무덤이 바로 하나님이 약속하신 가나안 땅의 첫 번째 부지입니다. 그러니까 아내가 방금 죽은 슬픔과 더불어 아브라함은 복지에서의 삶을 시작하기보다 더 앞서서 자기의 죽음을 생각하고 바라보아야만 하는 상황을 맞이하고 있었습니다.

창조주요 주권자이신 하나님이 주신 축복의 약속이 그토록 오랜 세월을 지나 실현되는 상황인데 이렇게 슬프고 불길한 분위기 속에서 이루어진다는 점이 참 이상합니다. 과연 복지의 약속은 이렇게 분신과도 같은 아내의 죽음을 끌어안고 자기의 죽음을 내다보면서 슬프고 어두운 분위기 안에서 실현될 수밖에 없었던 것일까요?

무덤은 하여간 생이 끝나는 지점입니다. 그런데 그런 무덤이 복지 소유의 첫 번째 머리가 됩니다. 그러니까 복지의 삶은 생애가 끝나는 무덤 너머에 있다는 의미가 아닙니까? 그렇다고 아브라함이 무덤 자리를 매입하고 당장 죽은 것도 아닙니다. 다만 아내의 죽음을 맞이한 상태에서 자기의 죽음을 마음에 담고 여생을 살게 되었다는 의미이지요.

이처럼 막벨라 동굴 매입 사건은 하나님에 의해서 주어지는 복지의 삶이 제일 먼저 내 몸의 죽음을 마음에 담고서야 시작될 수 있다는 의미를 전하고 있습니다.

이런 아브라함의 이야기가 우리에게도 의미 있는 이유가 무엇입니까? 아브라함은 오고 오는 세대의 모든 신앙인에게 믿음의 원형을 보여 주려고 하나님께서 의도적으로 세우시고 그 인생을 이끄신 사람이기 때문입니다. 그래서 처음부터 영광의 하나님으로 당신 자신을 드러내 보여 주시면서 관계를 시작하셨습니다. 아브라함의 삶은 모든 믿음의 자손 각자에게 이루어질 하나님과의 관계를 원형 그대로 보여 줍니다. 그러므로 아브라함에게 주신 복지의 약속이 이루어지는 방식은 다른 모든 믿음의 자손 각자에게도 그대로 적용될 공식과도 같다는 말씀이지요. 그러니까 우리에게서도 나만을 위하여 하나님이 준비하신 복지의 삶은, 이처럼 내 죽음의 무덤을 넘어서부터 시작되리라는 말씀입니다. 그리고 이 죽음은 당장 일어나는 육체의 죽음도 아닙니다. 단지 자기 육체의 죽음을 복지의 삶을 시작하기에 앞서서 생각 속에 담아야만 하는 것입니다.

그렇다면 대체 왜 하나님께서 약속의 땅 복지를 소유하는 첫머리에 이렇게 아내와 자신이 함께 매장될 묏자리를 매입하도록 아브라함을 인도하셨어야만 했는지 궁금증이 생깁니다.

복지에서 사는 매일의 삶은 하나님과 함께하는 결혼 생활과도 같습니다. 소개팅했으면 연애를 하고, 연애했으면 결혼합니다. 그리고 이제 결혼했으면 결혼 생활을 제대로 이어 가야 합니다. 이제 하나님과의 충분한 연애 끝에 결혼이라도 하듯이 결합의 정점을 통과하며 사랑의 환희를 경험하기까지 했습니다. 그런데 이처럼 본격적으로 복지에서 이루어지는 결혼 생활의 특성을 알려 주려 하시면서 왜 하필이면 무덤 자리 매입 상황을 동원하신 것일까요? 아브라함이 복지의 첫 번째 부지로 무덤 자리를 매입하는 과정을 통하여 자기의 죽음을 생각 안에 담아야만 하는 상황을 보여 주시는 이유가 무엇일까요?

이것은 마치 대학 입학을 허락받아서 이제 대학생의 삶을 시작하게 되었는데 대학에 들어와서 가장 먼저 한 일이 입학식이나 대학 생활 오리엔테이션이나 전공 학과 소개 등이 아니라 졸업식인 경우처럼이나 이상한 일입니다.

정리해 보자면 이렇습니다. 아브라함이 약속의 땅 가나안을 처음으로 얻게 되었습니다. 약속의 땅은 하나님과 디지털 연합을 유지하는 가운데 매일 결혼 생활을 해야 하는 장소입니다. 그런데 여기서 중요한 점이 있습니다. 이렇게 날마다 0과 1의 디지털 조합을 이룸으로써 호흡을 맞추어 생활해야 할 하나님은 창조주라는 사실입니다. 그래서 늘 창조하심이 속성이고 일상의 활동인 분이십니다. 그러므로 하나님과 호흡을 맞추어 일상을 사는 일은 하나님의 창조적 속성과 활동이 나의 일상에서 막힘이 없이 표현되도록 하는 일에 다름이 없습니다.

그러면 우리의 질문은 이렇습니다. 이렇게 창조가 속성이신 하나님과 0과 1의 디지털 조합을 이루어서 호흡을 맞추어 일상을 사는 일과 가나안 땅의 첫 번째 소유지가 무덤 자리가 되어야만 했던 일과는 무슨 관계가 있을까요? 이 질문에 대답할 수 없다면 아마도 창조주 하나님과 매일의 일상에서 호흡을 맞추어서 사는 복지의 삶을 온전히 이해할 수 없을 것입니다.

왜냐면 약속의 땅 가나안 소유의 시작점에서 벌어진 상황을 이해하지 못하는 한 그 가나안 땅에서 진행되는 삶의 일관된 특징적인 성격을 알 수가 없기 때문입니다. 그렇다면 환희의 정점까지 통과한 디지털(0,1) 러브스토리가 견고하게 지속하는 결혼 생활로 이어져 갈 수도 없지 않겠습니까? 그래서 이 질문에 대한 답을 알아내기 위해서 우리는 '필요냐? 창조냐?'라는 삶의 방식에 대한 질문으로부터 이야기를 시작합니다. 창조주 하나님과 함께 하는 생활 방식(Life style)에 관한 질문이 되겠습니다. 즉 어떻게 매일의 생활 현장에서 하나님의 창조하시는 속성과 활동이 잘 드러나도록 호흡을 맞추어 함께할 수 있느냐 하는 질문입니다.

필요냐? 창조냐?

필요냐? 창조냐? 라는 양자택일의 질문은 다분히 모순되어 보입니다. 왜냐면 언뜻 보기에도 이 두 단어는 상호 보완적인 관계에 있는 것처럼 보이기 때문입니다. 창조라는 말 대신에 발명이라는 단어를 넣어 보면 그 모순이 더 뚜렷해집니다. '필요는 발명의 어머니'라고 하는 격언이 있지 않습니까? 발명이란 없던 것을 새롭게 생각해 내고 만들어 내는 것이기에 창조적인 활동입니다. 그러므로 '필요냐? 창조냐?' 중에서 하나를 선택하라는 질문은 어울리지 않습니다. 왜냐면 이처럼 필요와 창조는 마치 어머니와 자녀의 관계로 비유될 정도로 양자택일이 아닌 상호 불가분리의 관계에 있는 단어들로 보이기 때문입니다.

사람은 필요가 느껴지고 결핍이 느껴지고 불편함이 느껴질 때여야 뭔가 새로운 것에 대한 창조적인 의지가 생기고 창조적인 추진력이 발동합니다. 꼭 아놀드 토인비(Arnold Joseph Toynbee, 1889-1975)의 '도전과 응전'이라는 역사 발전의 도식을 떠올리지 않더라도 인류의 삶은 바로 이렇게 필요와 결핍이 발명과 창조를 불러오는 방식으로 발전을 이루고 추진되어 왔다고 해도 과언이 아닙니다. 그리고 사실 사람들은 대부분 지금도 매일 이런 패턴 안에서 삶을 살고 있습니다. 꼭 발명과 창조가 아니더라도 필요와 결핍과 부족함에 대한 느낌은 성취와 획득과 개선의 삶을 추진하는 동력원 그 자체입니다. 그러니까 사람의 인생은 필요와 결핍과 부족함에 대한 느낌과 그를 해결하려는 노력의 과정인 셈이지요.

이처럼 '필요는 발명의 어머니'라는 말은 상식적이고 논리적으로 아주 타당해 보이는 격언입니다. 그런데 이 속에 무시무시한 영적인 음모가 들어 있음을 아십니까? 영적인 음모라고 함은 '필요는 발명의 어머니'라는 격언이 의미하는 삶의 방식과 0과 1의 디지털 연합을 위하여 일어난 십자가 복음이 제시하는 삶의 방식이 너무나 다르다는 의미입니다.

사람들은 매사에 그리고 매 순간에 필요를 느끼면서 충족할 만큼 채우려 하고, 결핍을 느낄 때는 그 결핍을 메꾸기 위해 노력하며 삽니다. 오늘의 우리도 예외가 아닐 것입니다. 그리고 우리는 그것을 당연하고 마땅한 삶의 속성이라 생각하고 있습니다. 죽지 않고 살아 있는 한, 사람은 그런 방식으로 살 수밖에 없다는 생각이지요. 그런데 이렇게 생각하는 이유는 당연하기 때문도 아니고 마땅하기 때문도 아닙니다. 이렇게 사람들에게 보편적으로 받아들여지는 생각은 사실 인류가 심각한 영적인 음모에 말려들었기 때문입니다.

사도 바울은 데살로니가전서 5장 16-18절에서 "항상 기뻐하라 쉬지 말고 기도하라 범사에 감사하라 이것이 그리스도 예수 안에서 너희를 향하신 하나님의 뜻이니라"라고 하였습니다. '그리스도 예수 안에서' 이루어지는 삶의 모습은 '필요가 발명의 어머니'라는 격언이 제시하는 삶의 모습과는 겉보기에도 너무나 다르지 않습니까?

우리의 마음이 십자가에 못 박히시고 부활하시고 승천하여 보좌 우편에 앉으신 그리스도 예수님 안에 들어가 있는 한, 그리스도 안에 머무는 내 마음이 필요나 결핍을 느낄 수는 없다는 뜻입니다. 그 대신에 그리스도 안에서는 창조주 하나님을 직면함으로써 항상 기쁨과 쉬지 않는 하나님과의 대화와 하나님의 주권 아래 있는 범사에 감사함으로 삶이 채워짐을 말씀하십니다. 그러므로 복음 안에서의 삶은 필요에 따라 결핍을 느끼며 부족함을 채우기 위하여 삶을 추진해 나가고 그 과정에서 창조성이 드러나게 되는 보편적인 인간의 삶의 방식과는 전혀 다르게 진행된다는 점이 중요합니다.

즉 십자가에 못 박히신 그리스도 예수님 안에서 하나님과 0과 1의 디지털 조합을 유지하는 결혼 생활인 복지의 삶은 절대로 필요와 결핍과 부족함에 대한 느낌에서 출발할 수 없음을 못 박습니다. 이런 생활 방식을 고집한다면 이는 하나님과 함께하는 결혼 생활을 포기한다는 의미가 됩니다.

우리는 마음이 그리스도 예수 안에 있을 때만 믿음이 유지되는 것이고 그런 상태에서만 실제로 하나님을 만날 수 있습니다. 그러면 그렇게 만난 하나님으로 인해서 항상 기뻐하고, 그 하나님과 쉬지 않고 대화하고, 그 하나님께 범사에 감사하게 됩니다. 그런데 대체 어떻게 우리 마음이 그리스도 예수 안에서 하나님을 마주하는 동안 내 삶에 대해 무엇을 부족하다 느낄 수 있겠습니까?

"여호와는 나의 목자시니 내게 부족함이 없으리로다"(시23:1)라고 노래한 다윗의 고백처럼 여호와 하나님과 한 마리의 양으로서 디지털 (0,1) 방식으로 연합한 사람의 사전에는 부족함이란 단어는 있을 수가 없어야 마땅한 것 아닐까요? 창조주 여호와 하나님이 목자이신데도 부족함이 느껴진다면 그것은 참으로 이상한 기적이라고밖에 달리 이해할 길이 없습니다.

이러한 차이를 더 명확하게 느끼게 해 주는 말씀을 보겠습니다. 빌립보서 4장 11-12절을 보면 " … 어떠한 형편에든지 나는 자족하기를 배웠노니, 나는 비천에 처할 줄도 알고 풍부에 처할 줄도 알아 모든 일 곧 배부름과 배고픔과 풍부와 궁핍에도 처할 줄 아는 일체의 비결을 배웠노라"라고 하였습니다.

어떠한 형편에서든지 자족하는 삶, 항상 기뻐하는 삶, 범사에 감사하는 삶은 0과 1의 사건인 십자가 복음 안에서 하나님과 디지털(0,1) 연합을 이루고 있는 사람들의 특징입니다. 이러한 삶은 필요나 결핍에서 출발해 불편함을 실감하며, 그 불편함과 결핍을 극복하기 위해 개선하고 창조하고 발명하는 삶과는 같을 수가 없습니다.

예수님이 그리스도로서 이루신 복음 사건에 기반한 신앙적인 마음에선 결핍을 느낄 수 없기에 그에 따라 결핍과 필요에 이어지는 창조적인 열의란 생겨날 수가 없습니다. 그래서 언뜻 보면 어떤 형편에서든지 자족하고, 일체 감사의 비결을 배운 사람이라고 하면, 아무런 생각 없이 이래도 헤헤, 저래도 헤헤, 하는 사람처럼 느껴질 수도 있는 것이 사실입니다. 이렇게 언제나 기뻐하고 감사하며 만족하다고 노래를 하는 사람에게 건전한 비판 의식에서 출발하는 개선과 변화와 향상을 기대할 수는 없을 것이란 염려가 생기기도 합니다.

그러나 이처럼 실제 삶의 현장에서도 얼마든지 당장 피부에 닿게 느낄 수 있는 엄연한 우리의 우려가 어떻든 개의치 않고, 성경은 '필요가 창조의 어머니'라는 격언이 뜻하는 삶의 방식은 타락의 결과라고 못을 박습니다. 창조는 필요나 결핍을 느낌으로 비롯되는 것이 아니라는 사실을 분명히 합니다. 그러니까 지금 전 인류가 각자의 일상을 살기 위해 공통으로 채택한 필요나 결핍에 따른 창조와 발명과 극복과 해결의 생활 방식이 본래 당연한 것도 아니고 마땅한 것도 아니라는 사실을 일단 인정하자는 말씀입니다.

생활 속 언어로 말하자면 이렇습니다. 거의 모든 사람은 자기 주머니에 돈이 없다고 결핍을 느끼며 '이제 돈을 벌어야지' 하는 의지를 발동합니다. 건강에 문제가 생기면 건강상 부족함을 느끼면서 채우려고 움직입니다. 당연하지요? 그런데 이렇게 당연한 삶의 방식이 사실은 영적 음모에 빠진 것이고, 창조주 하나님과 호흡을 맞추어 사는 복지의 생활 방식은 전혀 아니라는 겁니다. 십자가에 못 박히신 그리스도 예수님 안에서 하나님과 0과 1의 조합을 유지하며 호흡을 맞추어 함께 하는 복지에서의 일상은 어떤 경우에도, 필요와 결핍을 느낌에서 출발하여 창조나 발명 그리고 성취나 개선을 위한 추진력으로 살 순 없다는 것입니다. 동서고금을 막론하고 유지되어 오는 인류의 생활 방식을 하나님이 준비하신 복지의 삶은 처음부터 거부합니다.

사탄이 이룬 기적

뱀의 형상을 하고 에덴에 나타난 사탄이 인간을 타락하게 할 때 한 일이 무엇일까요? 그것은 바로 필요와 결핍을 느끼게 하는 것이었습니다. 사탄인 마귀가 인류를 향해 가한 첫 번째 공격을 위한 계략이 바로 인간이 필요와 결핍을 느끼게 하는 일이었습니다. 그런데 마귀가 인간에게 필요와 결핍을 느끼게 한 곳은 다름 아닌 낙원입니다.

열대 지방에서 히터를 팔아 치우는 영업 사원이 정말 대단하고, 이누이트에게 냉장고를 매입하게 만드는 영업 사원도 굉장합니다. 하지만 이보다 더 대단한 일이 낙원에서 일어났습니다. 마귀는 '기쁨'의 의미를 지닌 에덴이라는 낙원에서 인간에게 필요와 결핍을 느끼도록 만들었습니다. 사람의 타락은 낙원에서 사는 동안 자기 삶에 대해 결핍과 필요를 느낌으로부터 본격적으로 그 역사를 시작한 것입니다. 실제 부족한 환경이 아니라 부족하다는 느낌으로부터 낙원 상실의 타락이 시작되었습니다.

왜냐면 그곳은 낙원이었기 때문입니다. 부족함에 대한 느낌은 실제로 부족한 환경이 아니라 바로 마귀의 속이는 거짓말에서 기인합니다. 마귀의 말이 인격 내부로 들어오면서 그 말 자체가 아담이 하는 생각의 기준이 되고 울타리가 되고 환경이 되어 버렸기에 실제로는 결핍도 부족함도 없던 낙원에서 결핍과 부족을 느끼게 되었습니다. 마치 찻잔 속에서 태풍을 맞이하는 것과 같습니다. 마귀가 넣어 준 말에 지배받는 바람에 생긴 자기 생각의 기준과 울타리 안에 갇혀서, 실제 상황과는 무관하게 부족함과 결핍을 느꼈던 셈이지요.

이렇게 유혹하며 던진 마귀의 말씀(?) 안에 갇힌 채 생각하기 시작하면서 제일 먼저 나타난 일은 자기 자신의 삶에 관해서 스스로 판단하는 주체성이 커지게(1) 된 것입니다. 아담의 사건으로부터 모든 살아 있는 인간의 생활은 호불호의 기준을 가지고 자기의 삶에서 스스로 필요와 결핍을 느끼며 그 삶의 구멍을 메우려고 하는 몸부림이 되어 버린 것입니다. 내 삶에 관하여 유일한 주체이신(1) 하나님을 등지며 피조물로서 지켜야 할 0의 자리를 떠나 자기가 1이 되어 버린 것입니다. 이런 타락의 상황이 모든 인간에게서 삶의 속성이 되고 절대적인 생활 방식이 되어 버렸습니다.

하나님은 아담과 하와에게 동산의 각종 나무 열매는 임의로 먹되, 선악을 알게 하는 나무의 열매는 먹지 말라고 말씀하셨습니다. 모든 열매를 먹을 수 있는 낙원에서 선악과나무 열매 하나 먹지 못한다고 부족함이 있을 턱이 없었습니다. 선악과나무 열매를 금지하심은 부족함으로 볼 일이 아니었습니다. 에덴동산 전체의 넘치는 풍요로움을 아담이 자기 몫으로 지속하여 누리게 하시기 위한 일종의 깊은 배려였습니다. 즉 삶에 대해서 스스로 좋음과 나쁨을 판단하는 주체(1)가 되지만 말라시는 뜻이었지요.

그런데 마귀는 이 하나님의 탁월한 창조적인 사랑의 배려를 부족과 결핍의 부분으로 느끼도록 순전히 말로써 간계를 부린 것입니다. 이제 이 간사한 말에 속아서 순전히 오해 속에서 느끼는 그 결핍을 채우려고 선악과를 따 먹게 함으로써 인류를 타락시킵니다. 그로부터 인류는 '필요와 결핍은 창조와 발명의 어머니'라는 표어 아래에서 삶을 영위하게 된 것입니다. 즉 에덴의 뜻인 기쁨과 감사가 충만한 마음이 아니라 필요와 결핍에 대한 느낌이 삶을 추진하는 힘의 근원이 되어 영위하는 삶입니다. 어떤 조건에서도 유전자적으로, 상습적으로 반드시 부족함을 발견해 내는 달인들이 되어 버렸습니다. 마치 부족함을 발견하지 못하면 금단의 현상을 일으키는 아편 중독자들처럼 되었습니다.

앞서 말씀드렸지만 '필요는 발명의 어머니'라는 격언을 사람이면 모두가 상식적으로 절대적인 진리라고 받아들이고 있습니다. 에덴에서 부족함을 느끼게 만든 마귀는 이 지구상에 사는 어떠한 사람이라도 어떠한 상황에서도 스스로 만족함의 기준을 가지고 있게 함으로써 어쨌든지 그 기준에서 볼 때 부족함을 느끼게 만듭니다. 선악과나무처럼 하나님의 깊은 배려로 인해서 주어진 모든 일을 다 부족함으로 판단하고 느껴 버립니다. 그리고 무엇인가가 부족하다는 자기의 느낌에 대해서 추호의 의심도 없이 절대적으로 옳은 것이라고 거의 자동으로 전제해 버리고 맙니다.

그러나 성경에서 소개되는 하나님의 생각은 완전히 다릅니다. 예수님의 복음을 통하여 타락으로부터 회복된 사람의 삶의 특징은 항상 하나님으로 기뻐하는 것이며, 쉬지 않고 창조주요 주권자이신 하나님과 대화하는 것이고, 범사에 하나님의 주권적인 은총을 생각하며 감사하는 것이라 말씀하십니다. 에덴의 뜻이 기쁨이라는 측면에서 보자면 예수님의 십자가 복음을 통해 잃어버렸던 에덴을 회복하여 부족함과 결핍함이 느껴질 수 없는 항상 기쁨의 삶을 살라고 말씀하시는 것입니다.

우리는 오늘 어떤 부족과 어떤 결핍을 느끼며 삶의 현장에서 살고 있습니까? 그것이 무엇이든 부족과 결핍이 느껴지는 상태라면 마귀가 아담과 하와를 유혹할 때 써먹었던 바로 그 유혹을 내가 다시 받아들인 것입니다. 거듭거듭 다시 부족함을 느끼고 다시 결핍을 느끼며 그것을 채워 보겠다는 움직임이 삶의 내용인 동안에는 마귀의 음모에 말려든 삶을 사는 중입니다.

말도 안 되는 소리로 들릴 수 있습니다. 그러나 복음의 진리를 기준으로 말하자면, 우리의 삶은 실제로 조건과 형편이 어떻든지 절대로 '부족함'이라는 상황이 성립할 수가 없습니다. 십자가에 못 박히신 예수님을 그리스도로 믿고 있는 한 우리 마음은 육체로 만나는 삶의 환경에 직접 접촉하며 놓여 있을 수가 없습니다. 우리 마음은 십자가에 못 박히신 그리스도 예수 안에 들어 있기 때문입니다. 그러므로 실제로 우리 마음은 우리 몸이 놓여 있는 환경에서 결핍함을 느낄 수가 없습니다. 부족과 결핍에 대한 느낌은 오로지 그리스도 예수님 밖으로 마음이 나와 있는 동안 사탄이 넣어 준 기준과 사탄의 말씀(?)을 받아들이고 있기 때문입니다.

아니라고요? 지금 내 눈앞에는 분명히 부족하고 결핍한 부분이 엄연한 사실로서 존재한다고요? 아닙니다. 그렇게 내 삶의 지금의 형편에 대한 부족과 결핍의 느낌이 아무리 절대적인 것처럼 여겨져도 그 부족함과 결핍이 실제 사실이 아닙니다. 사실이 아닌데도 부족함을 느끼는 이유는 바로 여기서 이 순간에도 마음에 울리는 사탄의 말씀(?)으로 중독되고 취해 있기에 그렇게 보일 뿐입니다. 즉 우리가 지금 주어진 삶의 형편을 마귀의 영향력 아래서 부족함이라고 해석하고 있을 뿐이라는 말씀입니다. 우리는 실제로 내 삶 자체를 직접 독립적으로 생각할 수 없습니다. 단지 삶을 대면하고 있는 동안 마귀가 유혹하며 들려준 기준과 말들에 둘러싸여 해석합니다. 필요와 결핍과 부족함을 느끼며 창조와 발명을 추구하는 삶은 당연한 것이 아닙니다. 그것은 마귀의 말에 취하고 중독된 일종의 술주정과도 같은 삶입니다. 부족과 결핍을 느끼면서 사는 한, 사람이 자기의 삶을 사는 것이 아닙니다. 부족과 결핍을 느끼면서 사는 그런 삶은 다시 말하거니와 사탄의 입김에 취해서 부리는 일종의 술주정입니다.

 이렇게 말하면 반문하실 분도 있을 것입니다. 그렇게 필요와 창조의 원리를 따라서 이 세상은 얼마나 많은 발명과 진보를 이루었는가? 라고 말입니다. 그렇습니다. 그러나 그것은 마치 하나님께서 그 인격 안으로 사탄이 들어간 가룟 유다를(요13:27) 섭리하시어 십자가 복음 사건의 과정을 진행하신 것과 같은 하나님의 경륜에 속한 것이지요. 악인과 선인에게 비를 내리시는 하나님이 창조주로서의 사랑을 실행하시는 중에 섭리로써 사탄의 유혹에 취한 자들을 사용해 나타난 결과들입니다. 하나님의 자비하심이 이 세상에 구체적인 내용으로 나타나게 하시려고 타락한 사람들을 소모품처럼 섭리적으로 사용하신 결과일 뿐입니다.

창조의 주인이신 하나님 우리 아버지

복지의 삶의 특징을 알아보기 위하여 지금까지 이야기를 해 오는 동안 '창조냐 필요냐'라는 주제에 대한 성경의 생각을 수긍하면서도 여전히 우리의 머리에 떠오르는 의문은 이것입니다. 이처럼 삶이 필요나 결핍에서 출발하지 않는다면 삶에서 나타나야 하는 창조적인 의욕과 추진력은 어디서 얻을 수 있는 것일까요? 건설적인 비판도 없이 항상 기뻐하면서 어떤 면에서도 부족함을 느끼지도 않고 범사에 만족한다면 무슨 개선이나 향상이 이루어질 수 있겠습니까? '도전과 응전'이라는 도식이 말해 주듯이, 도전이나 문제가 느껴지고 필요와 결핍이 느껴져서 그를 해결하고 극복하려는 응답의 과정이 없는데 어떻게 삶의 질과 상황이 발전하고 개선될 수가 있겠습니까?

그래서 이제 이런 창조와 관련된 질문을 던지는 방식을 달리해 봅니다. 즉 이렇게 땅에서 사람들이 부족과 결핍에서 동기를 찾아 행하는 방식의 창조적 과정을 염두에 두지 않습니다. 그 대신에 창조의 원조이신 하나님의 창조로부터 창조적인 삶의 동기 문제를 생각해 보는 겁니다.

다양한 색상으로 옷 입고 있는 나비 한 마리를 잡아서 날개를 관찰해 봅니다. 자에 대고 잰 듯 줄이 흩어짐 없이 그어져 있고 인간의 물감으로는 표현할 수 없는 아름다운 색채가 아롱아롱 날개 전체를 덮고 있습니다. 열대어 한 마리를 봅니다. 그 조그만 물고기 안에 파란색이 아가미 뒤쪽으로는 넘어가지 않고 까만 줄로 단정하게 막혀 있으며 바깥쪽은 노란색으로 시작됩니다.

하나님이 나비나 열대어 한 마리를 이렇게 다채롭게 창조하실 때 우리가 그렇게 해 달라고 부탁한 적은 없습니다. 그렇다고 하나님이 어떤 결핍과 부족함을 느끼셔서 나비와 물고기를 그런 모습으로 창조하시지도 않았습니다. 사람들의 눈길이 평생 한 번도 가닿지 않을 산골짜기 은밀한 곳에 홀로 피어 있는 한 송이 백합화를 하얀색으로 입혀 창조하신 이유도 하나님께 무엇인가 부족이나 결핍이 있어서 그 하얀 백합화로 채우고자 하셨던 것은 아닙니다.

하나님의 창조는 영원하신 독생자 예수님과 함께 성령을 통해 교제하며 지내시는 중에 끊임없이 샘솟는 사랑과 기쁨이 하나님 밖으로 넘쳐흘러 나타난 결과입니다. 무엇이 부족해서 창조하시지 않았습니다. 오히려 너무나 충만하셔서 넘치는 바람에 일어난 사건이 바로 세계 창조입니다.

하나님이 우리를 이 세상에 만드신 이유도 마찬가지입니다. 우리 인간이라는 존재가 없으면 하나님께 생기는 무슨 결핍으로 인해서 어떤 큰일이라도 날까 봐 만드신 것이 아닙니다. 우리가 없으면 느끼시는 부족함이 너무 커 하나님의 영원하심에 의미를 찾으실 수 없을까 봐 우리를 만드시지 않았습니다. 우리가 태어났음은 하나님의 삼위일체 되심 안에서 사랑과 기쁨이 넘쳐났기 때문입니다. 그 영원하신 삼위 간의 기쁨에 동참시키시려는 넘치는 사랑으로 인간을 인격체로 창조하셨습니다.

그러므로 우리의 삶에서 일어나야 할 창조적인 삶은 본래가 창조의 대상으로서 피조물인 우리 인간의 몫이 아니었습니다. 내 삶에서 나타나야 하는 창조성은 전적으로 하나님의 몫이었습니다. 이러한 하나님의 몫인 삶의 창조성을 타락 이후에 인간의 것으로 탈취하여 우리 사람이 창조의 주체가 된 것이지요.

다만 차이가 있다면 하나님은 넘치도록 충만하심에서 창조의 동력을 찾으신다면 마귀에게 속아서 타락한 인간은 항상 부족과 결핍의 느낌에서 창조의 동력을 찾는다는 점입니다.

이 점을 한 걸음 더 깊이 들여다보겠습니다. 창조주 하나님 앞에서 삶에 대해 주체성이 꺼진 상태(0)가 됨으로써 하나님의 창조성을 받아들이는(1) 대신에 정말 인간으로선 절대 되어서는 안 되는 창조적 주체성이 켜진 1의 상태가 된 것입니다. 이렇게 하나님처럼 스스로 주체성이 켜진 1이 되어서 채택한 창조적인 삶의 방식이 바로 필요와 결핍과 부족함에 대한 느낌을 동력으로 삼고 그 느낌을 해소하기 위하여 일상을 살아가는 방식입니다. 오직 삼위일체 되심 안에서 충만함이 넘쳐 이루어진 창조와는 정반대의 출발점을 가지는 셈입니다. 타락한 세상의 인간들은 온통 결핍과 부족함을 느낌에서 삶을 시작하는 반면, 창조주 하나님은 충만하여 넘침에서 창조의 사역을 수행하셨습니다. 그리고 지금도 모든 삼라만상과 관계에서 하나님은 이러한 충만함이 넘쳐나는 상태에서 이루어지는 창조의 방식을 이어 가고 계십니다. 인간은 이런 유일하신 창조주 하나님에게 끊임없이 또 하나의 다른 창조적 주체로서 자기 나름의 판단과 바람과 계획을 들이밀면서 도전하고 반역하고 방해하는 중이고요.

우리의 일은 창조가 아니라 창조주 사랑이다

'필요는 발명의 어머니'라는 격언이 대표하는 보편적인 인류의 삶의 방식이 중단되어야 합니다. 필요와 결핍과 부족함에 대한 느낌이 삶의 추진력과 활동의 에너지가 되는 방식의 스위치가 꺼져서 0이 되어야 합니다. 그렇지 않으면 창조의 유일한 주체로서 1이 되시는 하나님과 호흡을 맞춰 사는 기쁨과 기도와 감사로 충만한 복지의 결혼 생활은 불가능합니다. 우리의 몫은 일상의 삶에서 창조하는 일이 아닙니다. 우리의 몫은 일상의 현장에서 창조주를 사랑하는 일입니다. 오로지 창조주이신 하나님 한 분만을 유일한 대상으로 확정하고(1) 마음을 다해서 사랑하는 일입니다.

창조하지 마세요!
다만 창조주를 사랑하세요!
삶은 창조주가 스스로 창조하십니다!

하나님과 호흡을 맞추어야 진행될 수 있는 젖과 꿀의 땅에서 복지의 결혼 생활이 온전하게 영위되기를 바란다면, 창조를 속성으로 지니신 하나님을 방해하지 말고 나의 생활 현장에서 마음껏 활동하시도록 해 드려야 합니다. 우리는 삶의 현장에 대해서 창조의 원조이신 하나님을 켜짐의 자리인 1의 자리에 모시고 그에 맞추어 나의 위치를 꺼짐의 자리인 0으로 유지하는 일에만 총력을 기울기만 하면 된다는 뜻입니다. 여기서 창세기 첫머리 구절을 다시 한번 기억하는 것이 유익할 것 같습니다.

"태초에 하나님이 천지를 창조하시니라 땅이 혼돈하고 공허하며 흑암이 깊음 위에 있고 하나님의 영은 수면 위에 운행하시니라 하나님이 이르시되 빛이 있으라 하시니 빛이 있었고, 빛이 하나님이 보시기에 좋았더라"

아무것도 없는 0의 상태입니다. 오직 하나님의 성령만 1로서 운행하며 계십니다. 이 0과 1의 조합으로부터 만물이 창조되었습니다. 내 삶의 현장 어디서든지 내 마음과 하나님 사이에 이 0과 1의 디지털 조합을 이루는 겁니다. 그러면 모든 곳에서 하나님의 창조 활동은 어김없이 나타납니다. 우리의 하나님 아버지는 본래가 창조주이시기 때문입니다. 창조성은 계속 그리고 영원히 하나님의 속성이십니다. 하나님의 창조성을 흉내 내며 우리 인간들이 한다고 하는 창조는 필요와 결핍과 부족함을 느끼면서 동기가 주어지는 사탄적인 창조입니다. 그러나 하나님의 창조는 충만함과 자발적인 사랑에서 넘쳐 흘러나옵니다.

디지털(0,1) 사랑이 이루어져 하나님과 함께 0과 1의 조합을 이루는 호흡 맞추기로 일상의 삶을 사는 복지에서는 '필요는 발명의 어머니', '필요는 창조의 어머니'라는 등의 격언은 흔적도 찾을 수가 없게 됩니다. 하나님으로 인해서 내 마음에 생기는 기쁨과 감사가 충만한 가운데 하나님에 의한 창조가 연이어질 뿐입니다.

다시 말씀드립니다.

창조하려 하지 마세요. 단지 창조주를 사랑하세요.

내가 망치고 있는 나의 아름다운 인생

우리 각자가 자기가 사는 삶에 대해서만큼은 속수무책으로 가만히 바보가 되어 있어도 됩니다. 다만 아브라함처럼 디지털(0,1) 방식으로 자기는 0이 되어서 하나님 한 분만을 사랑하며 1의 자리로 모셔 들일 수 있다면 하나님은 백합화와 열대어와 나비를 각각 독특하게 창조하시듯이 나만의 독특한 삶이 이루어지도록 창조의 계획을 준비하고 계십니다.

그런데 이 계획을 우리가 다 망쳐 놓습니다. 내가 무엇인가를 창조하거나 이루려 하거나 얻으려 하는 의지와 계획은 언제나 나 스스로 내 삶에 대해서 부족과 결핍을 느끼는 마음으로부터 시작됩니다. 그런데 이렇게 스스로 부족과 결핍을 판단하고 느끼는 나의 주체성이, 하나님이 본래 나라는 사람을 놓고 계획하셨던 유일무이한 아름다운 인생을 하나님 스스로 만드실 기회를 다 막아 없애 버리는 중입니다.

하나님은 우리가 우리의 삶을 완전히 폐허가 되도록 내버려 둬도(0) 당신의 계획과 바람을 따라 자발적으로 창조하십니다(1). 오히려 그래야만 합니다. 내 삶으로 향하시는 하나님의 창조적인 자발성을 내가 나서서 방해하지 말아야 합니다. 이러한 하나님 앞에서 우리가 할 수 있는 일은 아주 분명합니다. 우리 마음으로는 우리의 삶의 현장 상황이나 문제를 받아들이면 안 됩니다. 대신에 바로 그 현장에서 하늘에 계신 하나님 자신을 마음 안으로 받아들여야만 합니다. 그러기 위해서 마음을 십자가 바라보면서 0의 상태로 놓는 것이고요.

진즉에 우리 삶의 구체적인 현장들은 끊임없이 나의 매일매일을 창조하길 원하시는 하나님께 창조 활동의 무대가 되도록 내어 드리면 되었었습니다. 내 삶에 대해서 내가 스스로 가지는 걱정 근심은 하나님께는 불쌍히 여겨 주실 것이 아니라 괘씸한 것입니다. 그런데 내가 내 삶에 대해 결핍을 느낌으로써 걱정과 근심 속에서 스스로 창조의 자리에 서면서 내 인생은 망가져 버렸고 앞으로도 계속해서 망가져 갈 것입니다.

'우리 가정에는 이것이 부족하고, 아내나 남편에게는 저것이 부족하고, 자녀에게는 또 이것이 부족하다.' 이렇게 부족을 느끼는 동안 내가 사탄의 하수인으로 하나님이 되어 버립니다. 그리고 그 부족을 채우려고 스스로 창조적인 활동을 해 나가고자 합니다. 심지어는 그렇게 자기 스스로 하나님의 자리에 서서 진짜 하나님까지도 내가 마귀 때문에 느끼게 되는 부족함을 해결하기 위한 수단으로 그 이름을 부르며 부려 먹으려고 합니다.

이 자체가 도저히 그 근원으로부터 인생이 행복해질 수 없는 치명적인 오류입니다. 유일하게 이 세상 안에서 창조 활동을 하실 수 있는 주체이신 하나님의 자리를 도둑질한 것입니다. 그리고 실제로 하나님까지도 이름을 함부로 부르며 내 창조적인 의도와 계획의 완성을 위하여 보조 수단으로 동원하려고까지 합니다. 아담이 사탄의 유혹을 받아들여서 한 일이 바로 그것이고 우리가 그 뒤를 따라가 '필요는 발명의 어머니다'라고 말하며 살고 있습니다.

그리고 정말 기가 막히는 일은, 도둑질을 출발점으로 시작한 삶의 방식을 이렇게 예수님의 이름으로 드리는 기도 속에서 하나님을 불러 동원하면서까지 고수하고 유지하는 어처구니없는 상황을, 소위 믿음이라는 이름 아래 버젓이 거듭거듭 재현하고 있다는 점입니다. 즉 내가 느끼는 주관적인 필요와 결핍과 부족함을 해결하는 방식으로, 예수님 이름으로 드리는 기도 속에서 진짜 하나님을 수단으로 동원하길 주저하지 않는 죄악 속의 죄악을 두려움 없이 반복한다는 것입니다. 참으로 예수님을 믿어 그리스도 예수 안으로 마음이 들어갔다면, 항상 기쁨과 쉬지 않는 기도와 범사에 감사가 진행되는 동안에 생활 방식도 그리고 기도와 간구의 내용도 완전히 달라졌을 것입니다.

무덤을 안경으로 쓰고 삶을 바라보라

인간이 세상에 살면서 제일 필요한 것이 무엇일까요? 상식적으로 말해서 그것은 바로 복입니다. 오복이라는 말이 있듯이 복이라고 하면 흔히 장수의 복, 건강의 복, 물질의 복, 출세의 복, 자녀의 복 등등의 말들이 떠오릅니다. 사람들이 복을 얼마나 원하는지 '뜨거운 것을 잘 먹으면 아내 복이 있다'라는 말까지 있을 정도입니다. 의자에 앉아서 다리를 떨면 복이 나간다고 나무랍니다. 밥을 먹는 것을 보면서도 복스럽게 먹는다고 합니다. 이렇게 복과 연결하고 싶은 간절한 바람이 사사건건 곳곳에 반영되었음이 보입니다. 이처럼 모든 사람이 바라고 모든 사람에게 제일 필요한 것은 복입니다.

하나님은 아브라함에게 가나안 땅을 복지로 약속해 주셨습니다. 복지란 복으로 충만한 삶을 살 수 있는 땅이라는 뜻이지요. 그런데 이렇게 말만 들어도 가슴이 설레는 복지를 처음 얻는데 무덤 자리를 얻게 하십니다. 그것도 하필이면 아내가 죽은 애절한 슬픔의 순간에 얻게 하십니다. 그리고 이 무덤은 자기도 역시 육체가 죽어서 매장될 무덤입니다. 아내가 세상을 떠나 버린 후, 자기 육체의 죽음 역시 의식 속에 담지 않을 수 없었던 아브라함에게 약속의 땅에서 이루어지는 복된 삶은 무덤으로부터 시작되었습니다.

우리는 약속의 땅 가나안은 비전의 땅이요, 희망의 땅이요, 하나님이 주시려는 복의 땅이라고 생각하고 있습니다. 그런데 하나님께서는 복의 땅 첫머리에서 무덤을 얻게 하십니다. 무덤에 매장될 육체의 죽음을 안경으로 쓰게 하시고 죽음을 통해서 가나안 땅에서의 삶을 바라보게 하십니다.

그런데 이 얼마나 기가 막히는 이율배반입니까? 이 세상에서 받아 누릴 수 있는 모든 복은 육체의 죽음 이전까지만 복으로서의 효용이 있습니다. 육체가 죽은 자에게는 세상에서 말하는 그 어떤 복도 아무런 소용이 없습니다. 그러니까 복은 무덤 이전의 기간까지만 필요한데 복이 필요 없는 마지막 경계선인 무덤을 복된 삶의 출발점으로 제시하십니다. 즉 세상 복의 효용성은 내 몸이 죽어서 묻히는 무덤에서 끝납니다. 바로 이 지점 넘어서부터 가나안 복지의 삶이 있다는 뜻이지요. 그러니까 복지에서 누리면서 사는 복은 이 세상에서 육체가 있어야만 받는 그런 복은 절대로 아니라는 뜻입니다. 그렇지 않으면 도저히 복지의 첫 번째 조각이 무덤이라는 사실은 있을 수가 없습니다.

이처럼 하나님께서는 아브라함에게 가나안 복지를 주시면서 아직 가나안 땅을 제대로 소유하지도 못하고 있던 때, 마음에 벌써 이 세상 삶이 끝나는 죽음을 아내 사라의 죽음과 묶어서 깊이 받아들이게 하십니다. 아내 사라는 생전에 자기 소유가 된 가나안 땅을 밟아 보지도 못하고 생이 끝나고 말았습니다. 이렇게 해서 하나님은 아브라함의 마음판에 육체의 죽음을 새겨 놓으신 셈이고, 죽음이라는 안경을 통해서 가나안에서의 삶을 바라보게 하신 셈입니다. 육체의 죽음을 먼저 실감하는 한 실제로 아브라함의 마음에서 이 땅의 복은 그 효용성이 없어집니다. 언젠가 죽어서 아내 옆에 묻힐 사실을 철저히 실감하는 사람에게도 복은 오직 이 세상 복뿐이라면, 이제부터 시작하는 가나안 땅에서의 복된 삶은 정말 아예 무의미하기까지 합니다. 죽음을 생각의 한가운데 붙박이로 두고 있는 사람에게는 이 세상의 복이라는 것 그 자체가 아무런 필요가 없으니까요.

이렇게 하신 이유가 무엇입니까? 그렇습니다. 바로 '필요는 발명의 어머니', '필요는 창조의 어머니'라는 등의 격언이 당연하고 마땅한 것으로 받아들여지는 모든 사람의 인생 방식이 가나안 복지의 삶을 위해서는 반드시 종식되어야 하기 때문입니다. 사람들은 모두 부족과 결핍과 필요를 느끼며 이런 상황을 극복하려는 바람에서 삶을 살아갈 에너지를 얻습니다. 그런데 사라의 시신과 앞으로 아브라함의 시신이 묻힐 무덤은 이러한 방식으로 사는 인생의 종식을 상징합니다. 보통 세상에서 예외 없이 사람들이 취하는 삶의 방식, 혹은 그런 방식으로 사는 일반적인 의미에서의 인생 그 자체가 끝나야 참복지의 삶이 시작합니다.

바로 이 사실을 '무덤'을 동원하여 상징적으로 말씀하시려고 일으키신 사건이 바로 아브라함이 막벨라 동굴을 자기의 무덤 자리로 매입한 사건이었습니다.

내 마음이 창조주 하나님과 0과 1의 조합을 이루어 호흡을 맞춰 가며 사는 결혼 생활을 진정한 복지의 삶으로 살기 위해서는, '필요는 창조의 어머니'라는 격언이 통하는 그런 통상적인 방식의 인생은 반드시 그 자체가 끝이 나야 한다는 말씀입니다.

왜냐면 복지의 삶에서 복은 하늘에 계신 하나님 자신뿐이기 때문입니다. 그러므로 땅에서 사는 복지의 삶은 땅의 환경에서 부족과 결핍을 찾아내어 출발함으로써 부족과 결핍이 없는 상태를 찾아가는 삶이 아닙니다. 복지의 생활 방식은 유일한 복이신 하나님과 0과 1의 디지털 방식의 결합을 통해 이미 복을 가지고 누리는 행복함을 출발점으로 삼음으로써 일상생활을 하나님 창조의 활동 무대로 내어 드리는 것입니다.

도전에 대한 응전도 순응도 아닌 제3의 길

조선 시대에 장만(1566-1629)이라는 시인이 있었습니다. 이 시인의 시조를 하나 읊어 보겠습니다. "풍파(風波)에 놀란 사공(沙工) 배 팔아 말을 사니, 구절양장(九折羊腸)이 물도곤 어려왜라, 이후란 배도 말도 말고 밭 갈기나 하리라."

이 시조의 뜻을 풀어 보자면 다음과 같습니다. 사공이 배를 몰고 바다로 나갑니다. 그런데 풍파를 보고 겁에 질려 뱃머리를 돌려서 돌아옵니다. 그리고 나가서 배를 팔아 말을 샀습니다. 마부 노릇을 하며 먹고살려고 길을 떠났는데 언덕 위에 올라 보니 길이 구불구불 나 있습니다. 양의 내장처럼 구불거리며 보였다 안 보였다 하는 길을 가려니 산적이 나타날지도 모르겠고, 바위가 막을지도 모르겠고, 미끄러져 언덕 아래로 굴러떨어질지도 모르겠다는 생각이 듭니다. 이 사람은 말타고 가는 일도 배를 타고 물살을 가로질러 가는 만큼이나 어렵다는 사실을 깨닫게 됩니다. 그 후로는 배도 타지 않고 말도 몰지 않고 집을 떠나지 않아도 되는 밭갈이나 하겠다고 마음먹게 되었다는 내용입니다. 삶의 어려움을 노래한 시조라고 하는데 그렇다고 이렇게까지 쉽사리 삶의 어려움에 무릎을 꿇기만 해서야 인생에서 무엇을 이룰 수 있겠냐? 싶은 생각이 들기도 합니다.

한편 이러한 분위기와 반대되는 노래도 있습니다. 일제 강점기의 음악가인 현제명 씨가 작곡한 〈희망의 나라로〉라는 노래입니다.

"배를 저어 가자 험한 바다 물결 건너 저편 언덕에, 산천경개(山川景槪) 좋고 바람 시원한 곳 희망의 나라로"

바로 앞에서 언급한 장만의 시조와는 너무나 분위기가 다릅니다. 그런데 이 〈희망의 나라로〉라는 노래 속에 내비치는 희망을 향한 기개와 마찬가지로 장만의 무기력해 보이는 모습도 우리 민족 정서 속에 들어 있는, 한 가지 무시할 수 없는 유전자라고 합니다. 도전과 응전이 아닌, 도전에 대한 순응의 정신은 비단 장만의 시조뿐만 아니라 다른 시조들 속에서도 빈번히 만날 수 있는 우리의 민족 정서의 중요한 부분이라는 거지요.

장만이 노래한 풍파에 놀란 사공의 모습은 소극적이고 무기력하고 나약합니다. 필요와 결핍과 부족함을 느끼지만, 그로 인해서 삶의 조건이나 환경을 바꾸거나 극복하려 하지 않습니다. 필요를 향해 쟁취하려고 하지 않고, 결핍을 넘어서려고 하지 않습니다. 그 대신 환경과 조건에 대해 결핍과 부족함을 느끼는 자기의 마음을 타이르고 억누르는 것을 과제 삼기로 선택합니다.

같은 시대 대륙의 반대편 섬나라인 영국의 뱃사공들은 섬나라가 작아서 결핍과 부족함을 느꼈던지 스페인의 무적함대를 무찌르고 풍파를 넘어 세계 오대양 육대주를 안방처럼 드나들 수 있을 때까지 정복해 갑니다. 결국에 온 세상을 정복하고 해가 지지 않는 나라를 만들어 냈습니다. 현제명 씨의 〈희망의 나라로〉라는 노래와도 너무나 잘 맞는 정서와 기백이지요.

이런 서로 다른 두 가지 라이프 스타일과는 전혀 다른 제3의 라이프 스타일이 있습니다.

예수님을 봅시다. 마태복음 8장 20절을 보면 "예수께서 이르시되 여우도 굴이 있고 공중의 새도 거처가 있으되, 인자는 머리 둘 곳이 없다 하시더라"라고 하였습니다. 예수님은 머리 둘 곳 없이 사셨습니다. 그렇다고 부족함으로 가득 찬 상황에서 무엇인가를 바꾸려고 하시지 않으셨습니다. 조국 이스라엘 나라는 식민지 상태였으나 독립을 위하여 손가락 하나 움직이지 않으셨고, 유대 종교는 바닥을 모르고 타락하고 있었으나 종교 자체의 개혁을 위하여 어떤 도모도 시행하지 않으셨습니다. 경제는 도탄에 빠졌으나 경제를 살리기 위하여 대책 한번 짜낸 적이 없으십니다.

그렇다고 해서 예수님은 필요와 결핍과 부족함을 애써 외면하시면서 그저 나물 먹고, 물 마시고, 들판에 누워, 가는 곳마다 주어진 환경과 조건에 순응하시며 사시지도 않았습니다.

예수님은 제3의 길을 가셨습니다. 예수님의 모든 생각과 말과 행동은 둘러싸고 있는 환경이 던지는 도전에 대한 응전도 아니고 순응도 아니었습니다. 언제나 예수님의 말과 행동은 이 땅에 대한 반응에서 나온 것이 아니라 하늘에 계시는 아버지 하나님과 0과 1의 결합 상태를 유지하심으로부터 나왔습니다. 예수님도 분명히 세상 속에 계셨지만, 이 세상의 환경과 조건에 반응하는 대신에 언제나 마음은 세상 밖 하늘에 계시는 하나님 아버지와 0과 1의 조합을 이루시고 오직 아버지 하나님의 뜻에 대해서만 순종하는 방식으로 반응을 하셨습니다. 그러므로 이 세상에 대해서 필요와 결핍과 부족을 직접 느낄 겨를이 없으셨지요. 필요와 결핍을 계기로 삼아 응전하지도 않으셨고 필요와 결핍을 애써 외면하며 순응하지도 않았습니다. 예수님의 삶을 가능하게 한 원동력과 계기는 언제나 삶의 환경이 제공하는 필요와 결핍과 부족함이 아니라 세상 밖 하늘에 계시는 하나님 아버지의 뜻이었고, 계획이었습니다.

이러한 삶의 모습은 사도 바울이 데살로니가전서 5장 16-18절에서 묘사하신 내용과도 일치합니다.

"항상 기뻐하라 쉬지 말고 기도하라 범사에 감사하라 이것이 그리스도 예수 안에서 너희를 향하신 하나님의 뜻이니라"

"나는 이 세상에 속하지 아니하였느니라"(요8:23)라고 말씀하신 대로 십자가에 못 박히신 그리스도 예수 안은 세상 속에서 세상에 속하지 않은 공간입니다. 십자가를 통해 세상 속에서 세상과 단절된 예수님 안으로 들어감으로써 우리 마음은 하나님과 0과 1의 디지털 조합을 이룹니다. 그러니 그리스도 예수 안에서 우리 마음은 오직 하나님만을 상대하며 하나님에게만 반응하게 됩니다. 그래서 그렇게 만나는 하나님으로 인해서 항상 기뻐하고, 그 하나님과 대면하여 쉬지 않고 기도하며, 그 하나님의 주권을 먼저 인정하고 나서 세상에서 벌어지는 범사에 감사합니다. 결국에 우리 마음은 이 세상의 조건과 환경에 대해선 응전이든 순응이든 반응하는 대신, 언제나 하나님 자신에 대해서만 반응하며 그 결과로 비롯되는 내용을 가지고 이 세상을 향하여 생각하고 말하고 행동합니다.

이처럼 예수님과 사도 바울은 자신이 직접 이 세상에 대해 반응하면서 필요든 결핍이든 부족감을 느끼시며 출발하는 대신에 오직 하나님만을 접촉하여 느끼시며 그로부터 세상을 사셨습니다. 그런데 이렇게 세상에 직접 반응하지 않으시던 예수님이나 사도 바울을 통해 하나님께서는 어둠에 정복된 이 세상 전체를 아주 창조적인 방식으로 뒤집어엎으시면서 구원의 역사를 이루어 내십니다. 예수님의 십자가는 유대인도 헬라인도 그리고 온 세상 사람 아무도 생각하지 못한 창조적인 구원의 방식이지요. 스스로 이 세상 삶에 대하여 결핍과 부족과 필요를 느끼지 않던 예수님과 사도 바울의 삶을 통해서 하나님의 자발적인 창조와 구원의 역사가 엄청난 스케일로 이루어진 셈입니다.

과거의 영국 사람들의 뒤를 잇는 자들에게는 바다든 세상이든 하여간 원하는 것을 정복하라고 내버려 둡시다. 현제명 씨의 노래 속 정신을 같이 품고 있는 자들에게는 〈희망의 나라로〉를 부르며 미래를 향해 달려가라고 내버려 둡시다. 그리고 장만의 노래에서처럼 환경을 바꾸는 대신 순응을 원하는 자들에게는 만사에서 결핍을 느끼는 자기 마음을 달래고 억누르는 일을 삶의 과제로 삼고 살라고 그냥 놔둡시다.

우리가 해야 하는 일은 시시각각 모든 생활 현장에서 도전해 오는 세상을 향한 응전도 그에 대한 순응도 아닙니다. 부족과 결핍과 필요를 느끼면서 이 모든 것들이 극복된 희망의 나라를 바라보며 출발하지 말 것입니다. 그와 마찬가지로 부족과 결핍과 필요를 느끼면서도 그에 대하여 불만으로 반응하는 마음 자체를 억누르며 세상 환경에 적응하고 순응하는 것도 우리가 할 일은 아닙니다. 어떤 방식이든 하나님과 이루는 0과 1의 디지털 결합을 배제한 채 이루어진 생활 방식으로 살아왔던 인생은 뿌리째 막벨라 동굴의 무덤에 묻어 버림으로써 끝내야 합니다.

아브라함이 첫 번째로 매입한 가나안 땅은 무덤으로 사용할 막벨라 동굴이었습니다. 진정한 복지의 삶은 이제 이 무덤 너머에만 있다는 의미입니다. 이 무덤은 이 세상에서 결핍을 느끼고 부족함을 느끼면서 해결과 성취와 창조와 발명을 향해 달려가는 방식으로 사는 인생이 묻혀야 할 무덤이었습니다. 왜냐면 우리는 충만함으로부터 나오는 자발적인 창조성의 원조이신 하나님과 함께하는 결혼 생활로 복지를 살아야만 하기 때문입니다. 그러기 위해서 0과 1의 디지털 조합 속에서 호흡을 맞추는 일이 절대적이지요. 그러므로 우리가 복지의 결혼 생활을 시작하기 위하여 첫 번째로 매입해야 할 곳도 바로 우리의 무덤인 막벨라 동굴입니다.

그러면 필요와 결핍과 부족함을 느낌에서 삶의 에너지를 얻는 방식으로 살아왔던 우리의 생애가 죽어서 묻혀야 할 무덤 자리는 어디입니까? 내가 스스로 이 세상에 대해 필요와 결핍과 부족함을 느끼며 출발한 삶을 묻어 버려야 할 나의 무덤은 어디입니까?

바로 그리스도 예수님이 못 박히신 십자가입니다. 결핍과 필요에서 출발하여 에너지를 얻어 사는 나의 삶이 십자가에서 죽어 장사되지 않으면, 영영 내게 약속된 복지의 삶은 시작될 수 없습니다.

내가 스스로 이 세상을 향하여 느끼게 되는 모든 결핍과 부족과 필요는 십자가 예수님 안에서 하나님과 이루는 0과 1의 디지털 조합을 통해 나의 생애에서 영원히 추방하여야 합니다. 우리가 0과 1의 디지털 조합을 이루어 결합하는 하나님은 영광의 하나님이십니다. 내 마음이 만날 수 있는 한 가장 좋고 찬란한 대상이십니다. 영광의 하나님과 이루는 0과 1의 조합 안에서는, 내 마음이 이 세상을 대하고 있는 것이 아니라 하나님을 직면하고 있기에, 필요와 결핍과 부족함에 대한 느낌은 성립 자체가 불가능합니다. 다윗이 여호와가 목자이시니 부족함이 없으리라고 노래하였듯, 하나님을 믿는다는 자에게 부족과 결핍 등과 같은 단어는 그 자체가 하나님의 이름에 대한 모욕이자 모독입니다. 왜냐면 매일 내 삶을 시작하는 출발선은, 나와 하나님이 0과 1로 결합해 있는 상태에선, 언제나 영광의 하나님 자신이기 때문입니다. 그래서 디지털(0,1) 사랑이 무르익은 결과로 이루어진 결혼 생활의 사전에는 필요, 결핍, 부족함이란 단어는 없습니다.

아브라함은 막벨라 동굴이라는 무덤을 안경으로 쓰고 나머지 인생을 바라보게 되었습니다. 우리도 각자 십자가에서 이루어진 자기의 죽음을 안경으로 쓰고 우리 각자의 미래를 바라보실 수 있기를 바랍니다. 이제까지 세상 방식으로 살던 내 죽음을 넘어 뒤로 보이는 미래는 내 죽음을 넘어서 있기에 이제 더는 내 미래가 아닙니다. 나와 0과 1의 조합을 이루신 유일한 창조적 주체가 되시는 하나님의 계획 속 미래입니다. 내 미래는 나의 영역이 아니라 하나님의 자발적인 창조 사역을 위한 하나님 자신의 활동 무대입니다.

잊지 마십시다. 내가 0과 1의 디지털(0,1) 조합을 이루어 호흡을 맞추어서 결혼 생활하듯이 함께하며 반응해야 할 우리의 아버지 하나님은 가장 좋음이시고 가장 찬란한 영광의 하나님이시며 자발적으로 창조하시는 주권자라는 사실을 말입니다.

사랑에 눈먼 자의 사통팔달의 경지

(창세기 24장 1절-9절)
1. 아브라함이 나이가 많아 늙었고 여호와께서 그에게 범사에 복을 주셨더라
2. 아브라함이 자기 집 모든 소유를 맡은 늙은 종에게 이르되 청하건대 내 허벅지 밑에 네 손을 넣으라
3. 내가 너에게 하늘의 하나님, 땅의 하나님이신 여호와를 가리켜 맹세하게 하노니 너는 내가 거주하는 이 지방 가나안 족속의 딸 중에서 내 아들을 위하여 아내를 택하지 말고
4. 내 고향 내 족속에게로 가서 내 아들 이삭을 위하여 아내를 택하라
5. 종이 이르되 여자가 나를 따라 이 땅으로 오려고 하지 아니하거든 내가 주인의 아들을 주인이 나오신 땅으로 인도하여 돌아가리이까
6. 아브라함이 그에게 이르되 내 아들을 그리로 데리고 돌아가지 아니하도록 하라
7. 하늘의 하나님 여호와께서 나를 내 아버지의 집과 내 고향 땅에서 떠나게 하시고 내게 말씀하시며 내게 맹세하여 이르시기를 이 땅을 네 씨에게 주리라 하셨으니 그가 그 사자를 너보다 앞서 보내실지라 네가 거기서 내 아들을 위하여 아내를 택할지니라
8. 만일 여자가 너를 따라 오려고 하지 아니하면 나의 이 맹세가 너와 상관이 없나니 오직 내 아들을 데리고 그리로 가지 말지니라
9. 그 종이 이에 그의 주인 아브라함의 허벅지 아래에 손을 넣고 이 일에 대하여 그에게 맹세하였더라

무르익은 믿음의 절정

 아브라함이 아들 이삭의 신붓감을 고르는 과정이 본문의 내용입니

다. 이 24장을 끝으로 아브라함의 생애에 관한 기록은 다시 나오지 않습니다. 다음 25장에서는 아브라함의 혈육을 소개하는 짧은 언급과 함께 먼저 세상을 떠난 아내 사라가 묻힌 막벨라 동굴에 아브라함이 죽어서 같이 장사되었다는 보고가 나올 뿐입니다.

이처럼 성경은 아브라함에게 허락하신 약속의 자녀인 이삭이 아내를 맞이하는 사건 이후로 더는 아브라함의 행적을 기록하지 않습니다. 후손이 밤하늘의 별처럼 많게 되리라는 축복의 약속이 이루어지기 위한 바로 다음 단계가 아들 이삭이 결혼을 하여 자녀를 낳는 일입니다. 그래서일까요? 마치 계주 선수들이 바통 터치를 하듯이 역사의 초점이 아브라함에게서 이삭에게로 옮겨집니다. 이제 본문은 아브라함이 선민 역사의 바통을 아들 이삭에게 넘겨주는 장면인 셈입니다. 그래서 아들 이삭의 아내이자 자신의 며느리가 될 처녀를 얻어 짝을 이루어 주는 과정이 성경이 기록하는 아브라함 생애의 마지막 사건이 됩니다.

이렇게 해서 우리가 성경을 통해 마주하는 아브라함의 인생이 이제 황혼의 막바지에 이르게 되었습니다. 그런데 황혼 녘에 노을이 저녁하늘을 황홀한 붉은빛으로 물들이듯 아브라함의 황혼 녘에 드러나는 믿음의 모습이 참으로 아름답고 장엄하기까지 합니다. 하나님과의 디지털(0,1) 사랑이 무르익으면서 나타나는 모습입니다.

며느리를 얻는 일에 관해서 집안 업무를 총괄하던 종인 엘리에셀과 대화하는 중에 드러나는 아브라함의 원숙한 믿음의 수준은 정말 도통한 경지에 이르렀다고 할 수가 있겠습니다. 사통팔달의 경지에 이른 것입니다. 사통팔달의 경지란 사방팔방으로 막힌 데가 없다는 뜻입니다. 어느 방향으로도 통하지 않는 데가 없는 그런 장소를 사통팔달하는 교통의 요충지라고 말할 때와 같습니다.

마찬가지로 아브라함이 이제 자신을 둘러싸고 있는 삶의 환경을 바라보고, 자기 인생의 문제를 바라볼 때 그의 마음이 그 어떤 것에도 막힘 없이 통하며 온전한 자유 함의 상태가 되었습니다. 하나님과 하는 디지털(0,1) 사랑이 온전히 숙성하여 나타나는 경지입니다. 아브라함의 후손인 우리 믿음의 사람들에게 있어서 하나님과 하는 디지털(0,1) 사랑이 도대체 우리를 어떻게 사통팔달하여 막힘이 없는 진정한 자유 함의 경지에 도달하게 하는가를 아브라함을 통해서 들여다보고자 합니다.

하늘의 하나님 땅의 하나님 여호와

여기서 우리는 특별히 주의를 기울여 보아야 할 부분이 있습니다. 3, 4절에 "내가 너에게 하늘의 하나님, 땅의 하나님이신 여호와를 가리켜 맹세하게 하노니 너는 내가 거주하는 이 지방 가나안 족속의 딸 중에서 내 아들을 위하여 아내를 택하지 말고, 내 고향 내 족속에게로 가서 내 아들 이삭을 위하여 아내를 택하라"라고 합니다.

아브라함이 직접 나서서 며느릿감을 찾지 않고 집에 있는 종 중에서 집안일을 총괄하던 집사인 엘리에셀에게 이 중요한 일을 일임합니다. 그러면서 '하늘의 하나님 땅의 하나님 여호와'라고 하나님의 이름을 언급하며 맹세하기를 요구합니다.

이 종이 맹세하여야 할 내용은 이삭의 아내를 아브라함이 떠나온 땅 하란에서 찾으라는 것입니다. 갈대아 우르에서 떠나서 하란에 머물다가 하란에서 가나안 땅으로 오지 않았습니까? 지금 사는 이 가나안 땅이 아니라 바로 그 하란 땅에 사는 처자 중에서 이삭의 아내를 찾을 것을 종에게 맹세하라고 합니다. 그런데 이러한 맹세에 동원된 하나님의 이름. '하늘의 하나님, 땅의 하나님 여호와' 이 이름이 지니는 의미가 심상치 않습니다.

75세에 영광의 하나님을 보며 시작한 나그네 여정에서 이제 여호와 하나님을 이렇게 부르게 되기까지 거의 100년의 세월이 족히 걸린 셈입니다. 4000년 전 아브라함이 무슨 교리나 신학 공부를 통해서 이런 하나님의 이름을 배우고 부르게 된 것은 아니잖습니까? 아브라함 때 무슨 성경이 있어서 성경 기록을 통하여 접하게 된 이름도 당연히 아닙니다. 아브라함은 어떤 형태로든 종교도 없고 예배당이나 성당이나 성전도 없이 정말 그냥 홀로 창조주 하나님과 디지털(0,1) 사랑을 한 것입니다.

이런 사랑의 여정을 지내 온 아브라함과 하나님 사이에서 쌓이고 쌓인 경험과 하나님의 인격과 속성에 대해 누적된 체험적인 지식을 통해서 이제 하나님을 '하늘의 하나님, 땅의 하나님 여호와'라고 부르는 상태까지 이르게 된 것이지요. 이제 하나님을 아브라함은 자신의 마음의 모든 공간과 주름을 활짝 펼친 최대치의 면적으로 접하여 아는 것입니다. 100년 동안 하나님과 철저히 디지털(0,1) 사랑을 하고서야 부르게 된 이름입니다. "하늘의 하나님, 땅의 하나님 여호와!" 굉장히 커다란 가르침을 담고 있는 이름입니다. 이 이름을 하나님의 인격과 속성에 대한 체험을 통해서 자기 입에 담는 일 그 자체가 바로 사통팔달의 경지에 도달했음을 알리는 증거이고 전능하신 애인인 하나님 여호와에 대한 사랑의 고백일 것입니다.

이 이름의 뜻을 그대로 해석하자면 이렇습니다. 여호와라는 이름은 '스스로 있는 자'라는 뜻입니다. 하나님만이 유일하게 스스로 있는 분이시기에 하나님 이외의 인간까지 포함하는 모든 만물은 이 스스로 있는 유일하신 하나님에 의해서 있게 된 존재들이지요. 그러므로 하늘의 하나님 땅의 하나님 여호와라는 이름의 뜻은 문자적으로 하늘에 있는 모든 것과 땅에 있는 모든 것을 있게 하신 유일하게 스스로 있는 분이라는 의미입니다. 아마도 교리 공부 시간에 이 하나님의 이름에 대해서 지식적으로 배운다면 그리 어려울 것이 없습니다. 그 문자에 담긴 의미를 기억하고 수긍하기 위해 짧은 순간만 주의를 집중해도 될 정도로 충분히 간단한 이름입니다. 그러나 이 하나님의 이름에 담긴 의미가 실제로 삶의 현장에 적용되면 상황은 전혀 다른 이야기가 됩니다.

아브라함이 며느리를 얻는 구체적인 생활 문제를 위해 제삼자인 집사 엘리에셀을 통합니다. 그런데 디지털 러브스토리의 마지막 페이지에 담겨 있는 이 사건 속에서 아브라함의 믿음의 경지가 어디까지 와 있는가를 보자는 것입니다. 하나님을 향한 믿음과 사랑의 성숙함이 바로 하나님의 이름을 "하늘의 하나님, 땅의 하나님 여호와!"라고 부름 속에서 조용히 그러나 찬란하게 드러나고 있습니다.

사람을 안 믿기에 사람을 믿는다

'하늘의 하나님, 땅의 하나님 여호와'라는 이름으로 엘리에셀에게 맹세할 것을 요구하는 장면에서 볼 수 있는 중요한 점은 아브라함이 하나님만을 믿고 있는 것이 아니라는 사실입니다. 아브라함은 하나님을 믿는 그 정도만큼 사람을 믿게 되었습니다.

여기서 아브라함이 사람을 믿는다는 의미가, 사람을 종교적인 의미에서 절대자를 신앙하듯 믿는다는 뜻이 아님은 물론입니다. 그러나 그렇다고 해서 아브라함이 사람을 인간적인 차원에서 신뢰하거나 의지한다는 뜻도 역시 아닙니다. 다른 사람들이 사람을 믿는다고 할 때와는 달리 아브라함이 사람을 믿는다는 뜻은 오히려 사람을 그 마음속 깊이 전혀 안 믿는다는 전제를 담고 있습니다. 사람을 전혀 안 믿었기에 사람을 믿을 수 있었습니다.

하나님이 하늘의 별처럼 땅의 티끌처럼 많은 자손을 허락해 주시겠노라고 약속하셨습니다. 앞에서도 언급한 대로 이제 그러한 약속이 현실이 되기 위하여 첫 번째 단계의 고리가 이어지려면 아들 이삭이 아내를 얻어서 자녀를 낳아야만 합니다. 그러므로 이삭의 아내가 될 여자는 하나님이 약속해 주신 자손에 대한 언약의 실현에서 첫 번째 단계를 맡아 성취하게 될 아주 중요한 역할의 존재인 셈이지요. 이제 황혼 녘에 접어든 아브라함이 세상을 떠나기 전에 반드시 제대로 이루어 놓아야 할 것 중에 최고의 중대사가 아닐까 싶습니다.

그런데 이러한 중대사를 집에서 데리고 있던 종의 결정권에 완전히 맡겨 버립니다. 그 당시 결혼 풍습이 물론 오늘날 대한민국에서 행하는 것과 같이 결혼하는 당사자와 양가 어른들이 상견례의 과정을 거쳐야만 하는 것은 아니었을지 모릅니다. 그러나 아무리 그렇다고 하더라도 의아합니다. 아브라함은 하나님이 엄청난 약속을 주시고 그 약속을 이제 이루려 하시는 지구상에서 유일하게 선택받은 집안의 가장입니다. 그러므로 이런 위대한 약속의 실현을 위한 첫 번째 고리인 며느리를 찾는 일이 얼마나 중요합니까? 그런데 이런 중차대한 일에서 자기는 완전히 뒤로 물러나고 종의 결정에 전적으로 일임하여 버립니다. 본인이 직접 두 눈으로 확인하여 아들 이삭의 아내감을 고르는 대신에 종을 보내고 그 종이 골라 온 여자를 그녀가 누구든지 아들 이삭의 아내로 삼으려고 합니다. 종의 눈에 좋게 여겨지는 그 아가씨를 무조건 자기도 며느리로 삼겠다는 뜻입니다.

그렇다고 해서 아브라함이 아들 이삭의 며느릿감을 구하는 일에서 아무나 좋다는 식으로 쉽게 여기며 대수롭지 않게 생각했던 것 같지도 않습니다. 굳이 가까운 가나안 땅의 처자들을 다 놔두고 멀리 하란까지 가서 며느릿감을 찾으라고 한 것을 보면 말입니다.

이러한 아브라함의 태도가 그 속을 들여다보면 참으로 이율배반적이라는 것입니다. 아브라함은 정말 철저히 집사 엘리에셀을 신뢰하는 것입니다. 그리고 동시에 엘리에셀을 전혀 안 믿는 것입니다. 전혀 안 믿었기에 전적으로 믿게 된 것이지요.

도대체 이 말장난같이 들리는 말이 무슨 뜻일까요?

사방으로 통한다는 뜻부터 알자

영광의 하나님만을 바라보느라 다른 모든 대상에 대해서는 마음의 눈이 멀어 버린 아브라함이었습니다. 그러면 이런 상태에 연이어 나타나는 연쇄적인 상황들이 있지 않았겠습니까. 이런 상황들은 아마 아브라함 자신도 전혀 예상하거나 기대하지 못했으리라 생각합니다.

아브라함은 마음의 눈으로는 영광의 하나님(1) 이외의 그 어떤 대상도 바라보지 않고(0) 있었습니다. 그러므로 아브라함 속에서 존재감을 발휘하면서 부담이나 막힘이나 방해로 느껴지는 대상은 없는 0의 상태가 유지됩니다.

마음의 상태가 이런 가운데 아브라함은 여전히 육체의 눈으로 세상을 보면서 삽니다. 그런데 이렇게 눈으로 보는 세상이 전혀 예상치 못했던 완전히 새로운 세상으로 바뀌어 버린 것입니다. 마음이 하나님과 0과 1의 조합을 유지하는 가운데 육체의 눈으로 보게 되는 모든 사람과 사건과 사물 속에서 하나님이 보이기 시작합니다. 그 모든 대상 안으로 주권의 손을 뻗고 계시는 전능하신 하나님을 보게 됩니다. 눈에 들어오는 그 대상 자체보다 그 배후에 계시는 눈에는 안 보이는 하나님이 오히려 더 뚜렷하게 보입니다. 하늘에 있는 모든 것 안에서, 땅에 있는 모든 것 안에서 그 모든 것을 있게 하시는 유일하게 스스로 있는 여호와 하나님을 그 모든 것보다 더 뚜렷하게 봅니다. 그래서 '하늘의 하나님, 땅의 하나님 여호와'라는 이름을 붙잡게 되었습니다.

하나님은 아브라함에게 당신을 전능하신 하나님으로 소개를 하셨습니다. 그러시면서 언제나 당신 앞에서 행하여 완전하라 하십니다.

"아브람이 구십구 세 때에 여호와께서 아브람에게 나타나서 그에게 이르시되 나는 전능한 하나님이라 너는 내 앞에서 행하여 완전하라 내가 내 언약을 나와 너 사이에 두어 너를 크게 번성하게 하리라 …"(창 17:1-2)

하나님 앞에서 행하라는 말씀이 무슨 뜻일까요? 언제나 마음의 눈이 하나님을 보라는 요구입니다. 육체의 눈으로는 무엇을 대하여 있든지, 몸이 어떤 상황이나 사건이나 문제 속에 있게 되든지 마음의 눈으로는 하나님만을 보고 있으라는 말씀이지요. 그래서 마음의 눈으로는 오직 하나님만을 의식하여 보는 가운데 육체에는 건강 문제가 터져도 아브라함은 건강 문제 앞에 있지 않고 하나님 앞에 있으며, 육체의 상황에는 돈 문제가 터져도 그 문제 앞이 아니라 하나님 앞에 있는 겁니다. 어떤 사람을 마주하고 있어도 그 사람 앞에 있음이 아니라 하나님 앞에 있습니다. 왜냐면 마음이 오직 영광의 하나님만을 의식하며 보고 있으니까요. 마음의 눈이 완전히 하나님에게 먼 상태입니다. 이런 의미가 바로 "나는 전능한 하나님이니 내 앞에서 행하여 완전하라"라고 하신 말씀 속에 담겨 있습니다.

그런데 이렇게 아브라함이 오직 전능하신 하나님께 마음의 눈이 멀어서 그분 앞에 있는 동안 드디어 사통팔달의 경지가 열립니다. 육체의 눈으로 보이는 모든 것 안에서도 마음으로 보고 있는 하나님이 보이시는 겁니다. 이제 육체의 눈에 보이는 만물 즉 하늘과 땅에 존재하는 모든 대상 안에서 꿈틀꿈틀하듯 살아서 역사하시며 관장하시는 전능하신 주권자 하나님의 손을 보게 됩니다.

마음이 하나님께 눈이 멀면 육체의 눈에 보이는 다른. 모든 대상이 마음에는 보이지 않습니다. 그러나 그 단계를 지나면 눈으로 보는 만물이 투시되면서 그 배후의 하나님까지 마음이 보게 됩니다.

이러한 사실 속에 담긴 의미가 무엇일까요?

예를 들어 아브라함이 육체의 눈으로 보는 한 사람 A가 이 아브라함과 어떤 식으로든 관계를 맺고 있다 합시다. 이 사람이 하나님을 믿느냐 안 믿느냐는 여기서 중요하지 않습니다. 이 사람의 영적 상태나 인격적 상태가 어떻든지 아브라함은 그 사람 A에게서도 살아 계신 하나님을 발견합니다. 하나님의 주권이 그를 붙잡고 있다는 것은 엄연한 사실(Fact)이니까요.

이런 상황 속에는 하나님께서 아브라함을 우선 고려하셔서 그 A의 인격과 환경에 주권적으로 역사하시며 이끄신다는 사실이 포함되어 있습니다. 그 사람 A에게 주권자로서 섭리하시며 관계하실 때 하나님은 아브라함을 기준으로 무엇을 어떻게 하실지 그 뜻을 세우신다는 것이지요. 왜냐면 아브라함은 지금 A 앞에서조차 하나님 한 분만을 사랑하는 0과 1의 디지털 조합을 유지하고 있기 때문입니다. 아브라함이 이 땅에서 아브라함과 맺어진 모든 다양한 관계에 대해 하나님의 창조적 섭리가 뻗어가기 위한 중심 본부가 되어 주기 때문입니다.

이러한 실제 상황을 염두에 두고 이제 우리는 말할 수 있습니다. 아브라함은 그 집사 종을 믿지 않았습니다. 다만 집사 엘리에셀이 지금 아브라함 자신과 관계되는 결혼 문제 안으로 연관되어 들어오게 됩니다. 아브라함 자신은 오직 이런 문제 앞에서도 그리고 이 사람 앞에서도 하나님과 0과 1의 디지털 조합을 유지하는 일에 마음을 다 씁니다. 그러면 전능하신 하나님은 아브라함에 대한 당신의 뜻과 계획을 중심점과 기준으로 삼아서 그 문제와 관계된 모든 것 위에 주권의 손을 뻗으십니다. 그 결과 그 종의 내적 마음의 움직임과 외적 환경은 전적으로 하나님의 주관하심을 벗어날 수가 없다는 사실을 아브라함은 믿은 것입니다. 바로 그래서 아브라함은 조금도 주저함이 없이 종 엘리에셀을 믿을 수 있었습니다. 아브라함은 사람을 전혀 안 믿습니다. 사실 하나님에게서 발산하는 영광의 빛에 마음의 눈이 먼 상태이기 때문에 다른 사람을 믿기 위해서 주어야만 하는 마음은 한 조각조차 남지 않은 상태였습니다. 그런데 이렇게 완전히 하나님께 마음의 눈이 멀다 보니 육체의 눈에 보이는 하늘과 땅의 모든 존재에서 마음은 하나님을 발견하게 됩니다. 그런데 그 하나님이 바로 전능하시며 주권자이십니다. 그래서 이제 모든 사람을 각각 그들의 내적 인격과 외적 환경을 하나님이 주권적으로 역사하시는 현장으로서 바라보며 믿게 됩니다.

내 전능하신 하나님의 뜻을 아무도 못 이긴다

집사 엘리에셀이 오랜 기간 집안일을 총괄하면서 그동안 어떤 행동을 보였든 간에, 성품이 어떠하든지 간에, 바람직한 아내감에 대한 기준과 관점이 어떠하든지, 사실 아브라함에게는 아무런 상관이 없었습니다. 결국은 당신과 0과 1의 조합을 유지하는 나와 관계 안에 있는 한 그 사람 속에서 하나님은 나를 향해 가지신 당신의 뜻을 이루시기 위하여 그 사람을 주권적으로 이끌어 가실 것을 믿는 것입니다. 어떤 사람도 전능하신 하나님이 아브라함을 위하여 세우신 계획을 성취하는 일에, 그 어떤 식으로도 방해가 될 수 없음을 아브라함은 너무나 많은 생애의 체험을 통해서 익히 알았습니다. 누군가가 방해를 해서 일이 이루어지지 않았다면 그것은 그 사람 때문이 아니라 하나님의 뜻이라서 그런 것일 뿐입니다.

아브라함은 영광의 하나님을 만난 뒤로 평생 하나님의 약속 안에서 살았습니다. 그러나 그 모든 약속은 단 하나도 아브라함 자신이 드린 간구에 대해 하나님께서 응답으로 주신 것들이 아니었습니다. 하나님은 스스로 자발적으로 그리고 창조적으로 아브라함의 삶을 앞서서 계획하셨고 이루어 가셨고 그러는 중에 끊임없이 당신의 계획을 약속의 형태로 알려 주셨습니다. 이런 하나님의 계획은 100세의 나이가 되어서도 아이를 낳게 되면서까지 이루어진다는 사실을 아브라함은 이제 경험적으로도 잘 압니다. 하나님의 성실하심과 주도면밀하심과 전능하심을 체험적으로 알고 있었습니다.

이런 상황은 비단 아브라함에게만 벌어지는 일이 아닙니다. 이 세상에 태어나는 모든 사람에게서 하나님은 아브라함에게서처럼 자발적으로 창조적인 계획을 세우십니다. 이제 그 계획을 방해하거나 막을 존재는 이 세상에 전혀 없습니다. 어떤 사람도 어떤 사건도 어떤 조건도 전능하신 창조주 여호와가 나를 위해서 세우신 계획을 막고 방해할 수는 없습니다.

다만 온 세상천지에 홀로 나 자신만이 그 하나님의 계획을 막고 방해하고 없었던 것으로 돌릴 수가 있습니다. 간단합니다. 내 마음의 눈으로 하나님 말고 다른 대상을 바라보면 됩니다. 내 마음이 하나님과

0과 1의 디지털 연합을 이루지 않는 것입니다. 그래서 육체의 눈으로 보이는 대상 중에서 어느 하나를 마음에서 일등의 자리에 놓고 바라보면서 그리워하여 눈이 멀어 버리면 됩니다. 그러면 나를 향한 하나님의 자발적이고 창조적인 모든 계획은 다 무너집니다. 내 마음속 영광의 일등 자리에서 남편이나 아내나 부모나 자녀나 형제자매 등 가족을 보든지, 아니면 내가 살아야 할 땅이나 경영할 사업을 보든지, 내 건강을 보든지, 재정 상태를 보든지, 아니면 내가 속한 회사나 단체나 나라의 형편을 보든지, 아니면 명품을 보든지 하여간 하나님 말고 크고 작은 이런저런 다른 것을 무엇이든지 마음의 일등 자리에 올려놓고 바라보면, 나를 향하여 가지신 모든 자발적이고 창조적인 하나님의 계획은 유보되거나 완전히 수포가 됩니다. 나와 하나님이 이루는 0과 1의 조합이 완전히 깨어지기 때문입니다.

이렇게 되면 이제 하나님의 우선적인 관심은 나를 위해 자발적이고 창조적으로 세우신 계획 수행이 아닙니다. 이때는 우선 0과 1의 디지털 조합을 이루는 일이 시급하게 됩니다. 그러면 하나님으로서는 하나님 자신만을 마음을 다해 바라보지 않는 나 자신의 상태를 문제 삼으실 수밖에 없습니다. 하나님 앞에서 스스로 0의 자리로 가지 않으려는 나를 과제로 삼으실 수밖에 없게 되십니다.

그러나 내가 만일 아브라함처럼 영광의 하나님을 보느라 마음의 눈이 멀어 버리게 되면 이제 어떻습니까? 아브라함처럼 0과 1의 디지털 결합을 이루게 되면 어떻게 됩니까? 그러면 이 지구 위에 그 어떤 사람도 사건도 세력도 문제도 하나님의 나에 대한 자발적이고 창조적인 계획을 수행하심을 방해할 수 없습니다. 0과 1의 디지털 조합을 이루는 자에게 하나님의 계획과 뜻은 산을 허물고 계곡을 메꾸는 불도저입니다.

그래서였습니다. 이상할 정도로 하나님은 아브라함에게 오셔서 아브라함은 구하지도 않은 당신의 계획을 그렇게 자주 말씀하셨던 겁니다. 아브라함이 영광의 하나님을 보며 마음의 눈이 멀어 버렸기에 정말 마음 놓고 아브라함을 위하여 세우신 자발적이고 창조적인 계획을 이 땅에서 실행에 옮기실 수가 있었던 거지요.

그러나 우리에게는 이렇게 하나님이 자발적으로 세우신 계획이 잘 알려지지 않습니다. 아마도 그 이유는 우리의 상태가 하나님이 마음 놓고 창조적이고 자발적인 계획과 뜻을 이루어 가실 수 없는 상태이기 때문일 것입니다. 우선은 내가 하나님과 0과 1의 디지털 사랑의 관계를 이루는 일이 시급해서일 것입니다.

아브라함은 자기 집안의 종인 엘리에셀을 전혀 안 믿었습니다. 그 사람 자체를 전혀 의지하지 않았기에 성품과 성격이 어떠하든지 아무 상관이 없었습니다. 왜냐면 아브라함이 생각할 때 자기 자신을 향해서 자발적이고 창조적으로 갖고 계시는 뜻을 이루시려는 전능하신 하나님의 결연하신 의지를 엘리에셀의 성품이나 성격이 절대로 이길 수 없음을 알았기 때문입니다. 엘리에셀이 가지고 있는 여성상이 어떠하든지, 며느릿감의 기준이 어떠하든지, 아브라함 집안에 대한 그의 충성도가 어떠하든지, 하나님이 아브라함 자신을 향하여 가지신 계획을 어긋나게 할 수 없음을 잘 알았습니다.

이처럼 엘리에셀이 어떤 사람이든 그런 문제는 중요하지 않았습니다. 그 대신에 중요한 점은 그가 아브라함 자신과 관계 안에 있는 사람이라는 사실이었습니다. 그러하기에 하나님의 주권적인 이끄심이 아브라함 자신을 위해서 세우신 계획을 기준으로 그 사람 안에서 역사하십니다. 그래서 아브라함은 아무런 주저 없이, 일말의 염려와 근심 없이 자기 마음으로는 전혀 바라보지 않고 있는 종 엘리에셀을 눈으로 보면서 온전히 믿었습니다. 그리고 보냅니다. 전권을 일임하여 임무를 맡깁니다.

이런 상황이 바로 사통팔달의 경지에 도달한 상태입니다. 마음으로 아무도 안 보고 아무도 안 믿습니다. 마음으로는 영광의 하나님만 바라봅니다. 하나님에게 마음의 눈이 멀게 됩니다. 그러면 이상하게 육체의 눈에 보이는 하늘과 땅에 있는 모든 대상에서 주권적으로 살아서 역사하시는 하나님이 보이기 시작합니다. 이제 그 하나님의 주권의 현장에서 눈에 보이는 모든 사람을 믿습니다. 나를 위해서 자발적으로 창조적으로 뜻과 계획을 세우시는 하나님의 주권이 그 사람 속에서 활발하게 역사함을 불을 보듯이 명확하게 보기 때문입니다. 그리고 또한 그 주권적인 역사를 그 사람의 어떤 인격적인 강렬한 요소나 거센 외부적인 조건도 누르고 이길 수가 없습니다. 이처럼 눈으로 무엇을 보아도 누구를 보아도 그 배후에 가려진 하나님이 그 대상 자체보다 더 뚜렷이 보이게 되는 상태가 바로 진정한 자유로움이며 사통팔달의 경지에 이른 것입니다.

세상에 있는 모든 원수도 다 내 편이다

요셉이 형들에 의해서 팔려 갑니다. 그러나 나중에 이렇게 고백합니다. "당신들이 나를 이곳에 팔았으므로 근심하지 마소서 한탄하지 마소서 하나님이 생명을 구원하시려고 나를 당신들 앞서 보내셨나이다"(창45:5)

동생인 자기를 먼 나라 애굽에 노예로 팔아 버리는 사악한 일을 작당한 형들에게서도 요셉은 하나님을 봅니다. 요셉을 통해서 근동 땅

전체를 극심한 기근으로부터 구원하시려는 계획, 이스라엘을 애굽에서 정착시켜 번성케 하시려는 계획, 이런 막중한 계획들을 위해 형들은 하나님의 주권적인 역사 안에서 악역을 담당한 것뿐이었음을 요셉은 알았습니다.

애굽의 일인자 바로가 모세를 막아서고 선민 이스라엘 사람들의 출애굽을 저지합니다. 그런데 이 바로의 마음은 다름 아니라 하나님께서 바로의 마음에 역사하시어 완악하게 격동시키신 겁니다. 그렇게 하셔서 10가지의 기적적인 재앙을 내리실 명분을 만드십니다. 이렇게 얻은 명분을 따라서 역사하신 10가지 재앙을 통해서 하나님은 당신의 전능하심을 선민 이스라엘에게 소개하실 기회를 얻으셨습니다. 바로의 완악함을 계기 삼아서 아브라함에게 보여 주셨던 그 영광의 하나님을 전혀 다른 방식을 통해서 이스라엘 선민에게도 보여 주신 것입니다.

이스라엘 백성이 당시 430년을 애굽에서 지내며 보아 온 세상에서 가장 위대한 자는 바로였고 가장 막강한 힘은 바로의 군대와 애굽의 국력이었습니다. 그런데 이런 막강함을 10가지 재앙과 홍해를 가르시는 기적을 통해 거뜬히 이기시면서 모든 이스라엘 백성 각자의 마음에 일등으로 당신을 각인시키신 것이지요. 끝없이 적대적이던 바로도 그의 군대도 애굽의 국력도 아브라함의 후손인 이스라엘 선민에게 결코 대적이 될 수가 없었습니다. 이 모든 하나님의 역사는 하나님과 아브라함의 후손인 이스라엘의 관계가 이제 광야로 나가서 디지털(0,1) 러브스토리로 시작되기 위한 출발점으로 쓰임을 받은 셈입니다. 궁극적으로 애굽의 바로는 자기의 의도와는 정반대로 이스라엘 편으로 역할을 한 셈이었습니다.

가롯 유다가 예수님을 팝니다. 가롯 유다를 부르셔서 제자 그룹에 들이실 때부터 그가 당신을 팔 것을 아셨지요. 그러나 예수님께서는 당신을 팔아 버리는 가룟 유다를 통해서 하나님 아버지께서 인류 구원 계획을 이루어 가심을 보십니다. 그러므로 가룟 유다는 공생애 기간 내내 예수님 옆에 없어서는 안 될 정도로 쓰임새가 아주 명확한 사람이었습니다. 사실 구원 사건의 핵심인 십자가 사건을 위해서는 12명의 제자 중에 그 공헌한 바가 본의 아니게 가장 큰 사람 아닙니까?

그리고 로마의 총독 빌라도가 예수님을 재판합니다. 그러나 빌라도의 재판권 자체가 예수님이 이루시려는 구원 역사를 위해서 꼭 필요하여 아버지 하나님이 허락하셨다는 사실을 예수님은 먼저 보십니다. 인류를 구원하시려는 하나님의 계획을 기준으로 보자면 예수님에게는 가룟 유다도 빌라도도 절대로 없어서는 안 될 예수님 편이었던 예수님의 원수들이었습니다.

전능하신 하나님의 주권적인 역사 안에서는 내 편도 내 편이고 남의 편도 내 편이 됩니다. 내 주위 사방팔방으로 그 어떤 원수들이 도사리고 있어도 다 내 편이고 그래서 원수들 때문에 내 인생이 안 통하는 상황은 일어날 수가 없습니다. 다만 내가 하나님의 원수가 되어 0과 1의 디지털 연합을 깨뜨리지만 않는다면 말입니다.

누구도 끌어당기지 않고 누구도 밀쳐 내지 않는다

이런 사정은 꼭 나를 적대시하는 사람인 경우에만 해당하는 것은 아닙니다. 사통팔달의 경지란 결국 마음으로 하나님께 눈먼 상태가 되어 디지털(0,1) 결합을 이룸으로써 육체의 눈으로 보는 만물과 만인과 만사에서도 전능하신 주권자 하나님만을 보는 상태입니다. 이때 내 편의 역할도 내 대적의 역할도 하나님의 나를 향하신 주권적 계획안에서 하나님이 쓰시는 정도 그 이상도 그 이하도 될 수 없습니다.

0과 1의 디지털 결합을 유지하면서 영광의 하나님만을 마음으로 콩깍지가 씐 듯 보고 있노라면 내 편도 안 믿고 내 대적도 안 믿습니다. 그렇기에 실제로는 내 편이 아니면서 내 편으로 위장하는 사람도 전혀 상관없습니다. 내 편도 안 보고 있는 판에 내 편을 가장한 사람을 볼 리가 없지요. 이처럼 위선적인 그 사람을 마음으로 보지 않기에 그의 위선에 속으려야 속을 수가 없습니다. 그저 하나님 보느라 마음으로는 그 누구도 안 볼 뿐이니 그야말로 이 세상 안에서는 천하무적입니다.

그런데 그러노라면 육체의 눈에 보이는 내 편에서도 내 대적에서도 내 편을 가장하는 자에게서도 하나님이 보입니다. 내 삶에 대해 자발적이고 창조적인 계획을 세우시고 그대로 추진하시고 이루시는 하나님을 발견합니다. 그래서 이제 내 편도 믿고 내 대적도 믿고 내 편임을 가장하는 사람도 믿습니다. 다 믿습니다. 다 받아들입니다. 아무도 더 내게로 끌어당기지도 않고, 아무도 내게서 더 밀쳐 내지도 않으며, 아무도 내게 해롭지 않을까? 의심하지도, 누가 내게 유익할까? 계산하지도 않습니다. 그냥 그들 속에서 발생하는 나를 향한 하나님의 주권적인 움직이심을 감지할 뿐입니다.

그러므로 하나님에게만 마음의 눈이 머는 디지털(0,1) 사랑이 무르익어 만물과 만인과 만사에서 하나님을 발견하게 되는 상황에 이르면 사통팔달하게 됩니다. 이 경지에 이르면 그 누구도 그가 어떤 사람인가 상관없이 내 인생에서 거침이 될 수 없습니다. 내 인생을 하나님이 계획하신 대로 끌고 가시는데 누구도 그 여정에 장애가 될 수 없습니다.

이 세상 사람들은 혹시 나서서 나를 비난하고 적대시하고 모함하는 자를 보면 '그 사람은 당신의 원수'라고 하고, 혹시 나서서 나를 좋아하고 칭찬하고 위하려 하는 자를 보면 '그 사람은 당신의 측근'이라고 말합니다. 그리고 겉으로만 나를 위하는 척하는 사람을 보면 '그 사람은 겉과 속이 다른 사람이니 조심하라'라고 합니다. 그렇게 볼 수밖에 없고 그렇게 말할 수밖에 없을 것입니다.

그러나 아브라함의 후손인 나는 그 측근도 그 원수도 그 위선자도 마음의 눈으로 보지 않습니다. 마음의 시선을 극도로 아끼고 아껴서 오직 영광의 하나님만을 봅니다. 그러면 나를 향해서 가지고 계시는 하나님의 자발적이고 창조적인 뜻과 계획을 그 측근도 그 원수도 그 위선자도 영향을 끼칠 수도 없고 이길 수도 없습니다. 그러면 나는 그 측근과 원수와 위선자에게서 하나님을 발견하게 됩니다. 그들을 사용하시면서 내 삶이 하나님의 뜻을 따라서 통하게 되고 창조적인 진보를 이루며 성취를 향해 가게 되는 것을 보게 됩니다.

혹시 아무리 내 편의 영향력이 크다고 해도, 아무리 원수가 악하다고 해도, 아무리 위선자의 위장이 절묘하여 분간이 어렵다고 해도, 내가 내 편과 그 원수와 그 위선자를 마음으로 보지 않고 대신에 오직 하나님에게 마음의 눈이 멀어 버린 상태를 유지하는 한 그들은 나를 향하여 가지신 하나님의 자발적이고 창조적인 뜻과 계획을 바꿀 수도, 방해할 수도, 이길 수도 없습니다. 전능하신 우리의 아버지 하나님은 오히려 측근과 원수와 위선자의 모든 행동을 재료로 이용하시면서 나를 향하신 당신의 계획을 단계별로 수행해 나가십니다.

만약에 다른 모든 세상 사람의 눈에는 어떤 악한 사람이 내게 해를 끼치는 것으로 보이는 상황이 발생했다고 가정해 봅시다. 나를 속여서 내 돈을 뜯어 갔습니다. 나를 상해했습니다. 내 명예를 추락시켰습니다. 그러나 나는 압니다. 내가 그런 대적을 바라보지 않고 대신에 오직 하나님께만 마음의 눈이 멀어 있는 한, 저 사람이 아무리 나의 명예를 실추시키고 나에게 해를 끼치고 나를 상해하는 것처럼 보이더라도, 하나님은 역사하고 계시고 내게 필요한 것들을 위해서 길을 열어 주시고 내게 꼭 이루어져야 할 일들을 위해서 계획대로 추진하신다는 사실을 말입니다. 우리는 혹시 모든 것을 다 잃게 되더라도 마음에서 하나님만 잃지 않으면 됩니다. 그러면 잘 사는 것이고 성공하는 것입니다.

우리가 마음으로 하나님과 0과 1의 디지털 사랑을 하는 동안 도대체 이 세상 누가 우리를 통해 이루시려는 하나님의 뜻과 계획을 방해하고 저지하겠습니까? 누가 우리의 사통팔달한 삶에 장애를 놓겠습니까. 영광의 하나님 나의 하늘 아버지 한 분만을 영원히 찬양하기를 그치지 않는 동안에 우리는 우리 주변의 모두를 믿습니다. 그래도 정말 괜찮습니다.

제2부

아브라함과 예수님의 십자가

십자가 복음이 복음인 이유

(창세기 25장 1절-11절)
1. 아브라함이 후처를 맞이하였으니 그의 이름은 그두라라
2. 그가 시므란과 욕산과 므단과 미디안과 이스박과 수아를 낳고
3. 욕산은 스바와 드단을 낳았으며 드단의 자손은 앗수르 족속과 르두시 족속과 르움미 족속이며
4. 미디안의 아들은 에바와 에벨과 하녹과 아비다와 엘다아이니 다 그두라의 자손이었더라
5. 아브라함이 이삭에게 자기의 모든 소유를 주었고
6. 자기 서자들에게도 재산을 주어 자기 생전에 그들로 하여금 자기 아들 이삭을 떠나 동방 곧 동쪽 땅으로 가게 하였더라
7. 아브라함의 향년이 백칠십오 세라
8. 그의 나이가 높고 늙어서 기운이 다하여 죽어 자기 열조에게로 돌아가매
9. 그의 아들들인 이삭과 이스마엘이 그를 마므레 앞 헷 족속 소할의 아들 에브론의 밭에 있는 막벨라 굴에 장사하였으니
10. 이것은 아브라함이 헷 족속에게서 산 밭이라 아브라함과 그의 아내 사라가 거기 장사되니라
11. 아브라함이 죽은 후에 하나님이 그의 아들 이삭에게 복을 주셨고 이삭은 브엘라해로이 근처에 거주하였더라

아브라함과 다윗의 자손 예수 그리스도

오늘 본문에서 아브라함은 이제 죽습니다. 오늘 본문은 아브라함의 몸이 죽은 뒤의 이야기를 열어 주는 관문과도 같습니다. 왜냐면 아브

라함은 육체가 죽은 뒤에 그의 살아생전보다 더 큰 역할을 담당해 내고 있기 때문입니다. 보이지도 들리지도 않으시는 하나님과 그의 뒤를 이어 0과 1의 디지털(0,1) 사랑을 이루어야만 하는 수많은 후손에게 막강한 영향력을 끼치고 있습니다. 믿음의 선조로서 그가 이루어 낸 하나님과의 디지털(0,1) 사랑 이야기와 더불어 그는 절대로 죽지 않고 살아서 오고 오는 세대에 선민들의 역사 안에서 당신의 몫을 해내고 있습니다. 이러한 아브라함의 죽지 않는 생명력을 가능하게 하신 분이 바로 예수님 자신이십니다. 예수님과의 관련성 안에서 아브라함은 지금도 살아서 믿음의 후손들에게 하나님을 향한 믿음과 사랑의 원형을 보여 주고 계십니다.

'아브라함과 다윗의 자손 예수 그리스도'는 마태복음 1장에 나오는 긴 족보를 시작하기 전에 언급된 예수님의 별명입니다. 이 계보를 보면 아브라함부터 다윗까지 그리고 다윗에서 예수님까지 많은 사람의 이름이 고리에 고리를 이어 가고 있음을 알 수 있습니다. 그런데 그 많은 사람 중에서 하필이면 아브라함과 다윗이 특별히 선별되어 예수님의 별명에 포함되는 단 두 명의 조상이 됩니다.

예수님에게는 참으로 여러 호칭이 있습니다. 살아 계신 하나님의 아들, 그리스도, 인자, 랍비, 선지자, 다시 태어난 엘리야, 다시 살아난 세례 요한, 나사렛 사람, 죄인과 세리의 친구, 성전을 모독하는 자 등등 긍정적, 부정적인 여러 별명이 있습니다. 그중 하나가 '아브라함과 다윗의 자손'이십니다.

이러한 예수님의 별명에 숨겨진 뜻이 무엇일까요? 그 긴 족보에 수많은 믿음의 선조들의 이름이 있지만 다 건너뜁니다. 그리고 또 요셉이나 모세, 사무엘 등 막강한 존재감을 가진 믿음의 선조들은 유다 혈

통이 아니라고 아예 족보에 들어와 있지도 않습니다. 예수님은 '아브라함과 다윗의 자손'이라는 겁니다. 그 뜻은 다음과 같습니다.

모든 선민의 조상으로서 아브라함의 경우는 특별합니다. 하나님께서 영광스러운 당신 자신을 의도적으로 드러내 보여 주신 뒤에 관계를 시작하심으로써 믿음의 원형을 고스란히 이루고 유지하도록 주권적으로 이끄신 사람입니다. 아브라함의 삶은 그 자체로 믿음의 정의이고 믿음의 기준입니다. 이런 상황은 하나님께서 가장 본래 형태의 믿음을 주권적으로 그의 인격 안에 삽입이라도 하신 것과 같습니다.

그러면 다윗의 이름이 이 예수님의 별명 안에 들어와 있는 의미는 무엇입니까? 성경 속에서 소개되는 다윗의 생애는 아브라함과 비교도 안 될 정도로 치열하고 파란만장한 삶이었습니다. 다윗의 특별함은 그토록 파란만장하고 우여곡절이 심한 삶의 현장에서 아브라함을 통해 드러난 원형대로의 믿음을 온전한 형태로 유지하면서 삶을 살아 낸 사람입니다. 이러한 파란만장한 삶을 관통하는 한 인간의 고뇌와 그런 속에서도 믿음을 지켜 승리하는 영적인 환희가 여러 시편을 통해서 거듭하여 잘 표현되고 있습니다.

두 사람의 차이를 요약하자면, 아브라함은 마음에서 영광의 하나님이 보이는 가운데 행동하였다면, 다윗은 모든 생활 현장에서 삶의 파도들로 인해 자기 마음에서 얼마든지 가려져 버릴 수도 있었을 하나님을 찾아내어 영광의 자리에 모셔 놓고 보면서 아브라함과 같은 행동을 했다는 점일 것입니다. 그러나 공통적인 것은 바로 하나님의 주권적인 은총의 역사로서만 아브라함은 아브라함이 될 수 있었고 다윗은 다윗이 될 수 있었다는 점입니다.

그러면 이제 이러한 아브라함과 이러한 다윗의 자손이신 예수님은 어떤 분이십니까? 그리스도이십니다. 믿음의 주요 구원의 길이신 그리스도이십니다. 그리스도로서 예수님은 그렇게 아브라함을 통해 원형대로 드러난 믿음을 다윗이 치열한 삶의 현장에서 온전히 지키며 살았던 것과 똑같은 기적과 같은 일이 모든 사람에게 일어나도록 하시기 위해서 이 땅에 오신 분이십니다.

그러므로 '아브라함과 다윗의 자손 예수 그리스도'라는 예수님의 별명 안에는 아브라함이 하나님과 사이에서 원형대로 이룬 디지털(0,1) 러브스토리가 다윗의 치열한 인생에서 재현되었듯이 그렇게 우리 같은 보통 사람들 각자에게도 이루어지게 하시려는 하나님 사랑과 구원의 의도가 들어 있습니다. 즉 우리에게도, 다윗처럼 매일 전쟁을 치르듯 사는 삶의 현장에서 얼마든지 아브라함처럼 하나님과의 디지털(0,1) 사랑을 이룰 수 있는 길이 열렸다는 겁니다.

얼마나 놀라운 일입니까? 정말 특별한 아브라함이 전 생애를 통해서 보여 준 '원형의 믿음'. 그리고 정말 특별한 다윗의 전 생애를 통해서 보여 준 '이 원형의 믿음으로 일관하는 삶'. 이 두 가지를 전혀 특별하지 못한 우리 모든 사람이 전 생애를 통해서 이룰 수 있도록 하시려고 예수님은 이 땅으로 오셨고 십자가를 지셨습니다.

맞습니다. 우리는 삶의 현장에서 이 디지털(0,1) 러브스토리를 이루어 내야 합니다. 그러나 절대로 우리는 그 사랑을 이루어 낼 수 없습니다. 우리는 태생적으로 지독한 죄의 체질을 가지고 태어난 자들로서 마음속 영광의 일등 자리는 언제나 하나님이 아닌 다른 대상들이 차지하고 있는 죄의 장아찌들입니다. 그래서 하나님의 주권이 특별하게 역사한 아브라함처럼 온전하게 믿을 수 없습니다. 그리고 마찬가지로 하나님의 주권이 특별하게 이끄신 다윗처럼 치열한 삶의 현장에서 하나님을 영광의 일등 자리에서 놓치지 않고 붙잡을 수가 없어서 날마다 그 믿음의 원형을 지켜 내며 살 수도 없습니다.

그러나 우리에게는 십자가에 못 박히셔서 죽고 부활하시고 승천하셔서 지금 하늘 보좌 우편에 계신 그리스도 예수님이 우리의 주님으로 계십니다. 특별하고 유일한 아브라함처럼, 특별하고 유일한 다윗처럼 우리가 모두 다 그렇게 각자 나만의 유일한 삶의 현장에서 하나님과 하는 디지털(0,1) 사랑 이야기를 직접 삶으로 써 내려갈 수 있는 이유와 근거가 바로 십자가에 못 박히신 예수 그리스도이십니다.

그러므로 '아브라함과 다윗의 자손 예수 그리스도'를 믿는 나 자신과 믿지 않던 때의 나 자신을 비교해 보면 나타나는 차이가 분명합니다. 그것은 바로 나의 삶이 아브라함이 보여 준 창조주 하나님과의 디지털(0,1) 사랑의 여정이냐 아니면 피조물들과의 디지털(0,1) 사랑의 여정이냐 하는 차이입니다. 우리가 지금까지 함께 나누었던 아브라함에게서 나타난 인격과 삶의 특성들이 우리에게서도 나타나야만 우리는 하나님을 믿고 사랑하는 자들입니다. 그런데 오직 십자가에 못 박히신 그리스도 예수님 안에 우리의 마음이 머무르는 동안만 이런 하나님 믿음과 사랑은 가능하다는 사실을 잊지 말아야 합니다.

아브라함이 좋아한 것

175세에 죽은 아브라함의 생애는 무척 특별합니다. 성경을 아무리 뒤져 봐도 예수님 전까지의 역사에서 아브라함 같은 사람을 찾아보기가 쉽지 않은 것이 사실입니다. 그의 아들인 이삭은 물론이요, 야곱은 말할 것도 없고, 심지어는 모세와 여호수아나 사무엘이나 욥 그리고 다윗이나 솔로몬같이 탁월한 믿음의 사람들도 딱히 아브라함 같지는 않았다고 여겨집니다.

아브라함의 특별함은 스데반 집사님의 설교에서 언급되었듯이 '영광의 하나님'을 보고서 하나님과의 동행이 시작되었다는 점입니다. 영광의 하나님이란 아브라함의 마음속에서 하나님이 일등이 되셔서 영예로운 빛을 발하게 되셨음을 의미합니다. 여기서 마음속 일등이라는 뜻이 무엇일까요?

한 사람의 마음은 어떤 대상의 있음을 의식하여 존재감을 느끼는 곳입니다. 그리고 또한 그렇게 실제로 있다고 느끼는 대상 중에서 좋다고 여겨지는 어떤 대상을 욕구함으로써 채움과 만족을 추구하는 장소이기도 합니다. 이러한 마음에서 하나님이 일등이라는 뜻은 마음에서 다양한 대상들의 있음을 의식하는 중에 하나님의 존재감이 다른 모든 피조물의 존재감을 제치고 일등이라는 뜻이며, 마음에서 채움을 위하여 일어나는 좋음을 향한 욕구에 대해서 모든 피조물의 좋음을 물리치고 하나님의 좋으심이 일등이라는 뜻입니다. 이렇게 언제 어디서나 하나님이 있다는 존재감이 일등이고 하나님의 좋으심이 일등이라서 오직 하나님만이 의식되고 하나님만을 열망하는 상태가 영광의 하나님을 보는 상태입니다.

그 당시 지구의 모든 인류를 통틀어 그 마음 안에서 하나님이 일등으로 빛을 발하시며 보이던 사람은 아브라함 말고는 없었던 상황이었습니다. 아브라함을 제외한 인류 모든 사람의 내부에서 하나님은 캄캄한 흑암 속에 묻혀 그들의 마음속에 하나님의 있음도 하나님의 좋음도 전혀 보이지를 않고 계셨습니다. 하나님이 사람들의 마음에서 흑암 속에 묻혀 버리신 상태였습니다.

물론 하나님이 영화로운 일등의 자리에서 빛을 발하며 보이시기 전에는 아브라함에게도 마음의 시선을 빼앗는 수많은 세상의 대상들이 있었을 것입니다. 영광의 가족, 영광의 아내, 영광의 재물, 영광의 건강 등등입니다. 그렇지요. 아브라함이라고 달랐겠습니까? 그러나 영광의 하나님을 본 뒤로 이제 그 어떤 대상도 아브라함의 마음 안에서 모든 시선을 다 빼앗는 영광의 자리를 차지하지 못했습니다. 아들인 이삭도 마음을 빼앗을 수 없었고, 아내인 사라도 마음을 빼앗을 수 없었고, 집과 재산도 마음을 빼앗을 수 없었습니다. 하나님이 약속해 주신 복지인 가나안 땅조차도 아브라함의 마음을 빼앗을 수 없었습니다. 아브라함의 마음에서 하나님은 이러한 모든 것을 다 제치고 일등을 하셨고 줄곧 그 일등 자리를 지키실 수 있었습니다. 이것이 바로 아브라함 믿음의 핵심이고 비밀입니다.

이러한 아브라함의 생애에서 특별히 믿음의 후손인 우리가 주목할 점이 있습니다.

첫째, 하나님 자신.
둘째, 하나님이 약속하시는 축복.
셋째, 아브라함의 마음.

이 셋의 삼각관계입니다.

창조주요 주권자이신 하나님 자신과 그 하나님께서 약속하신 이 땅에서의 축복. 이 둘은 아브라함의 마음 안에서는 언제나 라이벌 관계였다는 점입니다. 아브라함의 마음을 사이에 두고 하나님이 약속하신 축복과 그 축복을 약속하시는 하나님 자신이 경쟁을 벌였던 겁니다. 그런데 이 삼각관계에서 아브라함의 마음의 시선은 언제나 하나님이 약속해 주시는 이 세상 축복 대신에, 축복을 약속하시는 하나님 자신을 선택하여 향하고 있었습니다. 그러니까 아브라함의 마음에서 일어나는 채움과 만족을 위한 욕구는 축복이 아니라 하나님 자신을 향하였다는 말씀이지요.

우리가 진정으로 믿음을 가진 아브라함의 후손이라면 바로 이 점에 유념해야만 합니다. 소위 이 땅에서 사람들이 축복이라 할 만한 모든 것은 사실 믿음의 사람들에게는 하나님께서 이 땅을 향하여서 가지고 계시는 자발적인 뜻과 계획의 내용일 뿐입니다. 사람들이 하도 좋아하는 것들이라서 하나님께서도 순조로운 커뮤니케이션을 위해 '복'이라고 불러 주고 계시지만 사실은 이 세상에서 소위 복이라고 하는 모든 것은 단지 그냥 창조주요 주권자 하나님의 자발적인 계획과 뜻의 재료들입니다. 자발적이란 우리가 간구하고 졸라 대지 않아도 하나님이 스스로 다 계획하여 이루신다는 의미입니다. 아브라함에게 약속하신 모든 복이 다 그런 것들이었습니다. 아브라함에게는 좋다 나쁘다 할 것이 없는 가치 중립적인 하나님의 계획들이었습니다.

창세기를 아무리 살펴보아도 우리 믿음의 선조인 아브라함 자신은 단 한 번도 먼저 그런 세상적인 복들을 좋아하면서 간구해 본 적이 없습니다. 그러므로 우리가 아브라함의 믿음을 내 믿음으로 가지게 되는 은혜 안에서 누릴 진짜 축복은 단 하나 하나님 자신뿐입니다. 이 비밀과 진리를 아브라함의 전 생애가 웅변적으로 우리에게 드러내 선포하고 있습니다.

성경은 믿음의 선조인 아브라함을 대부호로 부각하지 않습니다. 기억될 만한 역사적 공헌을 한 사람으로 부각하지도 않습니다. 아브라함은 정치가도 아니었고 알렉산더나 칭기즈칸 같은 정복자도 아니었으며, 애굽의 바로와 같은 왕도 아니었습니다. 타인을 위한 사랑과 희생과 봉사로 생을 일관한 슈바이처나 마더 테레사 같은 사람도 아닙니다. 그렇다고 해서 플라톤이나 소크라테스 혹은 공자나 노자와 같이 성인의 경지에 이른 심오한 사상가나 종교가도 아니었습니다. 아브라함은 성인도 아니고 위인도 아니고 종교가도 아닙니다. 그렇다고 영웅도 아닙니다.

아브라함은 평생 나그네요 유랑민에 지나지 않았습니다. 다만 오직 하나님 한 분을 지독하게 사랑하며 좋아하여 평생 자기 자신을 성인도, 위인도, 영웅도, 평범한 보통 사람도 아닌 제로(0)가 되는 자리에만 묶어 두었던 사람입니다. 그 하나님 한 분이 좋아서 하나님을 마음에서 빼앗길세라 모든 대상을 자기 마음에서 죽이고 버리고 잃으면서 이 땅에 대해서는 나그네 신분을 떠나지 않고 삶을 살았던 사람입니다. 땅에 대해서 이런 태도를 보인 이유는 하나입니다. 오직 하나님과 함께 0과 1의 디지털(0,1) 조합을 유지하며 삶에서 호흡을 맞추기 위해서였습니다.

이것이 바로 믿음을 원형대로 보여 주는 아브라함의 삶이었습니다. 그러므로 우리가 믿음을 통해서 아브라함의 후손이 되었다면 우리 안에서 더는 그러한 믿음이 다른 가치들 즉 건강 장수나 재물, 부자, 만사형통 등에 대한 소원과 병존할 수 없음은 자명합니다. 역사적으로 기억될 만한 대단한 일을 해 보겠다는 바람, 타인을 위한 슈바이처나 마더 테레사와 같은 그런 생을 살겠다는 희망, 플라톤이나 공자와 노자 같은 사상을 가져 보겠다는 이상, 아인슈타인 같은 과학자나 뛰어난 정치가가 돼 보겠다는 결심 등을 한다면 모두 아직 원형대로의 믿음이 뭔지도 모르고 있는 상태라고 할 수 있겠습니다. 더구나 아내 사라나 아들 이삭을 대하는 태도를 보면 아브라함에게서 훌륭한 남편이나 훌륭한 아버지의 모습을 찾으려 함도 난센스입니다. 아브라함은 평생 자기를 아무것도 아닌 0의 자리에 놓기를 지속함으로써 오직 1이 되시는 하나님 한 분만을 놓치지 않으려 했을 뿐입니다. 그리고 아브라함이 이렇게 살아 계신 하나님 앞에서 고집스러울 정도로 0만 되려 함을 인격적 유전자로 대물림을 한 자들이 바로 선민이고 교인이고 믿음의 사람입니다.

십자가 복음을 복음 되게 하는 소원

예수님은 '아브라함과 다윗의 자손'이십니다. 이 별명에서 우리는 예수 그리스도가 이 땅에 오신 이유를 발견하고 복음이 왜 복음이 될 수 있는지를 알 수 있습니다.

예수님께서는 아브라함의 믿음을 우리에게 이루어 주기 위해서 오셨습니다. 그러므로 다윗의 생애에서처럼 치열한 삶의 현장에서 자칫 잃어버리기 쉬운 아브라함의 믿음을 가지고 유지하기를 극렬하게 소망하고 있는 사람에게만 예수님의 십자가 사건은 기쁨의 소식인 복음이 됩니다.

즉 십자가에 못 박히신 목적과 우리가 그 십자가를 붙잡으려는 이유가 서로 맞아떨어져야 한다는 말씀입니다. 삶의 현장에서 아브라함처럼 디지털의 0과 1의 방식을 통해서 하나님만을 갖고 싶은 강렬한 소원이 없다면 아무리 진지하게 예수님을 주님이라 고백하고 불러도 그 사람에게 십자가 복음의 효능은 무효가 됩니다.

아브라함의 믿음은 하나님과의 디지털 (0,1) 사랑의 여정이었습니다. 바로 이 하나님에 대한 믿음, 이 영광의 하나님에 대한 디지털 (0,1)

사랑이 내 인생의 가장 간절한 첫 번째 열망이 된 상태에서만 예수님의 십자가 사건이 내게는 복음이 될 수 있는 이유는 무엇일까요? 왜냐면 예수님의 십자가 사건을 통해서만 우리 사람은 하나님과의 디지털 (0,1) 조합을 위하여 0이 될 수 있기 때문입니다. 십자가는 우리가 하나님 앞에서 0이 될 수 있는 유일한 길입니다. 십자가는 이 용도 외에는 그 어떤 다른 소원에 대해서도 아무런 상관이 없는 사건입니다.

아브라함의 믿음은 신명기 6장 5절의 "너는 마음을 다하고 뜻을 다하고 힘을 다하여 네 하나님 여호와를 사랑하라"라고 하신 말씀과 내용상 일치합니다. 아브라함은 영광의 하나님을 본 뒤로 그 하나님의 영광스러운 일등 자리를 자기 마음 안에서 지키고 유지하기 위하여 세상의 모든 좋아할 만하고 소중한 다른 대상을 마음 안에서 끊임없이 죽이고 있었음을 삶의 전 과정을 통해서 여실히 보여 주었습니다. 그리고 이와 똑같은 일이 내게도 일어나야 하기에 예수 그리스도의 십자가 사건이 일어났습니다. 그러므로 이 십자가가 기쁨의 소식인 복음이 되려면 내 마음 안에서 하나님만 일등 되시기를 위해 내 마음의 시선을 빼앗아 가는 다른 모든 대상을 죽이지 못해 안달이 난 상태여야 한다는 겁니다. 십자가 사건은 이러한 몸부림으로 안달하는 사람들에게만 반가운 길이고 기쁨의 법이며 유일한 해결책으로서 복음이 될 수가 있는 사건입니다.

건강하게 오래 사는 것이든, 큰 부자가 되는 것이든, 높은 관료가 되는 것이든, 존경받는 사람이나 위대한 사상가가 되는 것이든, 남을 위해 희생하는 봉사자가 되는 것이든, 역사에 기록될 만한 놀라운 일을 이루고자 하는 것이든, 지금 하는 일이 잘되는 것이든, 최소한의 재정적 형편에서라도 온 가족이 화목하게 지내는 것이든 하여튼 사람은 간절한 소원을 가질 수 있습니다. 그런데 이렇게 마음에 품은 간절한 첫 번째 소원이 하나님을 영광의 자리에 지속하여 모시는 것이 아닌 한, 하나님을 마음과 뜻과 힘을 다하여 사랑하는 것이 아닌 한, 예수님의 십자가는 그런 다른 소원을 가진 사람들에게는 아무짝에도 쓸모없는 역사적인 촌극일 뿐입니다.

예수님이 이 땅에 오신 이유는 단 하나입니다. 하나님 자신에 미쳐서 하나님만을 그리워하느라 이 세상 것들을 향해서는 마음이 동태눈처럼 초점을 맞출 수도 없게 되고, 마음이 온통 하나님께로 가 버려서 세상에 대해선 넋이 나간 상태가 된 사람들에게 그들의 간절한 그 소원대로 하나님 자신을 안겨 주시고자 오셨습니다. 바로 이 일을 위해서 십자가를 지신 것이고요. 아브라함의 믿음과 같은 믿음을 주시겠다는 것이고, 아브라함같이 하나님과 하는 디지털(0,1) 사랑을 다윗처럼 치열한 삶의 현장에서 나도 할 수 있도록 해 주시겠다는 약속이 바로 십자가 사건인 것입니다.

아브라함과 다윗 이야기의 차이

예수님의 십자가 사건은 아브라함처럼 진실로 자기는 0이 되어서 1이 되시는 하나님만을 사랑할 것을 간절히 바라는 자들에게 힘과 능력을 발휘합니다. 이러한 자들에게만 십자가 복음은 진짜 복음이 될 수 있습니다.

"아브라함과 다윗의 자손 예수 그리스도"라는 구절이 뜻하는 바대로 다윗은 아브라함이 보여 준 믿음의 원형을 삶의 현장에서 실천하며 살았던 사람입니다. 다윗은 목동의 신분으로 지낼 때나 도망자 10년의 신분을 지낼 때, 그리고 군대를 이끌고 전쟁터에서 지낼 때, 정글과도 같은 정치판에서 왕의 신분으로 지낼 때, 모두 아브라함의 믿음을 유지했습니다. 오직 하나님 한 분만을(1) 좋아하며 사랑하는 믿음을 가지고 목동 일을 했고, 그 믿음을 가지고 도망자라는 비참한 생애를 이겨 나갔으며, 그 믿음을 가지고 왕 노릇을 하며 군대의 선봉에 서서 전쟁을 치르기도 했습니다.

성경 속에 소개되는 다윗 인생의 관전 포인트는 목동에서 정치적인 도망자 신분을 거쳐 왕이라는 위치로 드라마틱하게 옮겨 간 신분의 상향식 이동 과정에 있지 않습니다. 오히려 이런 다양한 신분의 변화 과정에서 수없이 우여곡절을 겪는 중에도 다윗은 일관되게 하나님 한 분만을 좋아함으로써 0과 1의 디지털(0,1) 조합을 이루었음에 다윗 인생의 포인트가 있는 것입니다. 목동과 개선장군과 국민 영웅과 반역자로 몰린 도망자와 그리고 반쪽짜리 나라의 왕과 그리고 통일 왕국의 왕이라는 파란만장한 인생의 여정을 관통하는 동안 오직 하나님 한 분만(1)을 진짜로 사랑하며 사는 사람의 표본으로 제시된 인물입니다. 이러한 다윗의 믿음이 바로 내 것이 되도록 하기 위해서 그리고 창세전에 택하신 모든 선민의 것이 되도록 하기 위해서 주님의 십자가 사건은 일어났습니다.

우리는 여기서 아브라함과 다윗의 이야기 속에서 가장 두드러진 차이점 하나를 발견하게 됩니다. 바로 죄라는 것입니다.

아브라함에게는 명백하게 죄가 드러난 사건의 기록이 없습니다. 그런데 다윗의 삶에서는 아주 명백하게 죄가 드러나는 사건들이 나타납니다. 물론 아브라함은 죄인이 아니라는 뜻이 아닙니다. 성령의 감동으로 기록된 성경 속 의도를 염두에 두고 말하자면 두 사람을 통해서 하나님께서 우리에게 드러내어 보여 주시려는 강조점이 서로 다르다는 뜻이지요.

 아브라함의 이야기 속에서는 죄를 범하여 하나님의 진노를 입는 이야기가 들어 있지 않지만, 다윗은 우리야의 아내 밧세바를 범합니다. 그리고 하나님의 명을 어기면서 백성을 계수하는 죄를 범하기도 합니다. 그 결과 매번 하나님의 진노를 맞닥뜨리게 됩니다. 이러한 믿음의 이탈로 인해서 하나님과의 관계가 위기에 처할 때마다 다윗은 진심 어린 회개와 그로 인해 주어지는 죄 사함을 힘입어 난관을 극복하면서 기필코 하나님과의 디지털(0,1) 사랑의 여정으로서의 자기 생애를 완성해 나갑니다.

 우리의 질문은 이렇습니다. 성군 다윗의 죄악 됨은 도대체 어떤 시점에서 나타날까요? 이 질문이 중요한 것은 우리도 다윗처럼 치열한 삶의 현장에서 아브라함의 원형 그대로의 믿음을 재현하여야 하기 때문입니다. 그런데 이러한 믿음의 재현에서 가장 중요한 문제가 바로 죄의 문제이지요. 그리고 그런 죄는 실제 생활 현장에서 어떤 상황으로 자기 모습을 드러내느냐는 것입니다.

 성군으로 불리는 다윗에게서 죄악은 그 마음의 시선에서 영광의 하나님을 놓칠 때마다 밖으로 드러나서 열매를 맺게 됩니다. 잘 알려진 대로 영광의 하나님 보기를 놓치고 그 순간 하나님을 대신하여서 우리야의 아내 밧세바가 다윗의 마음에서 영광의 자리에 등극합니다. 다윗의 마음 안에 있음의 존재감과 좋음의 크기 경쟁에서 밧세바가 창조주 하나님을 이겨 버렸습니다. 그러자 성군 다윗은 참으로 극악무도한 패륜적 범죄자가 되어 버립니다.

 마음의 시선이 영광의 하나님을 놓아 버리고 다른 남자의 아내인 밧세바를 향한 상태는 하나님 이외에 다른 신을 두지 말라고 하신 제1계명을 어긴 것입니다. 왜냐면 하나님에게만 주어져야 할 마음의 첫 번째 자리를 밧세바가 차지하였으니 밧세바를 신의 자리에 앉힌 셈입니다. 게다가 탐욕 죄에 간음죄, 그녀의 남편 우리야를 간접적으로 죽이는 살인죄와 거짓말하는 죄까지, 그야말로 다윗의 인격 상태는 영적으로 초토화되면서 사탄의 마음을 환희에 넘치게 하는 죄악의 종합 선물세트가 되어 버립니다. 또 밧세바 범죄 이후에도 자신이 왕으로서 이룬 업적이 마음에서 영광의 대상이 됨으로써 하나님이 일등 자리에서 강등되신 상태가 유지되는 가운데 다윗 속에서 도사리던 죄가 또다시 밖으로 드러나 기승을 부리게 됩니다.

성경이 말씀하시는 죄는 이렇게 마음에서 작용하는 '있음'을 느끼는 의식과 채움을 바라는 욕구가 '하나님을 빗나감'을 뜻합니다. "피조물을 조물주보다 더 경배하고 섬김"(롬1:25)의 상태입니다.

우리도 우리 각자의 인생이 하나님과 하는 디지털(0,1) 러브스토리가 되도록 하려면 가장 경계해야 할 일이 다름 아닌 다윗식의 죄악입니다. 다른 대상이 우리 마음에서 영광의 일등 자리를 하나님 대신에 차지하게 되는 상태가 죄라는 사실을 잊지 말아야 합니다. 마음이 지금 하나님을 보고 있지 못한 상태. 그래서 있음의 무게감과 좋음의 크기에서 다른 대상들이 하나님을 이기고 하나님을 일등 자리에서 내몰아 버린 상태. 이 상태를 잠시라도 그대로 놔두면 안 됩니다. 나 자신에게는 가장 무서운 상황이 바로 영광의 하나님이 내 마음에서 보이지 않고 다른 대상들이 그 자리를 차지하고 있는 상태입니다. 이 상태로부터 모든 죄악이 밖으로 나와 다윗의 밧세바 범죄 현장에서처럼 역사합니다. 즉 참혹한 죄악이 일상의 현장에서 내 인격을 장악하고 내 일상의 삶을 흑암과 멸망으로 덮어 버립니다. 우리의 일상이 항상 기쁨과 쉬지 않는 기도와 범사의 감사가 없는 이유는 간단합니다. 영광의 하나님 자리에 다른 피조물이 들어선 상태를 내버려 두고 있기 때문입니다.

우리에게 주어진 십자가 복음이 기쁨의 소리가 되는 이유는 무엇입니까? 하나님을 제치고 다른 대상들이 영광을 받는 일이 벌어지고 있는 상태의 내 마음을 예수님 십자가를 바라봄을 통해서 언제 어디서나 거듭거듭 죽일 수 있다는 사실입니다. 십자가에서 못 박혀 죽은 예수님과 나를 동일시하는 고백을 통하여 영광의 일등 자리에서 하나님을 놓쳐 버린 죄악 된 내 마음을 죽이고 부활하신 예수님과 함께 다시 태어납니다. 그래서 또다시 하나님을 내 마음에서 일등으로 모실 수 있다는 것입니다. 내 마음 안에서 하나님이 아닌 다른 대상이 영광의 일등을 차지하는 상태인 죄는 나와 하나님과의 디지털(0,1) 러브스토리를 전적으로 방해하고 중단시키는 원수입니다.

내 건강이나 내 돈이나 내 명예나 내 기회나 내 자존심 빼앗아 가는 원수는 원수 축에도 끼지 못합니다. 내 마음의 일등 자리에서 하나님을 물리치고 들어선 나의 모든 소중하고 아까운 존재들이 진짜 나의 원수입니다. 그래서 주님은 말씀하십니다.

"사람의 원수가 자기 집안 식구리라 아버지나 어머니를 나보다 더 사랑하는 자는 내게 합당하지 아니하고 아들이나 딸을 나보다 더 사랑하는 자도 내게 합당하지 아니하며 또 자기 십자가를 지고 나를 따르지 않는 자도 내게 합당하지 아니하니라"(마10:36-38)

십자가에서 죽는 예수님을 따르려면 소중하고 아까운 모든 존재를 마음속에서 죽이겠다는 각오 없이는 불가능하다는 말씀입니다.

바로 이렇게 내 인격의 죄적 체질과 관련된 지점에서 특이한 현상이 발생합니다. 세상 사람들에게서는 볼 수 없는 원한입니다. 바로 이 지점에서 '택하신 자들의 원한'이 발생합니다. 하나님이 당신과의 디지털(0,1) 사랑을 위하여 창세전에 상대자로 선택한 사람들에게서만 특징적인 원한입니다. 하나님이 택하신 사람이 분명하다면 그 증거가 바로 이 '원한'입니다. 영광의 일등 자리에서 하나님을 놓치고 싶지 않은데 생활 현장은 정말 지독하게 나를 놔두지 않고 내 마음에서 하나님을 어둠 속으로 몰아내 버립니다.

택하신 자들의 원한

누가복음 18장 1-8절을 보면 예수님께서 불의한 재판관과 강청하는 과부의 비유를 말씀하십니다. 불의한 재판관은 말 그대로 정직하지 않은 재판관입니다. 돈 몇 푼이나 생선 쪼가리라도 갖다 줘야 이로운 판결을 내려 줍니다. 그런데 과부는 그러기엔 너무나 힘이 없고 배경도 없었습니다. 따라서 과부에게는 오직 반복해서 찾아가 강렬하게 부탁하는 방법밖에 없었습니다. 결국에 불의한 재판관은 귀찮아서 과부의 원한을 들어줍니다.

예수님은 이러한 비유를 말씀하시며 7-8절에서 "하물며 하나님께서 그 밤낮 부르짖는 택하신 자들의 원한을 풀어 주지 아니하시겠느냐? 그들에게 오래 참으시겠느냐? 내가 너희에게 이르노니 속히 그 원한을 풀어 주시리라 …"라고 말씀하십니다.

우리는 이 말씀을 오해할 수 있습니다. 일상의 현장에서 삶을 살다가 생겨난 마음의 원한이나 소원을 하나님께 강렬하게 간구하라는 권면으로 착각할 수 있습니다. 그래서 이렇게 삶의 소원을 강렬하게 간청하는 것이 기도라고 이야기합니다. 그러나 이어지는 주님의 말씀을 보면 그것이 오해임을 알 수 있습니다.

8절의 하반부를 보면 " … 그러나 인자가 올 때 세상에서 믿음을 보겠느냐 하시니라"라고 하였습니다. 생활 문제를 위한 소원을 위하여 강렬하게 요청하는 기도를 드리는 것이 믿음이라면 그런 믿음의 사람은 지금이라도 우리 주변에서 얼마든지 찾아볼 수 있지 않습니까? 대부분 기독교 종교인이 그런 기도를 드리는 믿음을 가지고 있지요. 결코 찾아볼 수 없는 경우는 아니지만 예수님이 염려하실 정도의 일도 아니라는 것입니다.

그러나 예수님께서는 간청함과 믿음을 연결하여 언급하십니다. 간청하는 믿음을 보실 수 없다고 하십니다. 그런데 여기서 믿음은 아브라함과 다윗의 자손이신 예수 그리스도께서 말씀하시는 것으로서, 아브라함이 원형대로 보여 주었던 바로 그 믿음을 가리킨다는 사실은 의심할 여지가 없습니다.

이러한 이해를 전제하고 보면 8절의 말씀의 의미는 전혀 달라집니다. 아브라함의 믿음을 원형이라고 볼 때 8절에서 "인자가 올 때 세상에서 믿음을 보겠느냐?"라는 말씀은 세상에서 원형대로의 믿음이 보이지 않을 수 있는 회의적인 상황을 내다보시면서 하시는 말씀입니다. 즉 하나님만을 마음 안에서 영광의 자리에 모시기 위하여 다른 모든 대상을 마음 안에서 죽여 버리는 아브라함의 믿음을 가진 사람을 보겠느냐고 물으시는 겁니다.

그리고 7절에서 "그 밤낮 부르짖는 택하신 자들의 원한을 풀어 주지 아니하시겠느냐 그들에게 오래 참으시겠느냐?"라고 말씀하실 때의 원한 또한 우리가 생각하는 것과는 전혀 내용이 다릅니다.

우리는 살다가 내 마음에 안 들고 못마땅해서 가슴에 맺힌 일들을 다 이 원한에 포함하고자 합니다. 그리고 그러한 원한을 따라서 기도라는 이름으로 무엇이든지 강하게 간청하고 반복하여 끈질기게 하나님께 요구하면 들어주시리라고 주님이 말씀하신 것으로 생각합니다.

그러나 이러한 이해는 난센스입니다. 아브라함이 보여 준 믿음의 원형과 예수님이 말씀하신 믿음이 다르지 않다면 이 믿음과 택하신 자들의 원한이란 생활 문제가 아니라 하나님 자신과 관련된 내용일 수밖에 없습니다.

선택받은 자들이 강렬하게 간구하도록 만드는 원한은 아브라함의 소원과 같습니다. '영광의 하나님만을 사랑하고 싶습니다. 마음을 다하여 하나님만을 좋아하고 싶습니다. 하나님만이 내 마음의 의식과 욕구의 첫 번째 대상이 되었으면 바랄 것이 없겠습니다.'

그런데 이 소원이 정말 끈질기게 이루어지지를 않습니다. 다윗의 생애 못지않은 치열한 우리의 삶의 현장은 자꾸만 내 마음을 영광의 하나님으로부터 떼어 내서 멀리멀리 하나님이 안 보이는 곳으로 이끌어 갑니다. 내 마음에서 하나님이 지속하여 영광의 일등 자리에 계실 수 없게 합니다. 자식이 하나님을 물리치고 내 마음에서 일등을 합니다. 남편이 그 자리를 빼앗아 갑니다, 아내가 그 자리를 빼앗아 갑니다. 건강과 돈과 승진과 성과의 문제가 내 마음을 빼앗아 갑니다. 하나님만을 영광의 자리에 모시고 깊이깊이 사랑하고 싶은 것이 소원인데 그 소원이 이루어지지 않습니다. 바로 이것이 택하신 자만 가실 수 있는 원한입니다. 그리고 거꾸로 바로 이 원한이 택함을 받았다는 증거입니다.

이 세상 것들이 도대체 뭐라고 나의 하나님을 내 마음의 일등 자리에서 몰아낸다는 말입니까? 이런 실제 상황을 아무리 안타까워하고 속상해해도 이 죄악 된 현상이 내게서 끊어지지를 않습니다. 좀 더 하나님을 좋아했으면 좋겠는데, 좀 더 하나님을 사랑했으면 좋겠는데, 마음을 하나님 아버지로 가득 채웠으면 좋겠는데, 이렇게 간절한 나의 바람을 아랑곳하지 않은 채 눈에 보이고 귀에 들리는 이 세상의 존재들은 끊임없이 내 안으로 침투하여 들어와서는 하나님 우리 아버지로부터 내 마음을 멀리멀리 사로잡아 갑니다. 마음에서 영광의 일등 자리에 하나님을 굳건히 모시는 것이 아니라 의식의 어둠 속으로 하나님을 몰아내 버립니다. 끊임없이 반복 지속하는 바로 이 상황으로부터 택하신 자의 원한이 생깁니다.

'하나님 아버지! 제발 내 마음을 주장하여 주시고 내 마음을 장악하여 주시옵소서. 보이고 들리는 이 세상일에 사로잡힐 수밖에 없는 내 마음을 지켜 주시옵소서.'라고 끈질기게 기도합니다. '하나님만을 사랑하게 해 주세요. 하나님만을 좋아하게 해 주세요. 하나님을 가진 기쁨으로 이 세상을 이기며 살 수 있게 해 주세요.'라고 끈질기고 강렬하게 기도합니다.

예수님은 하나님께서 이러한 기도를 오래 참으시지 않고 속히 들어 주실 것이라 말씀하고 계십니다. 그러나 이렇게 희망적인 약속과 함께 속에 깊이 담고 계시는 우려를 숨기지 못하고 드러내십니다.

8절의 " … 내가 너희에게 이르노니 속히 그 원한을 풀어 주시리라 그러나 인자가 올 때 세상에서 믿음을 보겠느냐?"라는 말씀입니다. 세상에서 보실 수 없을 것 같아 우려하시는 이 믿음이 바로 아브라함에게서 보였던 그 원형대로의 믿음입니다.

즉 '누가 아브라함이 그랬듯이 그런 정도로 오직 하나님만을 좋아하겠느냐? 누가 마음을 영광의 하나님으로 채우지 못한 상태를 원한으로 삼겠느냐? 하나님께 하나님 자신을 원하여 기도하고 간구하는 아브라함과 같은 믿음이 있는 자를 내가 볼 수 있겠느냐?'라는 말씀을 하고 계시는 것입니다.

십자가 생활화

이렇게 택하신 자들의 원함으로 인해서 빚어진 결과가 바로 십자가 생활화입니다.

십자가 생활화는 말 그대로 생활 속에서 십자가 써먹기입니다. 생활 현장에서 십자가의 예수님을 우선으로 의식하여 바라보는 것입니다. 그렇게 바라봄을 통해서 십자가에서 죽은 예수님과 나를 의식적으로 동일시하는 것입니다. 이러한 십자가 생활화가 중단 없이 이루어지면 '나는 십자가에서 예수님과 함께 이 생활 현장에 대해서 죽은 자다'라는 자아의식의 형태를 띠게 됩니다. 이런 '십자가에서 죽은 자의 자아의식'이 항상 유지될 때 치열한 생활 현장에서도 영광의 하나님을 놓치지 않고 0과 1의 디지털 조합이 이루어지며 유지될 수 있습니다.

그래서 십자가 생활화는 영광의 하나님을 반복하여 놓치게 하는 자기 속의 죄의 체질에 대한 원함을 밑바탕에 깔고 있어야만 할 수 있는 일입니다. 정말 간절히 내 마음이 있음을 의식함에서 그리고 좋음을 욕구함에서 오직 하나님만 일등 하시기를 바랍니다. 즉 하나님 있음에 대한 존재감과 하나님으로만 채움에 대한 소망이 언제나 마음 안에서 일능이 되기를 바랍니다. 하나님의 영광이 그 어떤 소중하고 아까운 다른 대상에 의해서도 가려지지 않기를 바랍니다. 그런 대상들로는 내 몸이나 내 가족이나 건강이나 직장이나 재산이나 명예나 각종 소유물 등등이 있지요.

그런데 삶의 현장에서 일상을 살다 보면 여지없이 우리 마음은 영광의 하나님을 잃어버리고 크고 작은 이런 다양한 피조물들이 그 자리를 차지하는 상황을 맞이하게 됩니다. 마치 성군이라 불리던 다윗이 한순간 밧세바에게 그 마음속 일등 자리를 내주었듯이 그렇게 우리 마음에는 수없이 다양한 밧세바가 때마다, 장소마다 치고 들어와 영광의 일등 자리를 차지합니다. 그래서 아브라함처럼 하나님과 0과 1의 디지털 (0,1) 조합을 이루어 사랑하며 호흡을 맞추어 살 수가 없는 상태로 되돌아가곤 합니다.

이런 상황은 위대한 사도 바울도 우리와 똑같았던 모양입니다. 그래서 사도 바울이 취한 정말 극단의 조치가 바로 십자가 생활화입니다. 즉 십자가에 못 박히신 그리스도를 보배라 하시면서 질그릇인 자기 몸 안에 담고 다닌다고(고후4:7) 하시질 않나, 아예 "항상 예수의 죽음을 몸에 짊어진다"(고후4:10)라고도 합니다.

이것으로도 모자라 사도 바울은 아예 '예수님과 함께 십자가에서 못 박혀 죽은 자'라는 자아의식을 가지고 살았습니다.

"내가 그리스도와 함께 십자가에 못 박혔나니 그런즉 이제는 내가 사는 것이 아니요 오직 내 안에 그리스도께서 사시는 것이라 … "(갈2:20)

아예 예수님 십자가가 무슨 내 몸속 오장육부처럼 떼려야 뗄 수 없는 장기 중 하나라도 된 듯이 그렇게 늘 자신의 의식 안에서 붙박이로 담고 다녔다는 뜻입니다. 왜 사도 바울은 예수님의 십자가를 이렇게까지 남달리 별나게 믿으면서 붙잡으며 몸부림쳤을까요?

다름 아닙니다. 아예 자꾸 세상 쪽으로 향하려는 마음의 입구에 의식적으로 십자가를 붙박이처럼 세워둠으로써 이 세상에서 만나는 그 어떤 대상도 마음 안으로 들어오지 못하게 하려 했던 겁니다. 그래서 그 무엇이든지 함부로 들어와서 하나님을 영광의 일등 자리에서 밀어내는 일을 원천 봉쇄하려는 의도로 그토록 십자가를 철저히 생활화했던 것입니다. 아예 이 세상에서 만나는 모든 대상에 대해 아까움과 소중함을 느끼는 자기 마음을 십자가 위에서 못 박혀 죽은 자의 위치에 놓음으로써(0) 영광의 하나님만을 일등으로 지키고(1) 싶었던 것이지요.

이런 간절한 바람이 있고 한편에는 그렇게 되지 못하게 내 마음이 하나님을 빗나가도록 하는 죄적 체질이 있습니다. 바로 이러한 나 자신의 죄적인 체질에 대한 원한을 갖고 계시던 사도 바울은 오직 예수님의 십자가가 끊임없이 의식되는 동안만 내 마음을 빼앗아 가는 세상 모든 것들에 관한 마음의 흡입력이 봉쇄되고 차단된다는 사실을 간파하셨습니다. 오직 십자가 생활화를 통해서만, 세상 것들이 내 마음 안으로 침투해 들어오는 가능성이 제로(0)가 되고 또 거꾸로 내 마음이 세상 것의 매력에 빠져서 자발적으로 세상을 향하여 달려갈 가능성이 제로(0)가 됩니다. 이 상황을 사도 바울은 다음과 같이 말씀하십니다.

"그러나 내게는 우리 주 예수 그리스도의 십자가 외에 결코 자랑할 것이 없으니 그리스도로 말미암아 세상이 나를 대하여 십자가에 못 박히고(0) 내가 또한 세상을 대하여 그러하니라(0)"(갈6:14)

영광의 하나님이 내 마음에서 항상, 쉬지 않고, 범사에 일등 자리를 차지하느냐? 못 하느냐? 하는 문제에 사도 바울은 자기의 전체 여생을 건 것입니다. 즉 자기와 하나님의 0과 1의 디지털 조합을 위하여 예수님의 십자가를 자기 육체의 한 지체라도 된 듯이 의식 안에 담고 다녔습니다. 그리고 그렇게 지속하여 머문 십자가에 못 박히신 그리스도 예수님 안에서 사도 바울의 마음은 부활과 승천과 우편에 이르는 그리스도 연쇄 과정을 따라 하늘 보좌 우편까지 올라갑니다. 이제 그 마음은 보좌 우편에 자리 잡으신 "그리스도 예수 안에서 함께 하늘에 앉히신"(엡2:6) 상태에서 항상, 쉬지 않고, 범사에 오직 하나님만을 직면하며 영광의 하나님을 뵈는 일을 멈추지 않았던 것이지요.

사도 바울의 마음이 그토록 몸부림치며 영광의 하나님을 놓치지 않으려고 십자가를 붙잡고 씨름하는 동안 하나님이 성령을 보내셔서 사도 바울의 몸을 통해 이 땅에서 이루신 역사가 바로 3차에 걸쳐 이루어진 전도 여행이었습니다. 사도 바울의 마음은 영광의 하나님 한 분 지키기 위해 평생을 걸고 씨름하는 동안, 그 짬을 통해 성령께서는 이 땅 위에서 사도 바울의 몸을 장갑처럼 끼고 사용하시어 사방으로 구원의 역사를 확장해 가셨던 겁니다.

십자가 복음이 어떤 상황에서 복음이 됩니까? 영광의 하나님을 마음에서 놓치기 싫어 원한이 맺힌 택하신 백성들에게만 기쁨의 소식으로서의 복음이 됩니다. 오직 십자가에 못 박히신 그리스도 예수님 안에 내 마음이 머물 때만 우리는 세상 모든 피조물에 대한 관계에서 0의 위치를 유지할 수 있고 그럼으로써 영광의 하나님만을 1로서 내 마음의 일등 자리에 모실 수 있으며, 그래서 하나님과 0과 1의 조합을 이루는 디지털(0,1) 사랑을 완성해 나갈 수가 있습니다.

예수님의 십자가를 이렇게 모든 일상의 현장에서 마르고 닳도록 써 먹어야 합니다. 어떤 피조물을 마음의 일등 자리에 올려놓고 사랑하느라 창조주 하나님을 그 일등 자리에서 놓치는 것이 바로 죄악입니다. 그런데 이보다 더 큰 죄악이 무엇인지 아십니까? 그런 내 마음의 상태를 죽이고 없애기 위해서 독생자 예수님이 이루어 주신 십자가를 생활 현장에서 전혀 써먹지 않는 것입니다.

골방 기도로 아브라함 따라잡기

(마태복음 6장 5절-12절)
5. 또 너희는 기도할 때에 외식하는 자와 같이 하지 말라 그들은 사람에게 보이려고 회당과 큰 거리 어귀에 서서 기도하기를 좋아하느니라 내가 진실로 너희에게 이르노니 그들은 자기 상을 이미 받았느니라
6. 너는 기도할 때에 네 골방에 들어가 문을 닫고 은밀한 중에 계신 네 아버지께 기도하라 은밀한 중에 보시는 네 아버지께서 갚으시리라
7. 또 기도할 때에 이방인과 같이 중언부언하지 말라 그들은 말을 많이 하여야 들으실 줄 생각하느니라
8. 그러므로 그들을 본받지 말라 구하기 전에 너희에게 있어야 할 것을 하나님 너희 아버지께서 아시느니라
9. 그러므로 너희는 이렇게 기도하라 하늘에 계신 우리 아버지여 이름이 거룩히 여김을 받으시오며
10. 나라가 임하시오며 뜻이 하늘에서 이루어진 것 같이 땅에서도 이루어지이다
11. 오늘 우리에게 일용할 양식을 주시옵고
12. 우리가 우리에게 죄 지은 자를 사하여 준 것 같이 우리 죄를 사하여 주시옵고
13. 우리를 시험에 들게 하지 마시옵고 다만 악에서 구하시옵소서 나라와 권세와 영광이 아버지께 영원히 있사옵나이다 아멘

굶주린 마음으로 하나님 먹기

아브라함이 영광의 하나님과 함께 이룬 0과 1의 디지털(0,1) 조합을 내게서 재현한다는 사실은, 내 마음과 하나님 사이에 아무런 것도 끼어들어 올 수 없을 정도로 밀착된 상태를 이루고 유지함을 뜻합니다.

그리고 이러한 내 마음과 하나님의 밀착 상태가 언제나 참 아브라함의 후손을 바라보시는 하나님의 핵심 관점이었습니다. 이런 관점에서 보실 때 구약 성경 시대와 예수님 당시 이스라엘 선민이라는 사람들의 마음이 실제로는 전혀 하나님과 밀착된 상태를 이루지 못하고 있었음을 다음과 같이 지적하십니다.

"이르시되 이사야가 너희 외식하는 자에 대하여 잘 예언하였도다 기록하였으되 이 백성이 입술로는 나를 공경하되 마음은 내게서 멀도다"(막7:6)

마음이 하나님과 밀착했을 때와 그 사이에 무엇인가가 끼어들어 와 거리가 생겼을 때의 차이는 무엇일까요? 밀착했을 때는 하나님 먹기가 이루어집니다. 그에 반해 거리가 생기면 하나님과는 그 어떤 실제의 교류도 일어나지 않습니다. 개인적이고 인격적인 교류 대신에 오직 종교의 신으로서 하나님이라는 이름만을 일방적으로 부르며 스스로 하나님을 믿는다고 착각하는 오류에 빠지고 맙니다.

그렇다면 도대체 하나님을 먹는다는 의미는 무엇일까요? 우리가 십자가에 못 박혀 죽은 예수님을 먹는다는 비유적인 표현의 의미는 익히 압니다. 십자가에 못 박혀 이루신 예수님의 죽음을 먹는 것입니다.

"내 살은 참된 양식이요 내 피는 참된 음료로다. 내 살을 먹고 내 피를 마시는 자는 내 안에 거하고, 나도 그의 안에 거하나니 … "(요6:55-56)

이처럼 당신을 "하늘에서 내려온 떡"(요6:58)이라고 하신 대로 우리는 매일매일 겪는 우리 삶의 현장에서 십자가에서 이루어진 예수님의 죽음을 먹습니다. 예수님의 죽음을 먹는 방법은 십자가를 바라보며 못 박혀 죽은 예수님과 나를 동일시하는 겁니다. 죽음의 동일시를 통해서 십자가의 예수님을 먹습니다.

그렇다면 하나님을 먹는 것은 어떻게 할까요?

내 마음은 있음을 의식하여 존재감을 느낍니다. 동시에 좋음을 욕구함으로써 만족감을 얻으려 합니다. 마음에서는 이런 두 작용이 24시간 일어나고 있습니다. 이 작용은 나의 의지와 상관없이 일어납니다. 창조주 하나님에 의해서 마음 안쪽이 공백으로 만들어진 내 마음의 속성상 자동으로 일어납니다. 마음 공백으로부터 자동으로 흡입력이 발생하고 있는 것이지요. 하나님은 본래 인간을 만드실 때 당신이 들어가야만 온전히 채워질 수 있도록 당신 크기로 사람의 마음에 공백을 만들어 놓으신 것입니다. 이런 전제하에서 우리는 다음과 같은 주님의 기도를 이해할 수가 있지요.

"내가 비옵는 것은 이 사람들만 위함이 아니요 또 그들의 말로 말미암아, 나를 믿는 사람들도 위함이니, 아버지여, 아버지께서 내 안에, 내가 아버지 안에 있는 것 같이 그들도 다 하나가 되어 우리 안에 있게 하사, 세상으로 아버지께서 나를 보내신 것을 믿게 하옵소서 내게 주신 영광을 내가 그들에게 주었사오니, 이는 우리가 하나가 된 것 같이 그들도 하나가 되게 하려 함이니이다"(요17:20-22)

아버지가 예수님 안에 있고 예수님이 아버지 안에 있듯이 그렇게 하나님 안에 계신 예수님 안에 내가 있고 또한 그런 내 안에 아버지가 있는 신비하고 기적 같은 일이 일어나게 해 달라고 기도하신 것입니다. 이렇게 나 한 사람이 삼위일체(三位一體) 되심에 가담하여 사위(四位)가 일체(一體) 되는 역사가 일어날 수 있는 이유는, 내 마음에 공백이 있어서 하나님께서 들어오실 수 있기 때문입니다.

있음을 의식함과 좋음으로 마음을 채우려는 욕구는 내 존재의 방식입니다. 마치 육체의 존재 방식이 배고픔을 느끼면서 음식을 먹어야 함과 같습니다. 마음도 굶주림을 압니다. 그러므로 하나님을 먹기란 이처럼 내 마음에서 내 의지와 상관없이 일어나는 '있음'을 의식하는 존재감과 '좋음'으로 채우려는 욕구가 오직 하나님만을 대상으로 삼는 상태입니다. 하나님의 존재감을 내 의식 안으로, 하나님의 좋음을 내 욕구 안으로 끌어당김이 하나님을 먹는 것입니다.

인간은 스스로 있는 자가 아닙니다. 그래서 무엇인가 다른 존재가 있다고 의식하여 존재감을 확보하여야 자기 존재의 근거와 발판을 확보할 수 있습니다. 즉 누군가가 있다는 느낌이 있어야 자기 자신도 편하게 있을 수 있다는 겁니다. 그렇지 못하면 자기가 살아서 있어야 할 이유를 발견할 수 없는 상태가 되는데 이런 상태가 인간의 가장 근원적인 두려움입니다. 그래서 항상 어떤 다른 존재로부터 주어지는 있음의 존재감에 대해서 굶주림을 느낍니다.

그리고 이렇게 존재감을 느낄 수 있음과 동시에 좋다고 여겨지는 대상을 찾아서 마음 공백의 채움을 위해 욕구합니다. 이러한 욕구가 충족되지 않아 마음이 채워지지 않은 상태에서 느끼는 것이 바로 도저히 견딜 수 없는 공허감과 허무감입니다. 그래서 사람은 이러한 근원적인 공허함에 쫓기면서 마음 채움을 위하여 24시간 좋은 것에 대해 늘 굶주림을 느낍니다.

그렇다면 아무런 다른 존재가 끼어들어 올 수 없을 만큼 친밀하게 내 마음과 하나님 사이에 0과 1의 조합이 이루어진다면 대체 그 조합 속에서는 어떤 일이 벌어지겠습니까? 내 의지와 상관없이 작동하는 있음의 존재감을 의식하려는 굶주림과 좋음으로 공백을 채우려는 만족을 향한 굶주림이 하나님을 향할 수밖에 없는 일이 아니겠습니까? 끊임없이 실제로 살아 계신 하나님을 향하여 내 마음에서 하나님 있음의 존재감이 살아 있고 하나님 좋음을 향한 채움의 욕구가 활발하게 일어나야 당연합니다.

더구나 하나님 쪽에서는 이미 그리스도 예수님 안에서, 당신 자신을 유일한 대상(1)으로서 통째로 나에게 제시하여 주셨습니다. 이제 내가 하나님의 1이 되어 주심에 맞추어 다른 모든 대상에 대해서는 예수님 십자가에서 죽음으로써 0이 되어 0과 1의 조합을 이루기만 하면 됩니다. 이럴 때 이 디지털(0,1) 조합 속에서는 반드시 살아 있는 두 인격인 내 마음과 하나님 사이에 실제 교류가 일어날 수밖에 없다는 것입니다.

왜냐면 십자가에서 내 마음이 다른 모든 이 세상의 대상들에 대해서 0이 되어서 죽은 상태는, 내 마음이 존재감과 만족감을 느낄 대상이 전혀 없어서(0) 굶주리는 상태에 있음을 뜻하기 때문입니다. 그렇다면 그렇게 십자가를 통해서 0으로 준비되느라 존재감과 만족감에서 굶주린 내 마음이 십자가 예수님 안에서 만날 수 있는 유일한 대상으로서 하나님을 직면한다면 무슨 일이 벌어질까요? 이제 그 만남 안에서 무슨 일이 벌어질지는 불을 보듯 명확한 일입니다. 존재감을 느끼는 의식으로 하나님을 먹고, 또한 채움을 바라는 욕구로 하나님을 먹는 겁니다.

예수님의 십자가는 우리 마음에서 모든 세상 먹거리를 차단함으로써 하나님 크기의 공백을 가진 마음에 엄청나게 강력한 굶주림이 생기게 합니다. 십자가를 통해서 형성된 이런 굶주림을 안고 0으로 준비된 마음이 하나님 자신을 유일한 대상으로 만나면 나타나는 마땅한 일은, 그 하나님 맛을 느끼고, 하나님을 먹고, 하나님으로 배불러지고, 하나님에게 취하는 일입니다. 그래서 우리가 아브라함의 후손인 것이 사실이라면 실제로 이렇게 내 마음이 하나님만으로 인한 마음의 배부름이 증거로 나타나야만 합니다.

디지털(0,1) 사랑은 1이신 하나님을 온전히 다 먹기 위하여 내가 0이라는 방식을 취함이 그 핵심입니다. 그렇지 않다면 내가 왜 굳이 나의 인격적 능력과 그 능력으로 상대할 수 있는 모든 대상을 주님의 십자가를 통해 모두 0으로 돌려야 합니까? 오히려 거꾸로 이 땅에서의 내 삶을 성공적으로 이끌기 위해서 가능한 최대치로 끌어올려 활성화 상태를 유지하여야 하지 않습니까? 이렇게 주님 십자가 붙잡고 0이 되지 못해 몸부림치는 이유는 하나입니다. 오직 하나님을 온전히 다 가지고, 다 먹고, 다 누리기 위해서입니다. 하나님 있음의 존재감으로, 하나님 좋음의 배부름으로, 하나님을 다 먹고 다 가져서 하나님 부자, 아니 하나님 재벌 되기 위해서 나는 기를 쓰고 예수님 십자가에서 예수님과 함께 죽음으로써 0이 되어야 합니다.

디지털(0,1) 러브스토리와 예수님 십자가의 관련성을 밝히는 부분에서 우리가 마지막으로 반드시 짚고 넘어가야 할 핵심적인 부분이 바로 이처럼 내 공백의 마음으로 '하나님 먹기'입니다. 아니, '오로지 하나님만 먹기'입니다. 이 하나님만 먹기가 실제로 이루어지지 않으면 이제까지 우리가 디지털(0,1) 사랑에 관해서 말한 그 어떤 내용도 실제로 실현됨 없이 모두 공허한 이야기로 남게 됩니다. 이제까지의 이야기는 이렇게 '오로지 하나님만 먹기'가 실제 생활 현장에서 이루어짐으로써만 내게서 재현될 수 있다고 해도 과언이 아닙니다. 이제 하나님 먹기는 하나님과 하는 데이트로부터 시작합니다.

골방 기도로 하나님과 데이트하라

오늘 본문에서 예수님께서는 우리에게 골방 기도를 명하십니다.

"너는 기도할 때에 네 골방에 들어가 문을 닫고 은밀한 중에 계신 네 아버지께 기도하라 은밀한 중에 보시는 네 아버지께서 갚으시리라"

골방 기도를 지시하신 주된 취지는 바로 단절과 집중을 위함입니다. 이러한 취지를 백분 살려서 우리는 조심스럽게 주님이 명하신 골방 기도를 하나님과의 은밀한 데이트라고 표현할 수 있겠습니다. 왜냐면 오직 은밀한 곳에서 은밀한 중에 계신 아버지 하나님하고 단둘만의 시간을 가지는 것이니까요. 골방에 들어가 문을 닫으면 육체적이고 물리적으로 잠시나마 인간 사회와는 단절이 일어납니다. 그 공간과 시간은 오로지 하나님 자신과 나 자신만의 만남을 위한 것이 되어 버립니다. 다른 사람의 시선을 의식하지 않게 되며 오로지 아버지 하나님 자신에게만 집중하게 됩니다. 그래서 하나님을 먹기 위해선 반드시 반복적으로 일어나야 하는 일이 바로 이렇게 기도하기 위하여 골방을 찾아 들어가는 것입니다.

그러나 거리 없고 틈새 없이 하나님 자신에게만 집중하는 일이 단지 몸이 물리적으로 단절된 특정 공간 안에 머무는 것으로만 이루어지는 일은 아닙니다. 사실 마음은 골방에 들어와서도 여전히 시공을 초월하여 제멋대로 사방팔방으로 돌아다닐 수 있습니다. 즉 몸이 골방에 들어와 있어도 마음이 여전히 하나님 이외의 관심거리에 사로잡혀 있다면 아무리 골방에 들어가서 타인의 시선을 차단하였어도 하나님에게만 집중하기란 물 건너간 셈입니다. 그래서 주님은 덧붙이십니다.

골방에 들어가거든 절대로 이 땅에서 벌어지고 있는 내 삶의 문제에 대해선 아무것도 구하지 말라고 하십니다.

"또 기도할 때에 이방인과 같이 중언부언하지 말라 그들은 말을 많이 하여야 들으실 줄 생각하느니라 그러므로 그들을 본받지 말라 구하기 전에 너희에게 있어야 할 것을 하나님 너희 아버지께서 아시느니라"

어떻게든 어렵사리 다른 사람의 시선을 의식하는 마음을 다 끊고 없는 시간을 내 골방에 들어가서 기도하게 되었다면, 이제 주의할 것은 절대로 하나님 아버지 앞에서 마치 한 사람의 이방인이라도 된 것처럼 굴지 말라는 말씀입니다. 이방인이란 창조주 하나님의 있음도 전혀 모르고, 하나님의 좋으심도 전혀 모르며, 하나님의 만유에 대한 주권자 되심도 전혀 몰라서 하나님을 아버지로 관계할 수 없는 사람들입니다. 그러니 특별히 시간을 만들어 골방까지 들어가서 기도하면서 이렇게 하늘 아버지 없는 천애 고아가 된 것처럼 '중언부언하지 말라'라고 하십니다. 이유는 우리가 내 삶에 대해서 무엇을 구하기도 전에 이미 하늘 아버지께서는, 누가 뭐라 해도 나의 아버지이시므로, 이 땅에서 살아 있는 내게 매일의 삶을 위해서 필요한 것이 무엇인지 다 아시기 때문이랍니다. 그렇다면 여기서 '중언부언하지 말라'라는 의미는 무엇일까요?

이 땅에 있는 내 삶을 위해서 필요한 것들이 이것저것 많습니다. 이런 모든 필요를 공급하시려는 창조주 하나님의 아버지로서의 계획이 미리 다 세워져 있음을 주님은 엄연한 사실(Fact)로 전제하십니다. 그런데 이런 팩트를 모른 채 뒤늦게 내 삶의 문제에 대해 나는 나대로 별도의 생각을 가지고 그것을 하나님께 구하면 도대체 상황이 어떻게 되겠는지 생각해 보면 모르겠느냐는 말씀입니다. 그러다 보면 어쩔 수 없이 내가 내게 필요하다고 생각해서 구하는 것들과 하나님이 나보다 날 더 잘 아시고, 나보다 날 더 사랑하심으로, 자발적으로 앞서서 계획하시고 이루시려는 것들이 서로 충돌을 일으키게 됩니다. 그리고 이런 상황은 똑같은 사안에 대해서 불필요하게 서로 다른 생각이 중첩되는 결과를 가져옵니다. 한계와 무지로 가득한 내가 나를 위한답시고 생각해 낸 내용이 전지전능하신 하늘 아버지가 나를 위해서 예비하신 계획을 덮어 버리고 앞을 막아 버리는 겁니다.

마치 사무실에서 이면지를 활용하겠다는 좋은 마음으로 새로운 내용을 복사하면서 실수로 이미 글자가 인쇄된 면에 중복으로 복사했을 때와 같은 상황이 벌어진다는 말씀입니다. 이런 상황을 예수님은 바로 '중언부언하는' 것이라고 지적하신 것입니다.

세상에서 이루어지는 내 삶의 어떤 부분에 대해 내가 무엇인가를 구하잖아요? 그러면 내 삶의 바로 그 같은 부분에 대해서 하나님 아버지는 이미 훨씬 전에 창조주요 주권자요 나의 아버지로서 가장 최선의 뜻과 계획을 다 세워 놓고 계신다는 말씀입니다. 그러니까 새삼스럽게 내가 내 삶에 대해서 뜻과 계획을 세우면 이미 인쇄된 내 삶에 대한 하나님의 뜻 위에 내 뜻을 중첩하여 복사하는 중언부언의 상황이 벌어지는 것이지요.

예수님께서 하신 말씀의 의도와 취지를 충분히 받아들이며 말하자면, 내 삶 전반에 걸쳐서 하나님 아버지가 오래전부터 보고 계시고, 그래서 낱낱이 다 알고 계시고, 그에 대해서 미리 생각하지 않으시는 문제는 바늘 끝만큼도 없습니다. 아예 그런 하나님을 주권자요 내 아버지로서 안 믿는다면 모를까, 내 삶의 그 어떤 영역이나 문제도 하나님이 졸고 계셔서 깜박 놓치고 계시는 상황은 있을 수가 없다는 말씀입니다. 그러니 마치 하나님 아버지가 근무 태만하시거나 허술하시거나 졸기라도 하셔서 그동안 잊고 계시던 내 삶의 부분이나 문제에 관해서 새삼스럽게 하나님 아버지께 일깨워 알려 드리겠다는 심정으로 이 세상의 생활 문제를 구하는 일은 절대로 골방 기도 시간에 하지 말라고 당부를 하시는 겁니다. 한마디로 골방을 찾아 들어가되 다른 사람의 시선을 끊듯이 반드시 땅에서의 생활 문제도 끊고, 그 대신 오직 하늘에 계신 하나님에게만 집중하라고 당부하시는 말씀입니다.

그리고는 "그러므로 너희는 이렇게 기도하라"라고 하시며 '주의 기도'를 가르쳐 주십니다. 우리는 여기서 주의 기도 자체에 담긴 내용을 세세히 따라가지는 않을 것입니다. 여기서는 일단 주께서 가르쳐 주신 기도의 내용은 전체적으로 볼 때 이방인들에게나 어울리는 이 세상 삶에 대한 간구를 가르쳐 주시는 것은 아니라는 점만 분명히 하고 넘어가면 좋겠습니다.

다만 주의 기도 내용을 전반부만 개괄하여 보자면 디지털(0,1) 사랑의 내용과 크게 다름이 없이 맥을 같이 합니다. 첫째로 하나님의 이름이 거룩히 여김을 받게 해 달라는 간구는 마음속에 하나님 이름 말고는 아무 다른 이름도 없게 해 달라고 하는 내용입니다. 마음속에서 존재감을 느끼는 의식에 대해서, 그리고 채움을 바라는 욕구에 대해서 하나님의 이름만 표적으로 남게 되는 상태입니다. 마음에 한 이름만 남게 되면 마음의 의식과 욕구는 그 이름이 가리키는 한 존재만 관계하게 됩니다. 그러므로 이름이 거룩히 여김을 받으시라는 간구는 결국에 내 마음이 하늘에 계신 영광의 하나님과 0과 1의 조합을 이루게 해 달라는 내용과 다르지 않습니다.

그리고 둘째로 아버지의 나라가 임하기를 구하는 내용은 첫 번째 간구에 이어지는 내용입니다. 내 마음이 세상 모든 대상의 이름에 대해 0이 되어 하나님의 이름 하나만 붙들게 되기를 간구하였습니다. 그러면 이제 그러느라 내 마음의 의식 작용과 욕구 작용으로부터 완전히 그 존재 자체가 배제되고 사라져 버린(0) 내 삶 속의 모든 대상과 영역에 대해서는 어떻게 해야 합니까? 아무 걱정하지 말고 바로 그 대상들과 영역에 대해서 하나님의 주권과 주체성이 1로서 커지기(1)를 바라는 간구를 하라고 예수님은 가르치신 것이지요.

  셋째로 하늘에서 뜻이 이루어진 것처럼 땅에서도 뜻이 이루어지기를 간구하는 내용 역시 마찬가지로 연속되는 맥락의 연장선에서 이해할 수 있습니다. 이 땅에서 살아 있는 한 우리는 반드시 내 몸을 움직여 말하고 행동해야 합니다. 나와 관계 속에 있더라도 지금 이곳에서 내 몸으로 직접 말하고 행동해야 하는 일이 아니라면 모두 하나님의 주권이 임하여 이끌어 가실 것입니다. 그러나 지금 나는 생활 현장에서 내 입을 열어야 하고 내 몸을 움직여야만 합니다. 이럴 때 몸으로 해야만 하는 내 말과 행동은 언제 어디서나 0과 1의 조합이 유지되는 가운데 하나님과 호흡을 맞추어 이루어지게 해 달라는 간구입니다. 비유적으로 말하자면 내 입과 몸이 생활 현장에서 그 현장 상황을 내려다보시며 주관하시는 하나님의 마이크가 되고 장갑이 되게 해 달라는 기도입니다.

  이처럼 주의 기도에 담긴 내용은 사실 우리가 이제까지 아브라함이 하나님과 함께한 디지털(0,1) 사랑에 관한 이야기 속에서 얼마든지 연관을 지을 수 있는 내용입니다. 그러나 우리는 여기서 특별히 이러한 주의 기도 내용을 상술하지는 않으려고 합니다. 그 대신 우리는 주께서 '은밀함'에 관해서 힘주어 언급하셨던 바와 같이 '골방에서 이루어지는 은밀한 하나님과 만남'을 '데이트'라는 관점으로 생각해 보려고 합니다. 그렇게 함으로써 단절과 집중을 통한 '하나님 먹기'를 부각하기 위해서입니다.

그러니까 결국에 아브라함의 디지털(0,1) 사랑을 내게서도 가능하게 하는 골방 기도란 무엇이냐? 라는 질문에 대해서 바로 '하나님과의 데이트로 하나님 먹기'라는 답을 내려 보자는 것입니다.

왜냐면 골방에 들어가서 은밀한 중에 계시는 하나님하고만 시간을 가지는 이 상황은 누가 봐도 하나님과의 은밀한 데이트라는 겁니다. 그리고 이 은밀한 데이트가 일어나는 골방은 마치 결혼 생활을 하는 부부의 안방과도 같은 곳이라고 할 수도 있을 것입니다. 하나님과 0과 1의 조합을 이루어 결혼 생활을 하듯 디지털(0,1) 사랑을 이어 가는 부부의 안방 이야기를 하면서 아브라함과 하나님 사이에서 있었던 디지털(0,1) 러브스토리에 관한 우리의 전체 이야기를 마치려고 합니다.

그러기 위해서 우리는 '데이트'의 기본 중의 기본이 되는 요소부터 이야기를 다시금 꼭꼭 다져 나갈 필요가 있습니다.

데이트를 위해선 제3의 이유는 안 된다

제가 독일에서 유학할 때의 일입니다. 박사 학위 논문을 쓰느라 육체도 마음도 고달픈 가운데 하루하루를 지낼 때입니다. 그런데 어느 날부터인가 새벽에 갑자기 복부에 심한 통증이 느껴지더니 새벽마다 통증이 반복되었습니다. 병원을 찾아가 접수하고 기다리는데 아주 젊고 차분한 금발의 여의사가 대기실에 오셔서 제 이름을 부릅니다. 벌떡 일어나서 의사가 안내하는 대로 진료실에 따라 들어갔습니다. 그랬더니 다짜고짜 그 의사 선생님은 저에게 옷을 벗으라고 요구하십니다. 저는 그 말을 따라서 아래 속옷만 걸친 채로 다 벗었습니다. 그리고 침대에 누우라고 해서 누웠습니다. 그러자 "손이 차가울 텐데 죄송합니다"라고 하고는 벗은 제 몸에다 청진기를 들이대고 나중에는 두 손을 모아서 저의 배 군데군데를 꾹꾹 누르며 통증이 느껴지는 부분이 있으면 말하라고 합니다. 그렇게 한참 진료를 하고 나서 옷을 다시 챙겨 입고 앉아 대화를 나누었습니다. 한국에서 받는 진료와는 아주 다르게 친절한 분위기 속에서 꽤 긴 시간 대화를 나누고서야 진료를 마치고 집으로 돌아왔습니다.

지금 말씀드린 이야기에서 몇 가지 상황에 주의를 기울여 봅시다. 젊은 여자와 단둘이 방에 들어가서 문을 닫았습니다. 그 속에서 무슨 짓을 해도 아무도 밖에서 모릅니다. 그리고 그 여자분이 제게 옷을 벗으라고 했습니다. 그리고 촉진을 하느라 저의 맨살을 두 손으로 접촉을 하였습니다. 만약 이곳이 병원이 아닌데 어떤 사람이 그 방 밖에서 지나가다가 안에서 들리는 말들을 부분적으로라도 들었다면 얼굴이 화끈화끈했을 것입니다. 무척이나 은밀하지 않습니까? 그런데 이러한 저의 이야기를 들으면서 잠시나마 얼굴이 화끈거렸던 분은 아무도 없을 것입니다.

그 이유는 이 만남이 데이트가 아니기 때문입니다. 젊은 여자분과 단둘이 방 안에 있으면서 제가 옷을 벗고 있어도 데이트가 아닙니다. 왜냐면 그 의사와 저의 만남은 '제3의 이유'를 통해 이루어졌기 때문입니다. 저는 배가 아파서 의사를 찾아갔고 여성인 의사는 저를 배가 아픈 환자로서 대했습니다. 바로 이것이 상황은 꽤 은밀해 보이지만 절대로 둘의 만남이 데이트가 될 수 없게 하는 '제3의 이유'입니다.

이러한 제3의 이유로 인해서 이루어진 두 남녀의 만남은 데이트가 될 수 없습니다. 세상에 살면서 단둘이 만나는 은밀한 만남은 얼마든지 있을 수 있지만, 그 만남이 은밀하다는 이유 하나로 데이트가 되는 것은 아닙니다. 세일즈맨과 바이어가 조용한 방에서 만나 계약을 할 때 은밀한 만남이 이루어지지만 데이트가 아닙니다. 상담자와 내담자가 만나서 아무도 들어서는 안 될 비밀을 이야기하지만 데이트가 아닙니다. 사장님이 은행장과 만나서 부도가 나기 직전의 회사를 위하여 자금을 빌리려고 은밀하게 거래를 해도 데이트가 될 수 없습니다. 은밀한 둘만의 만남이지만 데이트가 될 수가 없는 이유는 '제3의 이유'가 있기 때문입니다.

그렇다면 어떨 때 데이트가 성립할까요? 만나는 두 사람 자신이 각자 직접 서로에게 만남의 유일한 이유일 때 비로소 데이트가 됩니다. 나 자신이 상대방에게 이유이며 상대방 자신이 내게 이유입니다. 이처럼 데이트의 이유는 나를 보여 주고 드러내는 것이고 상대가 자신을 보여 주고 드러내는 시간입니다. 그럴 때 서로가 상대방을 받아들이는 일이 바로 데이트이지요. 서로 드러내고 서로 받아 주는 동안에 상대가 가진 인격의 맛과 향기에 취합니다. 그렇게 상대방의 인격 안으로 빠져들어 가게 되면서 사랑이 깊어 갑니다. 서로가 상대방을 통하여 인격의 배부름이 일어납니다.

이처럼 데이트는 나를 보여 주기 위한 만남이고 너를 알기 위한 만남이며 서로를 받아 주기 위한 만남입니다. 환자와 의사의 만남은 아무리 젊은 남녀의 만남이라 할지라도 데이트가 아닌 진찰 행위이고 의료 행위일 뿐입니다. 사장님과 은행장의 만남 또한, 아무리 은밀할지라도 재정 문제로 인한 만남이기에 데이트가 될 수는 없습니다.

하나님 자신이 이유인 골방 기도 시간

그리고 이것은 우리와 하나님의 관계에도 적용됩니다. 골방에 들어

감으로써 이루어지는 '은밀한 중에 계시는 하나님'과의 만남이 데이트가 되려면 하나님 자신만이 이유가 되어야 합니다. 다른 그 어떤 이유도 배제된 채로 하나님 자신이 유일하신 이유여야 합니다. 앞에서도 이방인의 기도에 대해 언급하는 중에 잠깐 살펴본 대로입니다.

여러분이 일부러 기도 시간을 내서 골방에 들어가 하나님을 찾을 때는 하나님을 왜 만나려고 하십니까? 건강 문제나 질병 때문에 하나님과 만나고자 기도한다면 하나님과의 데이트는 될 수 없습니다. 환자와 의사의 관계만 남게 됩니다. 재정 문제 때문에 하나님과 만나고자 한다면 아무리 은밀한 곳에서 하는 기도라도 하나님과의 데이트가 될 수 없습니다. 제3의 이유가 만남의 이유가 되었기 때문입니다. 이런 경우는 하나님은 물주나 은행장의 위치에 서게 되고 나는 부도 위기에 처한 기업의 사장 위치에 서게 될 뿐입니다. 삶의 심각한 문제가 있어서 상담하고 싶어서 하나님과 만나고자 하여도 하나님과의 데이트가 될 수 없습니다. 상담자와 내담자의 관계가 될 뿐입니다. 그 어떤 경우에도 제3의 이유로 인해서 하나님과 하는 만남은 데이트가 될 수 없습니다. 어떤 것이든지 제3의 이유로 하나님께 기도한다면 이는 엄밀히 이방인의 중언부언에 불과합니다. 하나님을 아버지라고 부르면서 실제로는 아버지 없는 이방인처럼 천애 고아의 자아의식을 못 벗어난 상태입니다.

하나님을 아버지가 아니라 하나님 아저씨거나 하나님 전문가거나 하나님 해결사나 하나님 물주로 취급을 해 드리는 겁니다.

그러나 만약 이렇게 골방 기도가 은밀한 중에 계시는 하나님과의 진정한 데이트라면 그 데이트에서는 도대체 무슨 일이 일어나는 것일까요? 하나님 자신과 나 자신이 각자 서로에게 이유가 되어야 이루어지는 이 데이트에서 벌어지는 일이 무엇일지 궁금합니다.

하나님은 나를 받아 주시고 나는 하나님을 받아들입니다. 그때 아버지이신 하나님의 인격에 심취하고, 하나님의 인격의 맛에 빠지고, 하나님만 좋아지게 되며 또한 역으로 그렇게 하나님 편에서도 내가 마음에 들어 그 품에 안아 주시면서 사랑이 무르익어야 합니다. 이렇듯 하나님 자신과 나 자신이 서로에게 직접적인 이유가 되어야만 골방 기도로서의 데이트는 성립합니다. 그래서 주님은 굳이 골방으로 들어갈 것을 지시하신 것입니다.

하나님 나라와 개천절

남녀 사이에서는 데이트가 깊어지고 사랑이 무르익으면 결혼하게 되고 둘이 한마음 한 몸이 되어서 자식도 낳아 기르고 모든 삶을 함께하게 됩니다. 남자가 직장에 나가더라도 직장 일을 아내와 함께 의논하고, 아내가 가정에 있을지라도 가정일을 남편과 함께 의논합니다. 이렇듯 같이 머리를 맞대고 함께하며 매일을 살아가게 됩니다. 각자 혼자 맞이하던 세상이 이제 둘이 함께 상대하는 세상으로 바뀝니다. 이때 둘만의 공간인 안방은 이제 사령부의 작전처와도 같은 공간이 됩니다. 이 부부 두 사람이 함께 세상을 상대하기 위해 마음을 모으고 머리를 맞대는 장소가 됩니다.

하나님과의 관계도 마찬가지입니다. 하나님과 하는 데이트가 반복되고 깊어져서 하나님과의 사랑이 무르익게 되면 하나님과 0과 1로서 연합하고 하나님과 하나가 됩니다. 이렇게 실제 교류가 이루어짐으로써 내 마음이 하나님을 가지며 하나님으로만 배불러지고 나서 세상을 대하면 이제 세상은 완전히 다른 세상이 되어 있음을 알게 됩니다.

결과적으로 당연합니다만 너무 신기한 일이 벌어집니다. 나 자신이 하나님으로 배부르게 되면 이 땅에서 매일 주어지는 나의 다양한 삶의 현장은 그것이 부엌이든, 안방이든, 거실이든, 직장이든, 학교든, 시장이든 하나님의 주권이 방해받음 없이 펼쳐지는 하나님의 나라가 임하고 열리는 공간이 됩니다. 날마다 어디에서든 우리는 이 땅 위의 옛 나라의 경계 안에서, 그 옛 나라의 터 위에서, 전혀 결이 다른 새로운 나라를 시작하게 됩니다. 주의 기도 속 두 번째 간구처럼 새 나라를 여는 개천절의 역사로 이 땅에서의 내 일상을 채워 나가게 됩니다. 이것이 바로 이 세상 속 나의 생활 현장에서 구체적으로 임하여 열리는 하나님의 나라입니다.

왜냐면 내가 0과 1의 디지털(0,1) 연합 안에서 개인적으로, 인격적으로 끌어안고 있는 하나님은 내가 몸으로 만나는 이 세상 모든 생활 현장에 대해 본래부터 유일하신 주권자이시기 때문입니다. 그러므로 0과 1의 조합 안에서 내가 하나님만으로 배부르면, 내 모든 생활 현장은 실제로 나의 아버지이신 하나님 주권의 홈그라운드 안으로 끌려 들어오게 됩니다. 그동안 내가 주체가 되어서 맞이해야만 했던 현장이었습니다. 이제는 상황이 너무나 달라집니다. 나의 모든 삶의 영역과 문제들이 졸지에 나와 디지털 연합을 이루시는 하나님의 주권이 살아서 역사하시는 무대가 되어 버리는 겁니다.

그런데 이때 더욱이 놀라운 것은 창조주 하나님의 그 주권 행사의 중심점에는 정말 본의 아니게, 민망하고 황송하게도 내가 서 있게 됩니다. 하나님은 이 세상에 대해서 유일한 주체이시고 주권자로서 내가 맺고 있는 다양한 관계들과 내 몸이 놓이는 모든 생활 현장을 주관하십니다. 이럴 때 하나님의 주권 행사의 본부요 중심점이 어디일까요?

바로 나 자신입니다. 디지털 연합을 이루는 가운데 마음의 의식과 욕구가 오직 하나님만을 좋아하고 맛있어하고 하나님으로만 배불러지는 교류를 이어 가는 나의 인격 상태를 거점으로 삼으십시오. 그 사람을 거점과 기준으로 삼아서 그 사람이 맺고 있는 모든 관계 위로, 그 사람의 몸이 놓이는 모든 생활 현장에서 하나님의 주권적인 통치를 펼쳐 나가십시오.

그리고 디지털(0,1) 사랑의 원리를 따르면 한 걸음 더욱 깊은 측면을 보게 됩니다.

왜 하나님으로 배부르면 하나님의 나라가 열린다는 것일까요? 하늘에 계신 하나님으로 배부르면 그 사람은 더는 이 세상 것을 자기 마음 채움을 위하여 자기 앞으로 잡아당기지 않습니다. 마음 공백을 채우기 위한 소원의 대상으로서의 세상은 자격이 박탈되며 죽어 버리고(0) 하나님만 유일한 대상으로 남는(1) 상태가 됩니다. 이미 하나님만을 향한 소망의 상태에서도 우리의 마음은 세상 것에 대해서 굶주림을 느끼지 않을 만큼 배부르게 됩니다. 하나님 한 분만을 향한 소망만 분명하고 확실하다면 이미 이 세상 대상들은 내 배부름을 위해서 더는 필요가 없게 되기 때문입니다.

그래서 마음 채움을 위해서 절실하지 않은 것들에 관해서 나는 주체가 되며 나서지 않게 됩니다. 세상 것에 대해서 내 주체성이 저절로 죽는 것이지요(0). 세상 것을 나의 배를 채우기 위해서 내 것으로 삼으려는 마음이 죽어 버린 것입니다. 즉 내가 몸으로 아무리 세상 것들을 많이 만지고 다루고 관계하게 되어도 그런 것들을 내 마음 채움 용도로는 사용하지 않게 된 것입니다. 바로 이런 상태가 하나님의 주권 행사를 위해서 절대적으로 전제되어야 합니다. 내가 세상 것에 침 흘리지 않는 상태가 확고하게 준비되어야만 비로소, 하나님은 나와 관계된 모든 세상 대상들에 대해서 당신의 주권을 온전히 행사하실 수(1) 있게 됩니다. 그렇지 않으면 하나님의 주권이 펼쳐지면서 생활 현장에서 발생하는 결과들에 내 마음이 달라붙어 하나님 자신과의 0과 1의 조합 자체가 깨져 버리는 사태가 발생하게 됩니다. 이러한 상황이 예측될 수 있는 인격에는 그러므로 하나님 주권이 나라가 임할 수가 없습니다.

이것이 바로 하나님으로 배부름과 하나님 나라가 임하는 상황의 또 다른 불가분리의 측면입니다.

하나님 나라 개천절과 마음의 입맛

0과 1의 조합 속에서 내 마음의 의식과 욕구가 하나님으로 배부른 상태로 생활 현장으로 들어가야 합니다. 그러면 모든 다양한 현장의 모든 대상과 모든 문제가 디지털 조합의 인격 상태를 중심점으로 삼아 펼쳐지는 하나님 주권의 홈그라운드 안으로 빨려들어 옵니다.

이처럼 0과 1의 조합 속에서 하나님으로 배부름이 생활 현장에서 유지되어야 함이 너무 중요합니다. 그런데 여기서 정말 잊지 말아야 할 사실이 있습니다. 하나님으로 배부르려면 하나님을 마음의 의식과 욕구가 먹어야 합니다. 그런데 하나님을 그렇게 배부르도록 먹으려면 반드시 하나님 맛을 아는 입맛이 있어야 한다는 것입니다. 우리가 마음으로 하나님을 먹는 일은 기계적인 채움의 과정이 아닙니다. 인격적으로 있음을 의식하고 좋음을 욕구하는 나의 마음이 정말로 하나님 있음의 맛과 하나님 좋음의 맛에 눈을 떠야 일어날 수 있는 일입니다.

이와 관련하여서 우리는 내 삶에서 하나님의 나라가 열리는 영적인 개천절의 역사가 어떻게 골방 기도를 통해 이루어지는지를 비유를 통해서 이해하려고 합니다.

즉 골방 기도를 통해서 0과 1의 조합을 이루고 그 조합 속에서 하나님과 교류하는 데이트를 하게 됩니다. 그렇게 함으로써 나타나는 결과는 하나님의 나라가 내 생활 현장에서 열리는 개천절의 역사입니다. 그리고 필요할 때마다 내 몸은 그렇게 열린 하나님의 주권의 나라 안에서 하나님의 장갑이 되어 움직이게 됩니다. 그러려면 생활 현장으로 나갈 때 나는 반드시 이미 하나님으로 배불러져 있어야 합니다. 우리가 골방 기도 시간 동안에 일어나는 교류를 통해서 하나님을 먹어야 한다는 뜻이지요. 그리고 그렇게 하나님을 먹으려면 절대적으로 필요한 일이 바로 하나님의 맛에 눈을 뜨는 일이라는 말씀입니다.

여기서 눈여겨봐야 할 부분은 바로 우리들의 마음의 입맛이 변화하는 일입니다. 왜냐면 우리 마음의 입맛은 그동안 아주 깊이 이 세상 피조물들의 맛에 길들어 버린 상태이기 때문입니다. 창조주의 맛과 피조물의 맛이 같을 수가 없지 않습니까? 그렇게 세상 피조물들의 맛에 찌든 우리의 입맛이 어떻게 창조주 하나님의 맛을 느낄 수 있도록 바뀌는지 그 상황을 현미경으로 들여다보듯 하자는 것입니다. 그래야 우리가 하나님을 먹는 일이 실제로 일어날 수 있기 때문입니다.

아무리 긴 세월 예배당을 출석하는 교인으로 살아도 평생 피조물의 맛에 찌들어 있게 됩니다. 그러면 하나님 맛을 전혀 모른 채 평생 세상 것을 향해서 침만 흘리다가 생을 마감합니다. 교인이라는 사람들이 이런 경우가 대부분이라고 하면 지나치게 과장된 말일까요? 과연 하나님의 이름을 부르는 전 세계 개신교 목사나 가톨릭의 신부 중에서 그리고 유대교의 랍비 중에서 진정으로 창조주이시며 우리의 아버지이신 하나님의 맛을 알고 그 하나님으로 배불러서 가정이나 직장 등 다양한 생활 현장을 사는 사람이 몇이나 될까요? 이런 질문이 터무니없고 무례한 것일까요? 그렇다면 죄송합니다. 그러나 조금만 객관적으로 생각해 봅시다.

출애굽 60만 이스라엘 장정 중에 단 2명만 복지 가나안 땅에 들어갔습니다. 이런 예가 말씀하듯이 하나님의 맛을 알아 0과 1의 연합을 이룸에 목숨을 걸다시피 하면서 하나님으로 배부른 상태를 이루고 나서 생활 현장에 들어가야 합니다. 왜냐면 그렇게 할 때라야만 그 현장은 약속의 땅 복지 가나안이 되기 때문입니다. 가나안의 복지 됨은 환경과 물리적인 조건에 그 요인이 있는 것이 아니지 않습니까? 그랬다면 중동 땅보다는 북아메리카나 뉴질랜드나 유럽대륙이나 한반도 등과 같은 곳이 차라리 복지로 더 적당하지 않았겠습니까? 가나안의 복지 됨은 환경이 아니라 하나님과의 디지털 조합에 근거합니다. 젖과 꿀은 지리적 환경이 아니라 창조주 하나님과 맺는 0과 1의 조합에서 솟아나게 되어 있는 것입니다.

이렇게 볼 때 과연 하나님으로 배부른 다음에 생활 현장으로 나감으로써 일상을 가나안 복지의 삶으로 사는 목사와 신부와 랍비와 교인들이 있기나 할까요? 남은 자 7,000명을 기대하여 봅니다. 하여간 우리는 이제부터라도 무조건 하나님 맛에 눈떠야 합니다. 그렇지 못하면 하나님의 이름을 부르는 개신교 천주교 유대교는 그냥 이 지구 위에서 가장 그 해독이 심각한 공해로 남을 것입니다. 참진리이신 예수님과 그 진리를 따라 하나님과 관계하는 일에서 인류를 가장 치명적으로 방해하게 될 것이기 때문입니다.

생활 현장 속에 임하는 하나님의 나라와 하나님 맛에 눈뜸은 절대적으로 같이 갑니다. 이제 세상맛에 찌든 마음의 입맛이 변하여 하나님 맛에 대해 눈뜨는 과정을 그려 보기 위해서 우리는 한민족의 기원이라고 말하는 고조선의 개국 신화를 살펴보려고 합니다. 순전히 비유적인 의미에서 보자면 하나님의 나라가 생활 현장에서 열리는 일과 우리 민족의 개천절이라는 말의 뜻이 서로 통하기 때문입니다. 개천절은 문자 그대로 '하늘을 연 날'이라는 의미를 담고 있는 말입니다. 한민족의 역사가 고조선이라는 나라로부터 시작하였음을 기념하기 위하여 정한 절기입니다. 그런데 공교롭게도 하늘을 연다는 의미를 담은 고조선의 개국 신화 속에 바로 이렇게 입맛이 바뀌는 이야기가 들어 있습니다. 바로 이 신화의 내용을 비유의 소재로 삼아 세상맛에 찌든 내 마음의 입맛이 하나님 맛을 아는 입맛으로 바뀌는 변화의 과정을 함께 들여다보겠습니다.

세상맛에서 하나님 맛으로 입맛 바꾸기

고조선을 세운 이는 단군입니다. 이 단군에 얽힌 신화를 보면 환인이라는 존재가 등장합니다. 그는 하느님이라는 이름의 신입니다. 하느님은 '하늘님'이라고 해도 의미가 같습니다. 그리고 바로 그 하느님의 아들이 환웅입니다. 환웅이 3,000명의 무리를 거느리고 태백산 신단수가 있는 곳으로 강림하게 됩니다. 신단수가 있는 곳은 신시(神市)라고 불렸는데 그곳에 살고 있었던 곰과 호랑이가 하느님의 아들 환웅에게 와서 인간이 되기를 소원합니다. 그러자 하느님의 아들인 환웅은 곰과 호랑이에게 조건을 제시합니다. 둘에게 똑같이 마늘과 쑥을 주고 어두운 동굴에 들어가서 그것만 먹으며 100일을 버티면 인간이 될 것이라고 말해 줍니다. 그 말을 들은 곰과 호랑이가 동굴에 들어가서 버티는데, 호랑이는 마늘과 쑥만 먹다가 지쳐서 못 견디고 동굴을 뛰쳐나옵니다. 그러나 곰은 끝까지 인내하며 마늘과 쑥을 먹고 어여쁜 아가씨가 되어서 환웅과 결혼을 합니다. 그리고 그로부터 단군이 태어나 고조선이라는 나라를 시작했다는 날이 바로 개천절입니다. 실제가 아니라 그냥 신화일 뿐인 내용입니다.

　이 신화는 삶을 대하는 인간의 마음 상태를 표현하고 있습니다. 호랑이와 곰이 하느님의 아들인 환웅과 연합하기 위해서 사람이 되기를 원한다는 내용을 통해 말하고자 하는 바가 무엇일까요? 이 이야기는 사람은 누구나 하늘과 연합하기를 바라는 본성이 있음을 반영합니다. 혹시 그날 벌어 그날 먹기 위해 시장에서 좌판을 놓고 장사하며 가난하게 사시는 할머니라도 그냥 이 땅으로 한정된 영역에 갇혀서 사는 대신에 늘 하늘과의 연관성을 열어 놓으려는 의식이 있습니다. 물론 아브라함처럼 하늘을 좋아하고 사랑해서가 아니지요. 오히려 땅을 좋아해서입니다. 즉 땅에 살아 있는 자기 존재를 지극히 사랑하여 하늘이라는 대단한 존재의 근거를 제공하고 싶어서입니다. 이처럼 땅에서의 자기 존재가 인간이 생각할 수 있는 한 가장 높다고 할 수 있는 하늘에서 유래했다는 자아의식을 가지고 싶은 본능이 모든 사람에게 있습니다. 자기 개인뿐 아니라 민족이나 나라 할 것 없이 모두 자신과 관련된 대상들의 존재 근거를 나름대로 가장 확실하고 높다고 여겨지는 하늘을 끌어들여 확보하려는 바람의 표현입니다. 즉 땅에 있는 자기 존재의 뿌리를 하늘에 두고 싶어 하는 자기 사랑의 표현이지요.

　곰과 호랑이가 하느님의 아들인 환웅에게 와서 사람이 되기를 바랐다는 것은 이렇게 하늘과 연합할 수 있기를 바라는 사람의 근원적인 욕구를 상징합니다. 그런데 하늘과 연결되는 사람이 되려면 마늘과 쑥을 먹어야 한다는 것이지요. 이 마늘과 쑥 역시 독특한 의미를 지닌 상징물입니다.

생마늘은 무척 맵고 아려서 그것만 먹기는 힘듭니다. 쑥도 마찬가지입니다. 맨 쑥을 먹어 봤자 쓴맛의 쑥 향 외에는 별맛이 없습니다. 본래 곰은 물고기를 먹고 과일은 먹을지 몰라도 마늘과 쑥은 먹지 않습니다. 호랑이는 더욱 말한 나위가 없습니다. 뛰어다니는 토끼를 잡아먹고 사슴을 잡아먹고 흘러내리는 피를 핥을지언정 마늘과 쑥을 먹진 않습니다.

그런데 하늘님의 아들인 환웅은 이러한 곰과 호랑이에게 인간이 되고 싶으면 마늘과 쑥을 먹으라고 합니다. 하늘님의 아들인 환웅과 결합하여 앞으로 펼쳐지는 새 나라를 살기 위해서는 호랑이와 곰은 인간이 되어야 합니다. 그런데 인간이 되려면 자기들이 먹지 않던 마늘과 쑥을 먹어야 하되 어두운 동굴에서 먹어야 합니다.

이러한 모습이 마치 본문 6절에서 "너는 기도할 때에 네 골방에 들어가 문을 닫고 은밀한 중에 계신 네 아버지께 기도하라 … "라고 하신 예수님의 말씀과 어떤 비유적인 연관성을 생각하게 합니다.

마늘과 쑥은 곰과 호랑이가 가진 입맛의 기쁨을 역행하는 음식들입니다. 곰과 호랑이는 고기를 먹던 입맛에 역행해서 마늘과 쑥을 먹어야 했습니다. 마늘과 쑥은 곰과 호랑이에게서 이미 깊이 길들어 버린 입맛을 찢어 내고 제거하는 역할을 합니다. 이러한 입맛의 변화가 대체 왜 필요한 것입니까? 다름 아닙니다. 오직 그렇게 함으로써만 하늘님의 아들인 환웅의 인격과 교류를 할 수 있는 존재로 바뀔 수 있었기 때문입니다. 하느님이자 하늘님이신 분의 아들인 환웅과의 인격적인 교류를 위해선 하늘에 속한 자의 인격의 맛을 알 수 있었어야만 했던 것이지요. 이미 깊이 길들어 버린 땅의 입맛에 역행하는 마늘과 쑥을 먹는 일은 필수적인 준비 과정이었던 것입니다. 하늘에 속한 자의 맛을 알아서 그 인격을 받아들이고 좋아할 수 있을 만큼 전혀 다른 입맛과 전혀 다른 기호를 가지기 위해서 말이지요.

이렇게 개국 신화 속 입맛 바꾸기와 마찬가지입니다. 하나님과의 데이트인 골방 기도는 하나님으로 배부름이 이루어지는 일이어야 합니다. 이처럼 우리가 하나님과 데이트하며 하나님으로 배부르려면 하나님의 맛을 알아야만 합니다. 그런데 하나님의 맛을 느끼기 위해서는 가장 먼저 필요한 일이 무엇일까요? 다름 아니지요. 동굴 같은 골방을 찾아 들어가서 마늘과 쑥을 먹는 일입니다. 왜냐면 하늘에 계시는 하나님의 맛에 눈뜨기 위해서는 그에 앞서서 철저하게 땅에 있는 이 세상 것에 길들어 버린 입맛이 찢어져 나가야 하기 때문입니다.

구체적인 예를 들어 보자면 이렇습니다. 하나님의 맛을 알고 하늘의 맛을 느끼기 위해선 반드시 우리가 이미 깊이 길들어 버린 이 세상의 돈맛이 마음에서 사라져야 합니다. 돈맛에 취한 채로는 절대로 하나님 맛을 알 수가 없습니다. 건강과 장수의 맛도 사라져야 합니다. 승진과 출세의 맛도 끊어져야 하늘 맛을 느끼기 시작합니다. 남편의 맛과 아내의 맛, 자녀나 자녀 형통의 맛도 끊어져야 합니다.

우리가 단감이나 초콜릿이나 콜라같이 지독하게 단것을 먹은 뒤에는 웬만한 단맛의 사과나 배 따위는 전혀 달게 느낄 수가 없습니다. 이와 마찬가지로 돈이 좋고 출세가 좋고 건강이 좋고 명예가 좋다고 침을 흘리는 이 세상 이방인들의 입맛에 철저하게 동화되어 버린 상태 그대로는 절대로 하나님의 맛에 눈뜰 수가 없습니다.

곰과 호랑이는 어두운 동굴에서 마늘과 쑥을 먹어야 했습니다. 그러던 중 호랑이는 못 참고 뛰쳐나갑니다. 마늘을 씹고 쑥을 씹고 있자니

팔팔하게 움직이는 사슴을 잡아먹던 입맛이 되살아납니다. 호랑이는 자기가 가지고 있는 활동력, 용맹성, 힘센 앞발의 날카로운 발톱과 강철같이 강인한 이빨의 힘을 썩히고 있다는 생각에 더는 견디지 못하고 쑥과 마늘을 내동댕이치며 동굴을 뛰쳐나갑니다. 길든 입맛을 결국 찢어 내지 못하고 맙니다.

그러나 곰은 미련스럽게 그 어두컴컴한 동굴 속에서 마늘과 쑥만 먹으며 세상 것에 길들어 버린 입맛을 죽이고 또 죽입니다. 그리고 곰은 결국에 세상 것의 입맛이 완전히 제거되는 그때 사람이 되고 드디어 하늘님의 아들인 환웅과 결합할 수 있게 됩니다. 환웅의 인격을 통하여 만나게 되는 하늘의 맛을 위해서 비로소 준비를 마친 셈입니다. 어둠의 동굴 은밀한 곳에서 세상 것의 맛을 단절하고 하늘의 맛을 볼 수 있는 인간으로 변해서 아름다운 여자가 되었던 것입니다. 그렇게 어둠의 동굴에서 나와 신단수에 비치는 아침 햇살을 보며 환웅과 결합해 새 나라가 열리는 개천의 역사가 이루어집니다.

하나님과 우리의 관계가 이와 마찬가지입니다. 은밀한 어둠 속의 동굴에 들어가서 그동안 내가 스스로 내다보던 밝은 빛의 미래를 끊어 냅니다. 왜냐면 그 밝은 빛의 미래를 가능하게 하였던 것이 바로 모든 세상 가치들에 길들어 버린 입맛이었기 때문입니다. 그래서 그런 세상에서 좋다는 가치들에 길든 입맛을 다 끊어 내고 그 입맛에 기초하여 설계된 미래까지도 다 버려야만 합니다. 모든 세상 가치들은 다 하나님 자신이 아닌 제3의 이유입니다. 하나님 자신과의 데이트가 되지 못하게 하는 다양한 제3의 이유에 길든 입맛을 가지고 하나님에게 간구를 들이대는 일은 기도도 아니고 데이트도 아니며 오직 세상맛에 취한 이방인들의 술주정이며 전혀 불필요한 중언부언입니다. 모든 제3의 이유, 모든 세상맛을 내 마음에서 잘라 버릴 때만 하나님 인격의 맛을 아는 사람으로 준비되고, 그런 뒤에만 본격적으로 하나님을 먹고 배부르게 되는 실제 데이트가 가능해집니다. 그래서 데이트를 통해 하나님으로 배부르게 되는 일이 생기면 이제 내 모든 생활 현장은 내가 잔뜩 먹고 있는 바로 그 하나님의 주권의 홈그라운드로 변하면서 하나님의 나라가 시작되는 영적 개천절의 역사가 이루어진다는 것입니다.

우리는 지금까지 믿음의 사람들로서 우리 생활 현장에서 하나님의 나라가 임하는 영적 개천절을 경험해 본 적이 있습니까? 하나님으로 배부른 만족함과 기쁨이 지속하는 동안 내가 내 삶에 대해서 더 바랄 것이 없어져 본 적이 있습니까? 만약에 그랬다면 내 바람과 내 주체성 대신에 오직 하나님의 주권적인 활동을 통해서만 내 삶의 모든 영역이 진행되는 하나님의 나라를 경험하였을 것입니다. 그런데 이러한 하나님의 나라가 내 생활 현장에서 열리지 않았다면 그 이유가 무엇일까요?

나의 인격이 여전히 세상 가치들의 맛을 끊어 내지 못하는 저 단군신화 속에 등장하는 호랑이 같아서 그렇습니다. 내게 아직도 세상 것을 움켜쥐려는 힘이 강렬하게 남아 있어서 그렇습니다. 내가 여전히 내 배부름을 위한 이 세상 먹잇감을 위해서는 호랑이처럼 용맹하고 용의주도하고 끈질깁니다. 내 미래의 먹거리를 사냥하기 위하여 뛰어갑니다. 건강하여 오래 살겠다고, 돈을 더 많이 벌겠다고, 명예를 더 얻겠다고, 더 높아져 출세하겠다고, 호랑이처럼 산천초목을 누비고 다닙니다. 세상맛에 중독되어 이리저리 끌려다니며 분주한 일상을 보냅니다.

그러는 동안에 한순간도 얌전하게 동굴 같은 골방에 들어가서 세상에 대한 맛을 끊어 내고 하나님 맛을 볼 수 있는 사람이 되기 위해서 준비를 한 적이 없습니다. 그럼으로써 하나님을 먹고 배부르게 되는 진정한 데이트를 해 본 적도 없었고요.

어쩌다 특별히 시간 내서 골방에 들어가 어렵게 간구하는 시간이라도 갖게 되면 온통 제3의 이유인 세상 것에 관한 애착을 드러내느라 기도 시간을 다 허비하였습니다. 완전히 하늘 아버지와 무관한 영적인 천애 고아처럼 이방인의 모습을 드러냅니다. 세상맛에 취한 술주정을 부리며 전혀 하지 않아도 괜찮을, 아니 하지 말아야 할 중언부언만 늘 어놓았을 뿐입니다. 그러니 하나님 자신이 이유가 되는 진정한 데이트로서의 기도가 이루어지지 않았습니다. 그럼으로써 하나님과 0과 1의 한 조합을 이룰 수가 없고, 그 아름다운 디지털(0,1) 조합 안에서 이루어지는 진정한 교류를 통해 내 마음에 하나님으로 인해 배부름도 없습니다. 하나님으로 배부름이 없으면 결과적으로 내 삶의 현장에서 하늘나라도 열릴 수 없습니다.

일단 하나님 나라가 내 삶에 임하면 그 안에는 하나님 자신이 가지고 계시는 뜻과 계획 속에서 내 삶에 필요한 모든 것들이 다 들어 있습니다. 그 계획안에는 우리 삶을 위해 필요한 재정도 있고 건강도 있고 모든 대상과 합당하게 맺어 가는 관계도 있고 미래도 있는 등 삶에 필요한 모든 것이 다 있습니다. 그러나 이런 모든 것에 관한 하나님의 뜻과 계획이 실현되는 이 땅 위의 하나님 나라는 하나님과 하는 데이트를 통해 내가 하나님만으로 배부르지 않으면 절대로 땅에 임하여 실현되지 않습니다. 모든 이 세상 것의 맛을 끊어 내기 위해서 마늘과 쑥을 먹는 기간이 없으면 하나님 자신의 맛에 심취해야 하는 데이트 자체가 성립할 수 없습니다. 하나님과의 사랑의 데이트가 일어나지 않는다면 하나님과 내가 0과 1의 조합을 이루어 마치 한 부부처럼 살게 될 하나님의 나라가 이 지상에서 새로 시작될 수도 없다는 것입니다.

실제로 하나님 맛 느끼기

그러면 어떻게 우리는 실제로 세상맛에 길든 입맛이 죽고 하나님 맛에 눈뜰 수가 있을까요?

정말 쉽게 간과하며 흘려보낼 수 있는 구절 속에 그 비밀이 들어 있습니다.

예수님께서는 기도를 가르쳐 주시며 "하늘에 계신 우리 아버지여"라고 말씀하셨습니다. 이 말씀에 아브라함의 후손으로서 0과 1의 조합을 이루어야 할 사람들의 마음에서 그동안 길들여 버린 세상맛을 찢어 내고 제거하는 마늘과 쑥의 비밀이 들어 있습니다.

예수님께서는 주의 기도를 가르치실 때 골방에 혼자 들어가 기도할 나에게 가르쳐 주신 겁니다. 그런데 기도를 시작하는 대목에서 하늘에 계신 아버지 하나님을 부르시면서 골방에 혼자 들어가 기도하게 될 나를 끌어안으며 '우리'라고 하십니다. 아브라함의 후손들인 우리 각자를 개별적으로 끌어안으시고 '하늘에 계신 우리 아버지여'라고 하늘을 향하여 아버지 하나님을 부르고 계신 것입니다. 그런데 예수님은 도대체 어디에 계시면서 나를 끌어안고 '우리'라고 부르시는 것일까요? 어떤 모습을 하시고 예수님은 나를 끌어안고 '우리'라고 부르고 계신 것일까요? 바로 십자가에 못 박히신 상태에서 나를 향해 '우리'라고 부르십니다.

나를 끌어안고 '우리'라고 하시는 그 예수님은 공생애 때 갖가지 기적을 행하시던 예수님이 아닙니다. '오병이어'라는 전대미문의 표적이 실행되던 현장에 계시던 예수님이 아닙니다. 바다 위를 걸으시고 풍랑을 잠잠하게 하시던 예수님이 아닙니다. 수많은 장애인과 병자를 고치시던 예수님이 아닙니다. 예수님의 제자들은 이처럼 온 세상의 이목이 쏠리던 기적의 현장에서 주님께서 자신들을 '우리'라고 부르신다고 믿었습니다.

그렇기에 이들은 예수님의 초월적인 능력으로 인해서 펼쳐질 수도 있었을 핑크빛 미래를 꿈꾸고 있었습니다. 당연히 그와는 정반대의 자리인 십자가 앞에서 제자들은 모두 예수님께 등을 돌리고 배신합니다. 이유는 간단하지요. 십자가에 못 박혀 처참하게 죽는 예수님과는 절대로 '우리'가 되고 싶지 않았기 때문입니다. 단 한 번도 생각해 본 적이 없는 참으로 악몽 같은 '우리'였던 것이지요.

사도 바울은 아예 예수님을 "십자가에 못 박힌 그리스도"라고 확정합니다(고전1:23). 아이러니하게도 십자가에 못 박혀 죽은 사람이 구원의 주님이신 그리스도라는 말씀입니다. 이렇듯 예수님이 나를 품에 안으시고 하나님을 향하여 '우리'라고 부르시는 자리는 그리스도의 자리이며 십자가에 못 박혀 매달리신 자리입니다. 십자가에 매달리신 분이 그리스도이십니다. 그리고 바로 그 자리에서 나를 끌어안으시고 '우리'라고 부르십니다. 십자가는 저주의 자리이며 세상이 모든 것에 대해서 죽는 0의 자리입니다. 저주와 0의 자리에서 예수님은 나를 '우리'로 끌어안으십니다. 그래서 십자가 생활화가 그토록 어려운 것 아닌지 모르겠습니다.

사람들은 모두 건강하게 오래 살기를 바라고, 돈을 많이 벌고 싶어 하고, 손대는 일마다 형통하기를 바라지만, 예수님이 아브라함의 후손인 사람들 각자를 개별적으로 끌어안으시고 하나님 앞에서 '우리'라고 부르시는 십자가의 자리는 장수의 복도, 부자 되는 복도, 매사에 형통한 복도 그리고 세상 사람들이 모두 침 흘리며 가지고 싶어 하는 모든 가치를 그림자조차 찾을 수 없는 자리입니다. 예수님이 그리스도로서 못 박히신 십자가의 자리는 이 세상에서 인간에게 주어질 수 있는 가장 낮은 자리이며 세상 가치를 걸친 것이라곤 하나도 없는 완전한 벌 거숭이의 자리입니다. 그런데 바로 그 십자가의 자리로 나를 불러 끌어안으시면서 '우리'라고 하시는 겁니다.

그런 예수님이신 줄을 알고 믿는다면 그 예수님을 믿는 동안 돈 벌겠다는 생각을 하는 일 자체가 아예 불가능합니다. 돈맛에 길들여져서 재정적으로 여유 있기를 간구하는 일이 제3의 이유를 들이대는 것이기에 하나님과의 진정한 데이트를 막습니다. 그러나 이런 식으로 세상 것의 맛에 길들어진 상태에서 드리는 기도가 부당함은 이에서 끝나지 않습니다. 돈을 벌겠다는 생각 자체가 예수님이 말씀하신 '우리' 안에서는 원천적으로 있을 수가 없다는 뜻입니다. 십자가에서 세상에 대해서 예수님과 함께 죽는 자리(0)에서 무슨 돈을 향한 애착을 기미라도 드러낼 수가 있느냐는 겁니다.

건강에 대해서도 마찬가지입니다. 사람들은 건강의 맛이 너무 좋게 느껴지는 입맛에 길들여 있습니다. 그런데 예수님께서는 못 박히고 채찍에 맞아 피 흘리시면서 건강한 몸과는 관계도 없는 자리로 나를 부르시며 끌어안고 '우리'라고 하십니다. 출세에 대해서도 마찬가지입니다. 예수님의 십자가와 출세는 관계가 없습니다. 예수님은 출세와 승진의 맛에 길들여 버린 입맛의 나를 '우리'라고 끌어안으시면서 출세의 맛에 역행하는 십자가의 자리로 나를 끌고 가십니다. 모든 세상 입맛을 철저히 찢이 내십니다.

정말 나는 이런 예수님을 아무 생각 없이 습관적으로 믿고 있어도 되는 것일까? 한번 깊고 진지하게 생각해 볼 일입니다. 예수님과 '우리'로서 한편 되는 일이 그냥 무심코 이루어질 일이 아니기 때문입니다. 여력으로 될 일이 아닙니다. 평생을 걸어야 할 일입니다.

당신을 주님으로 고백하는 모든 사람에게 예수님은 십자가에서 이루어진 당신의 죽음을 와서 먹으라고 하십니다. 하늘에서 내려온 떡이라고 하십니다. 즉 예수님의 죽음을 각자가 자기의 죽음으로 동일시하라고 하십니다. 왜냐면 십자가의 예수님과 나의 동일시가 바로 예수님의 죽음을 먹는 유일한 길이기 때문입니다. '나는 예수님과 함께 십자가에서 죽은 자'라는 자아의식을 유지함이 곧 예수님의 죽음을 하늘의 떡으로 먹는 것입니다.

그런데 이 떡은 세상의 맛을 우리 마음에서 찢어 내는 마늘과 쑥으로 작용합니다.

십자가에 못 박히신 그리스도 예수님은 곰이 먹던 마늘과 쑥입니다. 진정한 선민은, 진정한 교인은 호랑이의 길을 따르지 않습니다. 너무 많은 교인이, 아니 대부분이 십자가에서 이루신 예수님의 마늘과 쑥 먹기를 중단해 버렸습니다. 이제 우리는 건강 맛, 돈맛, 승진 맛, 외모 맛, 인기 맛, 애인 맛, 명품 맛, 각종 취미 맛 등등 모든 이 세상맛을 벗겨 내기 위해서 마늘과 쑥을 먹으러 은밀한 동굴에 들어가는 심정으로 골방 기도를 할 수 있어야 합니다. 십자가에 못 박히신 주님의 죽음을 먹으며 그 보혈의 능력으로 세상맛이 내 마음에서 끊어지도록 골방에 들어가서 기도하는 시간을 가져야 합니다.

이제 디지털(0,1) 러브스토리를 마치려 합니다.

아브라함의 디지털(0,1) 러브스토리가 내 생애의 기록이 되기를 바라는 마음으로 달려왔습니다. 하나님과의 러브스토리는 내 마음이 하나님과 함께 만들어 내는 0과 1의 조합을 유지하는 과정입니다. 마음이 하나님과 0과 1의 디지털 조합을 이루면, 그 조합 속에서는 실질적인 교류가 일어납니다. 이 디지털(0,1) 조합 안에서 일어나는 교류 안에서 우리는 실제로 창조주 하나님의 맛에 눈뜨고 그 맛에 취해야 합니다. 그 맛이 너무 좋아서 하나님으로만 배부르기를 평생, 매년, 매달, 매주, 매일, 매 순간의 소원으로 삼아야 합니다. 그러려면 반드시 하나님에게만 집중하는 골방 같은 공간과 세상과 단절된 시간이 우리의 생이 끝나는 마지막 순간까지 반복적으로 필요합니다. 하나님에 관해서 듣고 말하고 공부하는 시간 말고, 자신이 개인적으로 직접 하나님을 만나고 맛보고 먹고 배불러지는 시간을 반드시 가져야만 합니다.

그러려면 우리가 골방에 들어갈 때 반드시 십자가에 못 박히신 그리스도 예수님을 함께 모시고 들어가야만 합니다. 골방 기도를 하는 동안에 마늘과 쑥이신 예수님의 십자가 죽음을 먹음으로써만 우리는 세상맛에 대해 죽고 하나님 아버지의 맛에 눈뜨게 될 것입니다. 이렇게 됨으로써 하나님으로 배불러서 영광의 하나님과 0과 1의 조합을 유지하는 채 생활 현장에 나가야 합니다. 그러면 하나님의 나라가 현장에 임하게 됩니다. 바로 이렇게 임하는 하나님 나라의 현장에서 벌어지는 일상의 일들이 우리 각자의 디지털(0,1) 러브스토리의 내용이 되었으면 참 좋겠습니다.